和聪明的投资者一起学习投资

财报背后的投资秘密
"韭菜"的自我修养

什么样的企业不能碰?
作者通过实践检验告诉你,
"白马股"不一定就是好企业!
告诉你识别财报舞弊的方法,帮助你提前逃离风险。

孙旭龙 ◎ 著

中国经济出版社
CHINA ECONOMIC PUBLISHING HOUSE

·北京·

图书在版编目（CIP）数据

财报背后的投资秘密："韭菜"的自我修养/孙旭龙著. ——北京：中国经济出版社，2020.10（2021.5 重印）
ISBN 978-7-5136-6364-9

Ⅰ.①财… Ⅱ.①孙… Ⅲ.①上市公司-财务管理 Ⅳ.①F276.6

中国版本图书馆 CIP 数据核字（2020）第 189013 号

责任编辑	燕丽丽
责任印制	巢新强
封面设计	任燕飞

出版发行	中国经济出版社
印 刷 者	北京力信诚印刷有限公司
经 销 者	各地新华书店
开 本	710mm×1000mm 1/16
印 张	18.25
字 数	210 千字
版 次	2020 年 10 月第 1 版
印 次	2021 年 5 月第 3 次
定 价	58.00 元

广告经营许可证　京西工商广字第 8179 号

中国经济出版社 网址 www.economyph.com 社址 北京市东城区安定门外大街 58 号 邮编 100011
本版图书如存在印装质量问题，请与本社销售中心联系调换（联系电话：010-57512564）

版权所有　盗版必究（举报电话：010-57512600）
国家版权局反盗版举报中心（举报电话：12390）　　服务热线：010-57512564

推荐序

到底怎么根治虚假信息：上市公司数据库是战略制高点

蒲少平

（银广夏揭黑第一人）

上市公司披露信息的真实性一直是让人头疼的问题。上市公司似乎天生就有动机去披露虚假信息。即便有监事会、审计师、分析师、证监会、司法诉讼等重重关卡，披露虚假信息的案例仍层出不穷，甚至造假规模还越来越大。到底有没有办法根治虚假信息难题呢？我想，造假者之所以胆大包天，一是因为利益巨大，二是他们的骗局难以被人识破。那我们就从这两方面着手，一是加大打击力度，用严刑峻法来威慑造假者；二是让骗局识别变得容易，投资时避开。自2001年公开揭露银广夏假账以来，近二十年我一直在构思一个上市公司风险度量体系，其中就包括诚信风险。我用的方法就是大量收集上市公司的负面信息，再编制指标体系。为什么要收集负面信息呢？因为每一种负面信息都是上市公司的短板。上市公司可能披露虚假的正面信息，但不会披露虚假的负面信息，也不会允许别人披露有关它的虚假负面信息。所以负面信息可信度高。上述基于负面信息的选股技术，也给我的股票投资带来不菲收益。

财报背后的投资秘密:"韭菜"的自我修养

如果企业提供的信息是全面、充分、真实、及时的,那么依据常识判断企业的投资价值并非难事。但问题恰恰在于我们往往得不到合乎上述条件的企业信息,于是判断企业的投资价值就成了一件非常艰难、需要丰富实践经验和智慧才有可能做好的事情。独立思维能力、逻辑分析能力和对数据的敏感,是优秀的分析师必备的素质。成为一个优秀的分析师既需要严密的逻辑思维能力,也需要敏锐的形象思维能力;既要能跟财务数据打交道,也要能跟各种人打交道。其工作状态有时像科学家,有时像记者,有时还像侦探。分析师也需要感觉,敏锐的感觉往往是研究的先导和支撑艰苦研究的精神力量。但千万不能把研究停留在感觉上,仅凭感觉判断,而应经常问自己:我看到的是事实真相吗?

上市公司的信息失真有两种类型:一是蓄意造假,二是工作失误。无论是哪类,都是误导投资者,造成资源错配。自从有了股票市场,就有了企业披露虚假信息。有一百多年连续股市历史,法律监管制度较健全的美国,尚有安然等欺骗投资者的上市公司;具有新兴市场和转轨经济双重特征的中国,更不能指望披露虚假信息的上市公司会很快绝迹。而且随着监管力度的加大,企业做假账的水平可能还会越来越高。如果年报的数据是虚假的,则依据这些数据做投资价值分析就没有意义。因此分析判断上市公司年报的真实性,准确把握企业的真实经营状况,是一份企业研究报告必须有的内容。上市公司的会计师在做假账时必然会考虑如何骗过分析师,因此用常规的分析方法往往难以发现其中的虚假信息。但企业是法人,其行为同自然人很类似,判断企业是否说假话的方法同判断人是否说假话的方法也是类似的。

(1) 我们对熟悉的人容易判断其言辞真假,因此,要判断企业的真假就要充分地了解它。一个企业不是孤立存在的,它必然要跟社会各界发生关系,它的真实信息就会通过各种渠道散发出来。真正了解企业的包括:企业的员工、竞争对手、合作伙伴、产品用户、大股东、会计师事务所、工商税务部门等。我们要通过各种途径收集企业的信息，而不要轻易相信权威、名人、领导对企业的判断，并非这些人没水平，而是因为他们未必真有时间去了解企业。

（2）不同的企业作假各有各的招，因此识别真假没有固定的程序和方法，最有效的办法是寻找其披露的信息中的不合逻辑、不合情理、不合常识、不合实际的地方。低水平的作假，会计师会在年报中留下一些自相矛盾的陈述，如银广夏。高水平的作假，会计师则可以把年报做得几乎天衣无缝，如东方电子。但水平再高的会计师，假账做多了，也总会露出马脚。只要下功夫，加大信息收集力度，就可以发现漏洞。不放过每一个细节，是发现漏洞的法宝。

搞企业研究，必须大量收集信息，充分占有资料，力求全面、准确、及时。而收集整理信息是个辛苦活，单调乏味，耗精力，工作层次低，不像分析和建模那样高雅，许多人往往不愿在此多花时间。在信息尚未收集充分时就分析判断，会造成有些研究报告看上去水平很高，实际上价值很低。真实的信息往往来自基层，只有放下架子，多跟基层干实际工作的人接触，才能得到有价值的信息。在现今的条件下，我觉得一般应把80%的时间用于收集整理信息，20%的时间用作分析判断。当然，若将来信息收集容易了，可以把更多的时间用于分析。

实地考察是成本较高的信息收集方法，但往往能得到极有价值的信息。它有助于分析师了解企业的真实情况，为判断提供最有力的证据。实地考察前应熟读年报等各种公开信息，全面了解企业的基本情况，尤其要把已在年报中发现的问题熟记于心。到了目的地后要尽量多跟各种人接触，如上面提到的企业的员工、竞争对手、合作伙伴、产品用户、大股东、会计师事务所工作人员、工商税务部门相关人员等。一般应该做好充分准备后再接触企业的高层，同企业高层接触应观察其言谈举止、处事风格、做派。因为企业高层的风格往往就是企业的风格。企业

财报背后的投资秘密:"韭菜"的自我修养

往往不愿意让别人看到它不好的一面,因此要尽量多看一些地方,尤其是平常没人去的地方更应该去,因为它们不设防。应利用股东大会等公开的平台,减少企业对你的防范。有条件的话,可以通过录音、录像、拍照、复印等手段收集证据。实地考察常犯的错误是,到企业后一下子接受很多信息,容易自我满足,认为信息收集已经足够,但等到回来一分析,才发现还有些问题没搞清,再去考察又要增加成本。因此,实地考察时,对信息收集要做到不厌其烦,不放过每一个机会。

孙旭龙先生就是一个肯下功夫研究上市公司的分析师,他既擅长分析数据,又能去企业实地考察,还有相当的独立思考能力,且分析过程逻辑性强。他写的《财报背后的投资秘密》一书,从财报的各方面深入分析了上市公司的诸多案例,对于帮助投资者识别造假骗局,很有启发意义。

上市公司的不诚信和投资者的不理性行为,严重地阻碍了中国证券市场的健康发展。怎样才能从根本上解决上市公司的不诚信和投资者的不理性这一问题,促进中国证券市场较快、较好地发展呢?我认为,关键是要建立真实、全面、及时、方便、好用的大型上市公司数据库。在我看来,上市公司数据库是这个国家的基础设施,具有战略意义。现在市面上的上市公司数据库,总体来说是质量差、价格高、错误多、不好用。有人说建立这样的数据库投入太多,难度太大。我认为,这要看怎么做。如果是现在各数据公司各自为战的做法,重复建设,当然是投入多、难度大、质量差。每家公司都没有能力独自建立一个高质量、低成本的数据库。其实,中国只需要一个上市公司数据库,如同只需要一个国家电网一样。如果是证监会牵头协调,由上市公司、数据公司、证券公司、基金公司合作,产生一个高质量、低成本的数据库就不难。可以这样分工:数据公司负责搭建数据库结构和设计优化软件功能,让数据库方便好用;上市公司负责填报数据,如同在《证券报》公布年报一样,对错误数据要承担法律责任;证券公司、基金公司负责使用,发表分析报告和投资建议,并在使用中查错纠错。这样就可以避免重复劳动和重复投资,成本自然就降下来了,大家也就都用得起了。用的人越多,发现上市公司假账也就越容易。同时,分析师用在收集整理信息上的工作量就可大大减少。现在分析师几周的工作量,将来也许一天就能完成,工作效率将成倍提高。特别是像孙旭龙这样的分析师就大有用武之地,等于给证监会增加数百倍编外人员。在这样天罗地网式的严密监管下,上市公司自然就不敢做假账了,信息质量自然就提高了,证监会也就没必要投入那么多人力、物力去稽查了,注册制也就容易实行了,建立在数据分析基础上的投资者就变得理性了,投资者的利益也就得到保护了。同时,上市公司都把精力放在经营管理上,资金向好公司聚集,证券市场必将孕育伟大的公司。

再想开一点,我认为还可以尝试把这个数据库做成开放性的,任何人或机构都可以向这个数据库充实数据,比如企业的员工、竞争对手、合作伙伴、产品用户、大股东、会计师事务所、工商税务部门等。人们把自己得到的上市公司真实信息拿出来与大家共享,只要是实名制就不怕出乱子。

这是一举多得的好事。关键是得证监会牵头。

我的邮箱是1055545183@qq.com,欢迎读者和我交流。

高质量的上市公司数据库建成后,将根治证券市场虚假信息难题,同时为国家的诚信建设起到一个强烈的示范引领作用。一旦整个社会虚假信息减少,将大大减少交易成本,提高经济运行效率。中国应该抢在西方国家之前,尽早拿下这个战略制高点。

前言

在《股票大作手回忆录》中,利弗莫尔说:"投机如山岳一样古老。"无论你自诩价值投资还是热衷于价格投机,都不必抬高自己或贬低对方。仅以我们的A股而言,这两种"价投"方式已经存在30年了,也很可能在未来很长一段时间仍不分伯仲、各领风骚。

然而,无论我们选择何种"价投"方式,归根结底,都要选择具体的股票。资本市场波谲云诡,虽然我们很难预知市场情绪青睐什么概念题材,但我们可以通过采用一些方法,排除那些高风险甚至有财务造假嫌疑的上市公司,不为别的,只为能睡个安稳觉。在我看来,除纪律性外,择股的安全性是最值得投资者格外重视的事项。毕竟,本金安全才是长久之计。

笔者以实战的角度来看待上市公司的财务细节,并探讨如何提升"韭菜"的自我修养。在谈论具体细节之前,我们先谈一谈何为财报分析的原材料(上市公司公告、必备网站)、加工产品(三类指标)、产成品(两种比较)。

原材料:重要的公告有中期报告、年度报告、购买资产报告书、债券发行报告、交易所问询函及公司的回复公告,等等;重要的网站有国家企业信用信息公示系统、信用中国、政府网站等①官方网站。

  加工产品：我们需要通过"三张表"对上市公司进行财务分析，如资产负债表可推算出上市公司"资本结构与偿债能力"；利润表可推算出上市公司"盈利能力与收益质量"；资产负债表结合利润表可推算出上市公司"营运能力"。

  产成品：最终，我们要拿原材料和加工产品作横向比较与纵向比较。横向比较，指的是以上市公司数据去和多家同行业可比上市公司作比较，这里需注意行业地位匹配的问题（如低端白酒应与低端白酒而非高端白酒比较）；纵向比较，指的是以上市公司当期数据去和往期各年数据作比较，尤其是查看变化较大的那一类数据。

  当我们分析上市公司财报并对某一问题产生疑惑时，先不要着急下结论，不妨发邮件并致电上市公司，请对方给予解答。假如对方迟迟不给回复或拒绝回复，我们还可以借助交易所的力量，发邮件或致电交易所，请求交易所代为问询。当然，其解惑是否足够令人信服亦需我们自行判断，但总归是让我们的视角多了一个维度。兼听则明。

  本人非会计学专业出身，书中观点未必完全合理，此次将过往所思所写整理成书予以出版，只为抛砖引玉，读者仍需自行判断、去芜存菁（独立思考最重要）。在本书写作过程中，会计准则也在进行持续修订，部分科目和内容发生了较大变化。为了展示当时研究的客观现状，部分内容仍然沿用了旧版准则，如第一章第七节所述的交易性金融资产、可供出售金融资产，但万变不离其宗，我们对于金融资产的考察方式依然如故。需要说明的是，财报数据多以元为单位，精确至小数点后两位，动辄上万上亿。为阅读便捷，笔者对部分数据进行了四舍五入处理，多以万元、亿元为单位。单位为万元的数据四舍五入后保留至个位，单位

---

① 第三方软件或网站可能出错,仅用于辅助查询,最终必须在官方网站检验！

为亿元的数据四舍五入后保留至小数点后两位,但关于同比增长、占比等计算,仍以原始数据运算。部分计算误差因四舍五入而致,后文不再一一说明。

"吾爱吾师,但吾更爱真理",本人亦在书中不自量力地对一些前辈的观点做了勘误,希望可以激发思辨,为财报舞弊识别的规范研究做出一份贡献。

"细节决定成败",而上市公司公告往往就有很多让我们管中窥豹的细节。这些细节很难让我们挖掘到大牛股,却常常帮助我们避免踩雷。我会不断地研究财报细节并与 A 股投资者们共同成长,这就是我,一棵扎根于股海的"韭菜"的自我修养。

目 录

第一章 资产负债表 …………………………………………… 1

第一节 货币资金：警惕"四高"与关联方占款 ………… 3

第二节 应收票据：乍现易存猫腻 ………………………… 14

第三节 应收账款与合同资产：最方便舞弊的科目 ……… 26

第四节 预付款：大额预付款是否流向关联方？ ………… 46

第五节 其他应收款：无处安放的款项的安身之所 ……… 55

第六节 存货：太多不怕过期吗？ ………………………… 61

第七节 交易性金融资产、可供出售金融资产、长期股权投资：
会计魔术高级玩家 ………………………………… 73

第八节 固定资产：造假的糟糕去处 ……………………… 79

第九节 在建工程：警惕长期挂账的在建项目 …………… 89

第十节 无形资产：较难估值的科目 ……………………… 101

第十一节 商誉与并购：论十大花样玩法 ………………… 116

第十二节 其他非流动资产：容易被忽略的科目 ………… 134

第十三节 负债与所有者权益：负债有息与否很重要 …… 137

第二章　利润表 ···················· 153

第一节　营业收入：来自"客户"的破绽 ············ 155
第二节　营业成本：供应商可能决定公司产品质量 ······· 190
第三节　税金及附加：应用范围较窄的科目 ·········· 203
第四节　期间费用：重研发还是重销售？决定了
公司未来的路 ···················· 230
第五节　营业外收入与其他收益：此种收益莫依赖 ······ 245

第三章　其他 ······················ 253

第一节　财报其他事项：财务报告以外的细节 ········ 255
第二节　宁缺毋滥的5种极简"武器"
与现金流量表的应用 ················ 264
第三节　实地调查：化繁为简的"三板斧" ·········· 268

后　记 ························ 273

上市公司案例

目录

康美药业	5,101
康得新	6
恒安国际	7
协鑫集成	8,9
聚隆科技	10,16
贵州茅台	11,21
承德露露	13,66,68,85,86,104
博元投资	15
金贵银业	19,52
鲁亿通	22
莲花健康	27
龙元建设	27,142,238
鼎汉技术	29
三聚环保	31
德威新材	32,262
富奥股份	34
许继电气	34
汉能薄膜	36

公司	页码
中利集团	37, 60
神农科技	41, 164
药明康德	43
南微医学	44
合众思壮	47, 156
万方发展	49
中科曙光	51, 233
ST 凯瑞	55
丰华股份	56
天翔环境	57
江特电机	57
天音控股	58, 66, 165
三只松鼠、来伊份、盐津铺子、良品铺子	62, 194
海欣食品	63, 231
益盛药业	64
万达信息	65, 134
涪陵榨菜	69
海澜之家	71
上海莱士	73
雏鹰农牧	74
卫宁健康	76
锦州港	79
戴维医疗	81
恒瑞医药	85
大商股份	85, 145

公司	页码
分众传媒	87, 209
延安必康	90, 93
友邦吊顶	91
大族激光	94
和邦生物	99
青山纸业	102
老白干酒	105
众和股份	108
獐子岛	109
纳思达	112
蓝色光标	113
鹏翎股份	117
神州数码	118
洪涛股份	120
威创股份	120
溢多利	121
天成自控	122
新国都	123
汉鼎宇佑	124
华伍股份	125
聚龙股份	127
顺利办	128
世纪鼎利	130, 131
泰禾集团	138, 266
长江电力	139, 258

公司	页码
丸美股份	140，191
香山股份	143
格力电器	146
融信中国	151
洛阳玻璃	157
润邦股份	157
天合光能	160，170
金鸿控股	167
双星新材	171
濮阳惠成	173，177
林海股份	176
亿联网络	179
天广中茂	193，197
顾地科技	202
顺鑫农业	225，228
双一科技	235
友阿股份	243
鄂武商A	244
圣莱达	245
博思软件	250
辅仁药业	255
瑞茂通	257
大亚圣象	258
广安爱众	261

第一章
资产负债表

第一节

货币资金：警惕"四高"与关联方占款

在流动资产中，货币资金的流动性最强。企业持有资产的目的在于取得经济利益，取得经济利益的实质就是现金或现金等价物[①]的流入增加或流出减少。货币资金包括现金、银行存款和其他货币资金。一般而言，在财报中，我们更关注总金额或其他货币资金。

一、货币资金的"四高"

货币资金的"四高"指的是高现金、高负债、高规模、高紧张。货币资金造假的手段至少有两种：一种是虚增货币资金；另一种是隐瞒受限资产，为大股东提供担保。那么，货币资金呈现什么样的特征，才值得我们怀疑呢？接下来，笔者给出界定方法，并举例说明。

（一）何为高：界定方法

值得怀疑[②]的货币资金，其典型特征有三种：其一，高现金、高负债；其二，高现金、高规模；其三，高现金、高紧张。

[①] 三个月到期的国库券属于现金等价物，用现金购买并不产生现金流。
[②] 值得怀疑并不意味着有造假嫌疑。

三种特征都有"高现金"。何为"高现金"？我们不能以绝对数额来定性，这是因为各个公司的体量是不一样的。若要给"高现金"做一个定量定义，我们通常查看上市公司货币资金占总资产的比例。那么，这个比例有多高才算高呢？这是一个仁者见仁、智者见智的话题，不过，我们通常将占比超过20%定义为"高现金"。

然而，按上述"高现金"定义筛选出来的A股上市公司，可能在全部上市公司中占比超过2成，不可能都是货币资金存疑，如格力电器（000651.SZ）2015—2018年货币资金占总资产的比例甚至超过40%。因此，接下来我们的判断还要三个指标配合，也就是"高负债""高规模""高紧张"。

"高负债"比较容易理解，一般指的是资产负债率超过70%，在高负债的情况下还保有高额现金及高额的财务费用势必对上市公司净利润造成很大影响；"高规模"也不难理解，指的是上市公司期末货币资金超过当期营业收入，高额货币资金不去做理财投资且利息收入偏低，其货币资金保有动机存疑；"高紧张"指的是控股股东现金流紧张且大比例质押股权，而上市公司虽盈利可观且具备分红条件，却长期未有高比例分红，这也值得人着重怀疑。

不过，即使上述三种情况出现，也不一定意味着上市公司货币资金值得怀疑。在怀疑之前，我们还要问三个问题："高现金"是否与定增募资有关？是否内保外贷，为吃利息差？是否境外资金，期末集中回款？

第一个问题指的是较高的货币资金可能与定增募资有关。一方面，如果存在定增募资，我们应该考虑，去掉募集资金期末余额后，上市公司的货币资金是否仍超过总资产的20%或超过营业收入。另一方面，如果上市公司募投项目延期一年以上未建成，那么，我们在计算修订版货币资金时,就没有必要从中去掉募集资金期末余额了。

第二个问题指的是我们需要考察上市公司当期利息收入与利息支出,若前者利率大于后者,则可能是内保外贷。如有投资者问格力电器:"贵公司2015年三季度报表显示短期借款增加了58亿元,借款的主要用途是什么,账面有840亿元的现金何必再去借款?"上市公司的答复为:"您好,这主要是美元贸易融资项下的借款。比如在香港借美元,融资成本很低,比国内的存款利率还要低,所以不如借钱投资。境内和境外市场的巨大利差,有套利空间,谢谢。"

第三个问题需要我们考察境外交易在上市公司经营交易中的占比情况,以及外币资金占比。只说理论不够直观,下面,我们通过一些案例来实际分析几家具有代表性的上市公司。

(二) 如何用:案例分析

1. 康美药业:高现金、高规模

自《证券市场周刊》刊登"康美谎言"系列文章之后,康美药业(600518.SH)再度迎来一拨具有强争议性的质疑。财联社于2018年7月底发文,标题为《康美药业财报疑云:利息支出超12亿,账上360亿现金只是摆设?》。

这里节选文章的部分内容:"然而,在大规模借款的同时,康美药业的财报却显示,公司拥有大量现金……截至2018年3月底,其手持现金高达366.4亿……拥有大量的货币资金,却要付出高额代价融资,这真的合理吗?"

质疑是否有理呢?

首先,我们来看一下康美药业是否满足"高现金"标准。根据2018年三季报,康美药业货币资金377.88亿元,总资产818.13亿元,货币资金占总资产的比例为46.19%,显然满足"高现金"标准。

其次,我们再看康美药业是否满足"高负债"或"高规模"标准。康美药业2018年三季度的资产负债率为57.56%,显然,离"高负债"标准尚远;2017年度营业收入为264.77亿元,而2017年底的货币资金为341.51亿元,显然,满足"高规模"标准。

最后,我们还要观察康美药业的货币资金是否有专项募集资金。根据康美药业2017年募集资金存放与实际使用情况的专项报告,公司2016年非公开发行股票的募集资金净额为80.56亿元,截至2017年12月31日,公司年度使用金额为31.4亿元,以前年度使用49.56亿元,期末余额为0元。

这意味着,康美药业2017年期末的高额货币资金与募集资金无关,因此投资者对于相关货币资金的顾虑仍不能完全打消。实际情况也有验证:康美药业2016年、2017年以及2018年上半年分别虚增货币资金225.49亿元、299.44亿元、361.88亿元(指总数而非分部数)。①

2. 康得新:高现金、高规模

康得新(002450.SZ)也是一家受到市场相当多关注的上市公司,质疑声自然也少不了。《证券时报》在2018年6月初发文一篇,标题为《白马股康得新又闪崩:手握巨额现金却频繁发债融资》。

文中指出:"康得新虽然一直业绩亮眼,康得新的资金、债务问题受到关注,年报显示康得新手握巨额现金但仍频发债融资……一季报数据,康得新在手货币资金达197亿元……深交所也对康得新发了年报问询函。"

质疑是否有理呢?

首先,我们来看一下康得新是否满足"高现金"标准。根据2018

---

① 资料来源:康美药业2019年8月16日公告。

年三季报，康得新货币资金150.14亿元，总资产367.2亿元，货币资金占总资产的比例为40.89%，显然满足"高现金"标准。

其次，我们再看康得新是否满足"高负债"或"高规模"标准。康得新2018年三季度的资产负债率为45.46%，显然，离"高负债"标准较远；2017年度营业收入为117.89亿元，而2017年底的货币资金为185.04亿元，显然，满足"高规模"标准。

最后，我们还要观察康得新的货币资金是否有专项募集资金。根据康得新2017年募集资金存放与实际使用情况的专项报告，公司2015年非公开发行股票的募集资金净额为29.82亿元，该资金2017年期末余额为24.64亿元；2016年非公开发行股票的募集资金净额为47.84亿元，该资金2017年期末余额为34.42亿元。

如果从康得新2017年的货币资金中扣除公司2015年、2016年非公开发行募集资金的2017年期末余额之和，那么康得新的调整后货币资金为125.98亿元，仍高于当期营业收入，且占当期总资产比例也高于20%。

因此，"高现金""高规模"标准依然成立，质疑仍是有道理的。实际情况也有验证："在证券监管部门调查过程中，同时经公司自查，发现公司存在被大股东占用资金的情况。"[①]

3. 恒安国际：港股需更慎重

恒安国际（1044.HK）是一家港股上市公司。2018年12月中旬，沽空机构Bonitas在沽空报告中质疑恒安国际的财务报告，称上市公司高利润率与高资产回报率是由于"利用公司间关联交易网络来人为夸大利润和隐藏虚假现金余额"。

---

① 资料来源：康得新2019年1月21日公告。

是否有关联交易我们暂且不谈，只讨论是否虚增现金一问。首先，我们来看一下恒安国际是否满足"高现金"标准。根据2018年中报，恒安国际现金及银行存款合计为178.88亿元，总资产384.11亿元，货币资金占总资产的比例为46.57%，显然满足"高现金"标准。

接下来，我们再看恒安国际是否满足"高负债"或"高规模"标准。恒安国际2018年上半年的资产负债率为55.72%，显然，离"高负债"标准较远；2017年度营业收入为198.43亿元，而2017年底的货币资金为184.3亿元，显然，离"高规模"标准还有些许距离。

因此，仅以当时的数据来看，恒安国际的货币资金有点"踩线"的意味，这个怀疑就可能早了点。我们也看到，这篇沽空报告威力不大，对于恒安国际的股价影响比较弱，说明市场对于此篇沽空报告的认同感较低，远不如前述"双康"。

不过后来我们又看到，恒安国际2018年度营业收入为205.14亿元，而2018年底的货币资金为215.77亿元，这时已经满足"高规模"标准了。此时怀疑亦不为迟晚。①

4. 协鑫集成：高现金、高负债

协鑫集团是一家较有争议的集团公司。其旗下A股上市公司协鑫集成（002506.SZ）以及港股上市公司保利协鑫能源（3800.HK）、协鑫新能源（0451.HK）是集团主要资产，三家公司在2018年的资产负债率分别为77.22%、76.15%、84.14%，均符合"高负债"条件。

当然我们更关注A股，就先来看一下协鑫集成是否满足"高现金"标准。根据2018年年报，协鑫集成期末货币资金43.96亿元，总资产188.24亿元，货币资金占总资产的比例为23.36%，显然满足"高现

---

① A股判断方法未必适用于港股，投资者需谨慎了解两个市场会计差异等细节。

金"标准。

接下来，我们还要观察协鑫集成的货币资金是否有专项募集资金。根据协鑫集成2017年募集资金存放与实际使用情况的专项报告："截止到2017年12月31日，本公司募集资金的余额为0.00元。"这意味着，协鑫集成2018年期末的高额货币资金与募集资金无关，"高现金"标准仍满足。

最后，我们还要观察协鑫集成是否满足"高负债"或"高规模"标准。协鑫集成2016—2018年的资产负债率分别为79.42%、79.31%、77.22%，显然，满足"高负债"标准；2018年度营业收入为111.91亿元，而2018年底的货币资金为43.96亿元，显然，不满足"高规模"标准。

因此，协鑫集成符合"高现金、高负债"这一特征，我们对其的担忧无法被打消。当然，上市公司也许会解释称，这是因为货币资金中受限资金就有33.77亿元。后文将对此进行分析。

二、应付票据保证金

企业向开户行申请办理银行承兑汇票业务时，作为出票人须缴纳保证承付资金。缴纳的应付票据保证金金额一般与应付银行票据金额及银行定性的信用等级有关。一般而言，保证金与应付银行票据金额的比例分布在30%~100%；极高质量的上市公司可能有更低的比例。下面通过两个具体企业案例，进行详细说明。

（一）协鑫集成：超过100%

根据协鑫集成（002506.SZ）年报，2016—2018年，银行承兑汇票保证金分别为16.28亿元、29.55亿元、27.21亿元，而应付票据中的银行承兑汇票金额却分别为15.47亿元、39.39亿元、16.4亿元。对比发现，2016 年期末尤其是 2018 年期末，保证金比应付银行承兑汇票金额明显高，这是为何？

除此之外，我们从现金流角度看协鑫集成 2018 年财报：上市公司当期收到的其他与经营活动有关的现金中，收到的票据保证金为 50.87 亿元；支付的其他与经营活动有关的现金中，票据保证金为 38.39 亿元；支付的其他与筹资活动有关的现金中，支付应付票据保证金为 5 亿元。

因此，现金流方面，协鑫集成 2018 年票据保证金净流入 7.48 亿元。这也与上市公司当期期末货币资金中银行承兑汇票保证金实际减少仅 2.34 亿元有明显出入。

在回复深交所 2018 年年报问询函时，协鑫集成称："编制合并财务报表时，出票人和收票人均为合并范围内公司，报告期末票据未到期且未流出上市公司外，应付银行承兑汇票余额已做合并抵销，但银行承兑汇票保证金余额未减少。"

事实上，在企业实际操作过程中，确实会有母公司或优质子公司为其他子公司开具银行票据的情况。这是因为，开具同样金额的票据，母公司或优质子公司可以缴纳更少的保证金，这在一定程度上提高了杠杆效能，而收到票据的其他子公司则可以背书转让给客户。

然而，这种做法在光伏行业并不罕见，同行是否也存在保证金大于应付票据的情况呢？我们以 2018 年为例：隆基股份（601012.SH）期末银行承兑汇票保证金不高于 20.43 亿元，应付银行票据期末余额为 47.21 亿元；天合光能（A19173.SH）期末银行承兑汇票保证金为 1.45 亿元，应付银行票据期末余额为 3.19 亿元。显然，同行并不如此，莫非协鑫集成还有其他特殊性？这些疑问需要投资者细细探求。

（二）聚隆科技：低于 30%

另一个极端情况是聚隆科技（300475.SZ）。我们统计了上市公司

2013—2018年应付票据中的银行承兑汇票金额,以及货币资金中的票据保证金金额,并据此计算了保证金与银行承兑汇票的比值,结果见表1-1。

表1-1 2013—2018年聚隆科技保证金与银行承兑汇票

年份	2013	2014	2015	2016	2017	2018
银行承兑汇票(万元)	9201	12530	9391	15369	13849	9254
保证金(万元)	6148	7836	1586	1622	518	0
保/票比例(%)	66.82	62.54	16.89	10.55	3.74	0

数据来源:公司历年财务报告。

如表1-1所示,票据保证金金额与应付票据中的银行承兑汇票金额的比值,在上市的2015年①出现了极为明显的变化,从62.54%陡降至16.89%,此后更是持续下行,至2018年为0。

这类情况值得我们深思,降至极低的保证金比例可能意味着银行越来越看好上市公司的资质。当然,这也可能与其较高额度的理财产品有关,如聚隆科技2014—2018年的理财产品金额分别为0元、3.55亿元、4.89亿元、5.78亿元、6.83亿元。

三、货币资金与关联方

有时,上市公司会明确披露自身货币资金被关联方占用,如其他应收款中的往来款,等等。还有些时候,上市公司可能将货币资金存放在控股集团或其他关联方旗下的财务公司或参股银行内,这种另类"占用"往往伴随着较低的利息收入,在一定程度上也削弱了中小股东的利益。

(一)贵州茅台:疑似在关联方处存款

贵州茅台(600519.SH)就曾因此被质疑。从财报来看,2008—

---

① 2015年半年报的比例仍为70.91%。

财报背后的投资秘密:"韭菜"的自我修养

2010年贵州茅台货币资金分别为80.94亿元、97.43亿元、128.88亿元,占总资产比例分别为51.38%、49.28%、50.37%,满足"高现金"标准;营业收入分别为82.42亿元、96.70亿元、116.33亿元,显然2009年及2010年均满足"高规模"。

但这并非意味着虚增货币资产,尽管可能有其他说法——在2011年4月19日,《第一财经日报》曾有一篇题为《茅台百亿现金闲置遵义市商行,疑存高管利益输送》的文章。文章大意为:贵州茅台近三年现金收益率均不超过1.4%;贵州茅台逐年攀升的货币资金与遵义市商行稳步提升的存款余额增长幅度呈现高度吻合的一致。

文中数据摘录(整理)如下:"2005年至2010年,贵州茅台的货币资金/遵义市商行的存款余额分别为38.92亿元/42.99亿元、44.74亿元/57.96亿元、47.23亿元/67.48亿元、80.94亿元/91.5亿元、97.43亿元/突破100亿元(2009年9月)、128.88亿元/突破150亿元(2010年12月20日)。"

文章还指出:上市公司贵州茅台的控股股东"中国贵州茅台酒厂有限责任公司持有遵义市商行1670万股,比例为4.15%,位列遵义市商行前十大股东之一……遵义市商业银行的董事张毅是上市公司贵州茅台的监事,同时也是贵州茅台控股股东的财务处处长"。

而后在2012年8月20日,《理财周报》也发布了一篇题为《茅台210亿存款收益不足2%,被指向遵义商行输送利益》的文章。这次报道炒热了话题,新浪财经就此开了专题。但有意思的是,遵义市商行已经是历史名词了,现在应该称其为"贵州银行[①]股份有限公司遵义分行"。

假如贵州茅台的大量现金确实存放在关联商行处,较低的现金收益

[①] 成立于2012年10月的贵州银行,是以遵义市商业银行、六盘水市商业银行、安顺市商业银行为基础合并重组设立的省级城商行,属于省委省政府直接领导下的国有大型企业。

率就有可能损害中小股东利益。

（二）承德露露：在关联财务公司存款

如果上市公司主动披露在关联方的存款情况，我们就可以通过数据大致计算出关联方的存款利率，并以此判定中小股东的权益是否得到了足够的保障。下面，以承德露露（000848.SZ）为例进行说明。

早在2014年，《证券市场周刊》就曾撰文《承德露露：万向提款机》并指出："在掌握话语权之后，万向尽可以享受承德露露给万向财务带来的种种资金支持，大量以活期存款形式存入的资金被万向财务以定期的方式转手输送给关联公司，作为局外人的投资者，又能如何知晓其中的真相呢？"

当然，上市公司对此指控是否认的，不过我们可以来计算一番。根据2018年年报，承德露露货币资金期初、期末金额分别为19.06亿元、19.27亿元，而上市公司及控股子公司在万向财务有限公司的银行存款，其期初、期末金额分别为17.3亿元、17.1亿元[①]。

当期上市公司自万向财务有限公司处获得的存款利息收入为2537万元，以此可计算出这部分存款的平均利率约为1.475%。这个利率算高还是低呢？我们不好主观臆断，而应与同行作对比。

好在养元饮品（603156.SH）已于2018年2月上市。根据财报，其2018年平均货币资金41.17亿元，当期利息收入1.07亿元，可知平均利率约为2.61%；2018年平均理财产品略低于63.07亿元，理财收益2.95亿元，可知理财收益率应略高于4.67%。

或许，承德露露的现金管理难以令投资者足够满意。

---

① 活期存款分别为9021万元、3.3亿元；定期存款分别为16.4亿元、13.8亿元。

第二节

应收票据：乍现易存猫腻

应收票据是由付款人或收款人签发、由付款人承兑、到期无条件付款的一种书面凭证。其最长有效期为6个月（电子票据的最长有效期为1年），因此企业在此方面舞弊的可能性不大。此外，电子商业汇票系统（ECDS）具有记载票据债务人的历史兑付信息的信用环境，可对票据债务人的违约行为构成有效约束与识别。

与应收账款相比，票据信用程度更高、流动性更强，还有免计提减值准备、可贴现、可背书转让等优点。另外，应收票据仅须披露总额而无须披露前五名客户金额等信息，投资者无法通过财报了解更多信息。

按承兑人的不同，应收票据分为两种。一种是银行票据，经银行承兑到期无条件付款，这就把企业之间的商业信用转化为银行信用，因此风险可以忽略不计。我们进行财务分析时，有时可直接将其视同现金（除非银行本身信用堪忧）。但如果银行票据主要来自经销商，我们应该注意调查经销商是否有经营困难。

另一种是商业票据，银行不对商业票据无条件兑付，但是由于票据的贴现期比较短，所以商业票据相当于期限比较短、风险相对较低的应收账款。票据到期后，若对方仍未付清，则贴现等权利灭失，但仍享有其他方面的权利，此时转为应收账款再计提减值。

因此，同样是票据，作为投资者，我们与企业一样，更青睐银行票据而非商业票据。

一、应收票据、现金流

因为应收票据最长有效期为 6 个月（电子票据的最长有效期为 1 年），故而深知此点的财务人员基本不会把造假的主意打在该科目上。但常言道"凡事有例外"，我们是否可以通过现金流及背书转让金额来判断金额较大的应收票据的真实性呢？

（一）博元投资：背书转让不产生现金流

博元投资（600656.SH）现已退市。经监管层调查后发现：

"2011 年 12 月，博元投资为掩盖股改业绩承诺款未真实履行的情况，虚构付款 3.35 亿元购入面值 3.47 亿元的银行承兑汇票；经查，上述票据均无前手的背书记录，且存在博元投资与银行提供的票据复印件的票面信息、票面样式、印章位置不一致，或者相关票据在承兑银行查无相应票号的情况。"

退市博元(退市)[600656.SH]-资产负债表						
报告期		2014-12-31 年报	2013-12-31 年报	2012-12-31 年报	2011-12-31 年报	2010-12-31 年报
报表类型		合并报表	合并报表	合并报表	合并报表	合并报表
流动资产：						
货币资金		4.48	13,032.50	1,169.07	32.96	1.85
应收票据及应收账款		1,059.33	1,854.91	38,309.15	34,705.38	
应收票据				36,455.83	34,705.00	
应收账款		1,059.33	1,854.91	1,853.32	0.38	
预付款项		0.77	26,262.51	998.77	31.25	
其他应收款(合计)		520.94	8,632.42	7,280.16	4,177.77	5,679.88
存货				512.30	1,057.83	
待摊费用						
其他流动资产		362.80	637.08	328.98		
流动资产差额(合计平衡项目)						
流动资产合计		1,948.32	50,931.72	49,143.96	38,947.36	5,681.73

图 1-1　2010—2014 年退市博元流动资产情况（金额单位：万元）

从图 1-1 的流动资产明细也可以看出，博元投资的造假始于 2011 年，而后在 2012 年仍延续虚构票据这一策略，但在 2013 年，博元投资将造假策略更改为转入预付款与货币资金中。①

票据在结算时会在现金流量表留痕，但如果有背书并用于支付的话，那么票据将不计入现金流量表中。票据的有效期限为 6 个月（至多一年），因此一般而言，票据在到期后，要么结算后计入现金流入，要么背书后用于支付。

但在博元投资 2012 年经营活动现金流中，上市公司收到其他与经营活动有关的现金及支付其他与经营活动有关的现金都只有 6200 万元的应收票据到期收回款与支出。那么，扣除 0.62 亿元之后，剩余的 2.85 亿元应收票据按理说必须以背书形式支付，但这又与营业成本、存货、预付款等金额不匹配。有人认为这是一种异常。

然而我们发现，博元投资 2012 年年报称：报告期公司持有票据到期，采用**以票易票**的方式，取得天津同杰科技有限公司背书转让的银行承兑汇票 44 张，面值 3.65 亿元，确认票据贴现利息收入 1893 万元。

因此，现金流问题可以用"资产置换"来解释。事实上，我们认为博元投资最大的破绽还是"资产负债率超过 90% 却不去偿债反而买入票据"②，这种行为十分反常。③

（二）聚隆科技：现金流可辅助估算票据期限

我们统计了 A 股全部上市公司 2018 年年报所披露的应收票据金额与营业收入，并对应收票据与营业收入的比例做了一个由高到低的排

---

① 这更说明票据造假这招无法长期玩下去。
② 短期借款的贷款利率平均值为 5.39%，票据 2012 年的收益率仅为 5.46%。
③ 更何况 2011 年年报称，约 1.55 亿元的其他应付款账龄 1 年以上未支付的原因为资金紧张；1.89 亿元短期借款均已逾期。

序，聚隆科技（300475.SZ）排名第四。

在招股说明书中，聚隆科技虽称"自2010年6月起，海尔基本以海尔集团财务有限责任公司为承兑人的电子商业汇票支付公司货款"，但还有这样一句话，"客户通常在信用期满后，以6个月期限的银行承兑汇票或商业承兑汇票支付货款，导致公司的应收票据余额较大"。

期限有多久该如何判断？也许可以借助现金流。表1-2是聚隆科技近三年的数据。

我们将上市公司每个季度期末的应收票据金额与接下来两个季度销售商品、提供劳务收到的现金之和做比较（后者减去前者），以求得差值，如表1-2所示。假如上市公司在此期间并未对票据做背书且期限均为6个月，那么理论上来说，其差值应为正数。

不过，我们能明显发现表1-2中两处差值为负的阶段：一个是2017年6月底，另一个是2016年底。然而，聚隆科技2016年年报与2017年半年报均称，上市公司无"终止确认的已背书或贴现但尚未到期的应收票据"，亦无"因出票人未履约而将其转应收账款的票据"。

在上述讨论中，甚至还没考虑现货交易以及应收账款的现金流入，因此我们能够较明确地判断，上市公司很可能有相当一部分票据为电子票据，且期限长达1年。

（三）总结：现金流判断票据作用有限

票据有期限这一常识已深入财务人员之心，恐怕很难有上市公司在应收票据科目造假时不考虑现金流问题，因此这个科目只能短期藏匿少部分异常金额，很难长期成为主要的舞弊方式。不过，现金流量表也许可以用来辅助我们判断上市公司应收票据的期限究竟以6个月为主还是更长（尽管适用范围不广），判断票据账期可能是其唯一应用价值。

财报背后的投资秘密：“韭菜”的自我修养

表1-2　2016—2019年聚隆科技应收票据与现金流入对比

单位：万元

报告期	2019-03-31 一季报	2018-12-31 年报	2018-09-30 三季报	2018-06-30 中报	2018-03-31 一季报	2017-12-31 年报
应收票据	18,221.82	18,849.94	15,391.14	24,511.62	29,731.91	21,718.85
销售商品、提供劳务收到的现金	第一季度 10,182.94	第四季度 13,035.96	第三季度 9,039.78	第二季度 8,178.43	第一季度 19,370.30	第四季度 12,969.55
当期与上期季度收到的合计金额	23,218.90	28,140.36	17,218.21	27,548.73	32,339.85	23,152.49
合计金额与应收票据之差额	1,870.10	1,284.97	1,827.07	3,037.11	2,607.94	1,433.64

报告期	2017-09-30 三季报	2017-06-30 中报	2017-03-31 一季报	2016-12-31 年报	2016-09-30 三季报	2016-06-30 中报	2016-03-31 一季报
应收票据	21,348.80	26,855.39	28,180.95	28,565.59	26,076.90	24,806.54	23,173.50
销售商品、提供劳务收到的现金	第三季度 13,799.84	第二季度 13,035.96	第一季度 15,104.40	第四季度 14,513.64	第三季度 12,028.06	第二季度 12,471.05	第一季度 23,598.61
当期与上期季度收到的合计金额	28,904.24	28,313.48	26,541.70	24,499.11	24,806.54	—	—
合计金额与应收票据之差额	723.29	−252.11	464.80	−307.43	325.11	—	—

二、"突然"出现的应收票据

如果上市公司账目上突然出现了此前没有过的大量应收票据，我们就应该警惕该票据的实际用途，也许这是上市公司的一种带有"结果类似融资"的行为。

例如，金贵银业（002716.SZ）此前从无应收票据（甚至应收账款金额也极少），直到2018年年报显示：应收票据及应收账款同比增加24484.67%，主要系本期增加上海稷业［指"上海稷业（集团）有限公司"］应收票据2.5亿元所致。此外，年报还显示这部分票据为商业票据，且全部质押。

若以"上海稷业"为关键词检索，则可发现金贵银业在2018年年报中称："应付票据及应付账款同比增加206.08%，主要系本期增加上海稷业、包商银行及三湘银行应付票据所致。"[①] 这就有意思了，上市公司对上海稷业既有应收票据又有应付票据，这是何意？

原来，这可能是上市公司的一种"结果类似融资"的手段，或许预示了上市公司融资不易的处境。详情可见上市公司于2019年7月10日发布的《关于对深圳证券交易所2018年年报问询函的回复公告》：

公司实际控制人曹永贵先生为缓解公司资金困难，拟将其持有的"金贵银业"160,379,945股股份转让，上海稷业声称有实力受让，2018年9月12日，曹永贵先生与上海稷业就此事签署了股权转让意向协议。

2018年9月13日、9月18日，上海稷业与公司达成协议约定上海稷业以开具商业承兑汇票的方式，交给公司向恒丰银行股份有限公司长

---

① 2018年年报显示，应付票据从年初4.12亿元增至期末16.18亿元。

沙分行、湖南三湘银行股份有限公司质押融资贷款，解决部分暂时性资金困难。2018年9月14日、2018年9月20日上海稷业分别对公司开具金额为1.5亿元、1亿元的商业承兑汇票。

2018年9月14日，公司将上海稷业开具的1.5亿（元）商业承兑汇票质押给恒丰银行股份有限公司长沙分行，获得贷款1.5亿元……9月25日公司将上海稷业开具的1亿（元）商业承兑汇票质押给湖南三湘银行股份有限公司，用于支付给郴州市锦荣贸易有限公司、郴州市北湖区联晟贸易有限公司的货款。

不过，这个操作最终还是出问题了。根据金贵银业2019年6月29日发布的《关于收到民事裁定书的公告》：

2018年12月12日，上海稷业通过中国人民银行电子商业汇票系统（以下简称 ECDS 系统）完成电子商业承兑汇票质押登记，载明"质押背书"，质权人名称"浙江物产中大联合金融服务有限公司"（以下简称"浙江物产公司"）。

上述两张电子商业承兑汇票到期后，浙江物产公司于2019年3月21日、3月25日通过 ECDS 系统提示付款，公司于2019年3月26日、3月29日通过 ECDS 系统拒付。

基于以上原因，浙江物产公司向广东省佛山市中级人民法院提出诉讼请求：1. 判令金贵银业向浙江物产公司支付电子商业承兑汇票款项2.5亿元以及自汇票到期日起至清偿日止按照中国人民银行同期贷款基准利率计算的利息；2. 判令金贵银业承担本案财产保全费、案件受理费等诉讼费用。

显然，上海稷业没有配合好金贵银业，也让这场大戏无法继续表演下去。这个案例或许提示我们两点：其一，"此前很少收取应收票据"甚至"公司所处行业的惯例就不收票据"的上市公司，若其应收票据突然增多,则应反思其票据合理性;其二,若上市公司对某家公司同时存在金额相近的应收票据和应付票据,则应查看上市公司是否已出现现金流枯竭之预势,并进一步判断其票据是否有融资属性。

三、应收票据与预收款

并非所有的应收票据都意味着营业收入已形成,有些"强势"的上市公司为暂时减轻经销商的困难,会允许经销商以票据支付预付款(在上市公司处对应形成预收账款),这需要我们了解公司的销售模式并注意观察两个科目的协同性。

贵州茅台就是一个明显的例子(注意2014年、2015年),如图1-2所示。

贵州茅台[600519.SH]-资产负债表							单位:万
	2017-12-31	2016-12-31	2015-12-31	2014-12-31	2013-12-31	2012-12-31	2011-12-31
应收票据及应收账款	122,170.60	81,762.72	857,916.62	185,214.48	29,701.12	22,189.55	25,432.68
应收票据	122,170.60	81,762.72	857,893.54	184,783.86	29,608.40	20,407.91	25,210.14
应收账款			23.08	430.62	92.72	1,781.81	222.54
预收款项	1,442,910.69	1,754,108.22	826,158.21	147,623.31	304,511.36	509,138.63	702,664.88

图1-2 2011—2017年贵州茅台应收票据、应收账款与预收款项(单位:万元)

通过发送电子邮件联系上交所,我们终于得到了上市公司的证实:"公司采取先款后货的销售原则;2014年,由于白酒行业处于深度调整期,为调动经销商积极性,2014年下半年公司为应对市场变化,允许部分货款使用银行承兑汇票结算,因而截止到2015年三季度,公司应收票据呈上升趋势;随着市场销售逐步回暖,2015年四季度公司调整了销售政策,缩小了银行承兑汇票的使用范围,年末应收票据基本没有增加,同时预收账款回升;直至2016年一季度,原收到的银行承兑汇票逐步到期,应收票据明显下降。"

四、应收票据的会计好处

2017年7月12日，鲁亿通（300423.SZ）发布收购草案，拟以20亿元收购广东昇辉电子控股有限公司（下称"昇辉电子"）100%股权。此次收购最终达成，我们的探讨也从这里开始。

我们先来看重组前的昇辉电子。根据收购公告：2015年、2016年、2017年上半年，昇辉电子应收票据期末余额分别为4743万元、3134万元、3309万元，在同期应收票据与应收账款中占比分别为8.36%、4.53%、4.08%。

可见，一方面，昇辉电子这两年及一期的应收票据在其应收款（指应收票据及应收账款，下同）中的比例是在下降的，甚至不足5%；另一方面，在2015年、2016年，昇辉电子的营业收入分别为7.52亿元、9.13亿元，应收票据与之相比也几乎是个零头。

再看看同期上市公司自身：2015—2017年，鲁亿通营业收入分别为3.14亿元、2.33亿元、2.64亿元；应收票据及应收账款分别为3.09亿元、2.83亿元、3.08亿元，其中，应收票据金额分别为5801万元、3509万元、5322万元，占比分别为18.80%、12.40%、17.30%。

而在重组之后，上市公司应收票据的比重却激增：2018年，上市公司合并报表的营业收入为30.31亿元；应收票据及应收账款为29.38亿元，其中应收票据余额为14.83亿元，占比已然高达50.48%。那么，这是母公司还是昇辉电子的原因呢？

根据上市公司2018年母公司财务报表：母公司当期营业收入为4.76亿元；应收票据及应收账款金额为4.19亿元，其中，应收票据余额为2561万元，占比仅为6.12%。可见，上市公司应收票据余额激增就是子公司昇辉电子所致。

接下来，我们分季度来看上市公司营业收入与应收票据的变化情况，其中，每一季度的营业收入、应收票据净增都是用当期的期末余额减去期初余额所得。以下是计算得出的数据：

表1-3　2018年一至四季度鲁亿通营业收入与应收票据净增金额

单位：万元

时间	2018年一季度	2018年二季度	2018年三季度	2018年四季度
营业收入	47,349.10	79,406.01	90,398.06	85,957.78
应收票据净增	16,371.41	8,025.57	33,138.18	85,462.66

在计算出结果之后，鲁亿通2018年四季度的数据着实令人惊讶，其应收票据净增金额几乎与四季度的营业收入相同，仅比后者少495万元。而我们要知道，净增金额仅仅意味着当期新增应收票据不低于8.55亿元，而非恰好是8.55亿元。

为何上市公司2018年四季度营业收入几乎与应收票据净增额相当？是否如上文所说，与预收款有关？根据报表，鲁亿通2018年三季度末、年末的预收款金额分别为3.68亿元、3.96亿元，以此来解释恐怕仍不足够妥当。

鲁亿通在2018年年报中仅称，"子公司客户的付款模式2018年以来多以商业承兑汇票为主；报告期内，公司部分大客户逐渐增加用商业承兑汇票结算货款"，却并未对四季度该现象做出解释。

我们想到的一种解释是，上市公司对客户的收入并不结转应收账款，而是转为应收票据。根据财报，鲁亿通2018年三季度末、年末的应收账款金额分别为15.48亿元、14.55亿元，可见，这种解释可能有一些道理。那么问题来了，上市公司收取商业票据而非应收账款，会有什么好处呢？

我们认为，这可能有一个会计方面的好处，即上市公司可以选择对应收票据无计提。假使鲁亿通2018年期末14.83亿元的应收票据是按照账龄1年以内的应收账款并以5%的计提比例来计算坏账准备,那么坏账准备也将至少增加7416万元,其影响或占上市公司当期净利润的16.46%。

然而,出于谨慎的态度,我们必须多问一句:大量采用票据结算是否是彼时彼刻的一种行业共性操作?恐怕我们只能通过同行业上市公司来判断了。根据收购公告,昇辉电子三个主要业务的同行业上市公司分别如下。

高低压电气业务:合纵科技(300477.SZ)。LED照明业务:珈伟股份(300317.SZ)、三雄极光(300625.SZ)、欧普照明(603515.SH)。智能家居业务:佳讯飞鸿(300213.SZ)。以下是它们的基本情况:

表1-4 同业上市公司营业收入与应收票据净增金额

上市公司	科目	2018年一季度	2018年二季度	2018年三季度	2018年四季度
合纵科技	营业收入(亿元)	3.66	6.65	5.25	4.52
	应收票据净增(万元)	-4314	5119	-5837	4720
珈伟股份	营业收入(亿元)	4.74	7.09	3.04	2.03
	应收票据净增(万元)	-835	-59	35	242
三雄极光	营业收入(亿元)	4.39	6.24	6.93	6.76
	应收票据净增(万元)	-5841	1158	10605	3318
欧普照明	营业收入(亿元)	14.83	20.45	20.6	24.16
	应收票据净增(万元)	14	-71	35	88
佳讯飞鸿	营业收入(亿元)	2.48	2.4	1.5	5.78
	应收票据净增(万元)	447	-1235	2184	2495

由表1-4可见,这5家可比上市公司均未在2018年四季度出现类似于鲁亿通的情况。另外,这5家上市公司中,2018年应收票据期末余额占当年营业收入比例最高的是三雄极光,为7.03%,也与鲁亿通的48.93%无法相提并论。

这样来看，鲁亿通所存在的现象可能无法纯粹用行业特性来解释。恐怕，事情的真实原因只有上市公司与第一大客户碧桂园（2007.HK）①清楚了。

---

① 2015年、2016年、2017年1—6月，昇辉电子来自第一大客户碧桂园的销售金额占比分别为55.16%、72.36%和78.09%。

第三节

应收账款与合同资产：最方便舞弊的科目

应收账款是非常重要的一个科目，也是很多上市公司首选的资产舞弊科目。在初步考察上市公司应收账款时，一种常规操作方式就是计算其应收账款周转天数并与同行去比较，若超出可比同行业上市公司应收账款周转天数中位数过多，则该上市公司的应收账款就可能令人担忧。

这种担忧可能主要来自两方面：其一，上市公司给予客户过长的账期，不仅可能意味着上市公司商业地位较低，而且过长的账期也会增加账款无法收回的风险；其二，上市公司可能虚增应收账款，该科目的虚增不会在现金流量表上留痕，或为最简易的造假方式。

当然，仅靠应收账款周转天数还不够。上市公司玩弄应收账款的花样繁多，该科目还有诸多细节需要我们注意。

一、账龄结构与计提比例

我们先来看应收账款中最基本的两项，一个是账龄结构，另一个是计提比例。

账龄结构指的是，上市公司会将应收账款按照形成时间，分为"1年以内""1~2年""2~3年"等账期类别。寻常情况下，上市公司应收账款应主要形成于"1年以内",此后按照账龄的递增而对应的账款金额递减。

应收账款计提则属于一类会计估计,其主要目的是为了确定资产的账面价值,此类估计需要根据经验作出。一般来讲,某一家上市公司计提政策不会与同行业上市公司差距过大:计提比例越高,其计提政策越保守;计提比例越低,其计提政策越激进。

(一)莲花健康:账龄结构曾恶化

莲花健康(600186.SH)主营味精生产与销售,自2003年起至2018年连续16年扣非后归属母公司股东的净利润为负。此前仅以净利润来看,莲花健康1999—2003年的净利润分别为1.69亿元、1.72亿元、1.45亿元、1886万元、-1.42亿元。业绩虽自2002年才变脸,但实际上,上市公司应收账款账龄自2001年起就已经有些不妙的端倪了。

如根据各年年报,账龄"1年以内""1~2年""2~3年""3年以上"的应收账款占比在1999年分别为94.43%、4.81%、0.50%、0.26%,在2000年分别为95.09%、4.22%、0.53%、0.16%,2001年分别为85.65%、10.96%、2.93%、0.46%,2002年分别为82.95%、11.90%、2.49%、2.66%,2003年分别为60.19%、28.02%、7.74%、4.05%。

(二)龙元建设:计提比例或更激进

根据南通三建(838583.OC)公开转让说明书,其将龙元建设(600491.SH)以及中国建筑(601668.SH)、宁波建工(601789.SH)、上海建工(600170.SH)、四川路桥(600039.SH)等上市公司作为可比同行。

以下是5家主板上市公司与这家新三板挂牌公司在2017年按账龄分析法计提坏账准备的应收账款各个账龄内的数据,见表1-5。

表1-5 2017年6家公司应收账款账龄分析

单位：亿元

上市公司	龙元建设	中国建筑	上海建工	四川路桥	南通三建	宁波建工
1年以内	12.02	1131	160.98	29.54	36.56	19.76
1~2年	16.16	196	21.19	3.32	4.97	6.91
2~3年	11.74	97	7.63	1.22	1.11	1.88
3~4年	9.65	64	1.5	0.37	0.26	0.74
4~5年	3.32		1.22	0.80	0.03	0.72
5年以上	6.4	37	0.82		0.0008	0.64

注：中国建筑将"3~4年"与"4~5年"合并为"3~5年"，四川路桥将"4~5年"与"5年以上"合并为"4年以上"。

接下来，我们分别计算各个账龄内应收账款金额的比例，如表1-6所示。

表1-6 2017年6家公司各账龄内应收账款占比（%）

账龄结构	龙元建设	中国建筑	上海建工	四川路桥	南通三建	宁波建工
1年以内	20.27	74.13	83.26	83.78	85.16	64.47
1~2年	27.25	12.82	10.96	9.42	11.57	22.54
2~3年	19.80	6.38	3.95	3.47	2.59	6.14
3~4年	16.27	4.22	0.77	1.06	0.60	2.41
4~5年	5.59		0.63	2.27	0.08	2.35
5年以上	10.81	2.45	0.42		0	2.09

显然，除龙元建设以外的其他5家公司均以"1年以内"的账期为主，而龙元建设各个账期尤其是3年以内的应收账款金额在各账期类型中的分布却相对较均匀。这可能意味着龙元建设应收账款的账期结构较同行偏差。

除账期结构以外，我们还会关注上市公司的应收账款计提情况。表1-7是6家公司应收账款各个账期的计提比例，其中龙元建设各个账期计提比例均为6%，与其他公司随着账期增长而递进计提比例的情况有明显差异。

表1-7　2017年6家公司各账龄内应收账款计提比例（%）

计提比例	龙元建设	中国建筑	上海建工	四川路桥	南通三建	宁波建工
1年以内	6.00	5	4.95	1	3	3
1~2年	6.00	10	8.61	5	10	10
2~3年	6.00	20	12.79	15	20	15
3~4年	6.00	50	23.93	30	30	20
4~5年	6.00	50	30.69	70	50	20
5年以上	6.00	100	33.89	70	100	20

若分别以中国建筑、上海建工、四川路桥、南通三建、宁波建工的计提比例来重新审视龙元建设的应收账款，那么其坏账准备将分别为17.46亿元、8.99亿元、12.39亿元、15.29亿元、7.61亿元，均较龙元建设财报所示的3.56亿元计提金额明显偏高。

因此，我们认为，龙元建设按账龄分析法计提坏账准备的应收账款，可能存在账龄结构偏差、计提比例相对激进等问题，后者还可能对上市公司当期损益[①]造成较大影响。

（三）鼎汉技术：变更计提方法

根据鼎汉技术（300011.SZ）2018年半年报：上市公司当期营业收入为5.93亿元，同比增长25.15%；净利润为2860万元，同比增长237.49%（上年同期净利润为847万元）。数据看起来不错，但我们应该去探究其背后的原因，即造成当期净利润大幅增长的原因是什么？

鼎汉技术在半年报中解释称："公司净利润较去年大幅增长，一方面是由于本报告期公司并入奇辉电子；另一方面是因为公司持续加强应收账款管理在报告期取得良好效果，报告期公司重点加强大额超长期应收账款催收力度，回收款项冲减了部分已计提的坏账准备。"

---

① 龙元建设2017年净利润为6.11亿元。

奇辉电子且不去谈，我们重点关注上市公司的应收账款情况。根据2018年半年报，截至2018年6月30日，鼎汉技术应收账款为12.13亿元，相较2017年底增加1.13亿元，增幅为10.23%，似乎看不出什么明显的催收效果。但另一方面，当期计提坏账准备金额减少5977万元，降幅达35.85%。

难道上市公司减少计提坏账准备果真是依靠良好的应收账款管理吗（如改善账龄结构）？事实上，早在当年3月30日，鼎汉技术的一则"关于会计政策及会计估计变更"的公告就已经埋下了伏笔：上市公司决定自董事会审议通过之日起，在使用账龄分析法以外，应收账款的计提方法新增其他分析方法，不仅根据应收账款的账龄进行分析，还根据应收账款的逾期账龄进行分析。

原有的"账龄分析法"指的是：对于账龄在"1年以内""1~2年""2~3年""3~4年""4~5年""5年以上"的应收账款分别予以5%、10%、20%、30%、50%、100%的计提比例。而新增的"逾期账龄分析法"指的是：对于"未逾期""逾期1年以内""逾期1~2年""逾期2~3年""逾期3~4年""逾期4~5年""逾期5年以上"的应收账款分别予以0、5%、10%、20%、30%、50%、100%的计提比例。

显然，"逾期账龄分析法"要比"账龄分析法"更激进，由此可导致上市公司应收账款计提的坏账准备数额出现明显下降。在2018年半年报中，鼎汉技术也披露称：因会计估计变更，上市公司利润表科目"资产减值损失"调减2684万元，所得税费用调增403万元；增加净利润2281万元。经测算，这部分新增利润是上市公司当期净利润的近80%。

二、应收账款方与上市公司的"关系"

越来越多的上市公司选择不披露前五大客户名单了（也许回复问询函时不得不披露），但有时它们会披露应收账款方名单或重大合同情况。此时，我们就可以借助工商资料（通过"国家企业信用信息公示系统"搜索即可）查询上市公司披露具体公司名的应收账款方，查询其股权结构及董监高名单，再以名字挨个在上市公司公告中检索。这虽然是一个累活，但可能有出奇之效。

三聚环保（300072.SZ）曾为创业板知名白马股，营业收入从2010年的4.3亿元飙升至2016年的175.31亿元；净利润更是有趣，2013年为2.05亿元、2014年为4.11亿元、2015年为8.14亿元、2016年为16.37亿元。彼时有人笑言：2017年是否净利润为32亿元？

直到2017年5月26日，《证券市场周刊》发布了一篇题为《三聚环保百亿合同之谜》的封面文章，三聚环保的股价神话才得以终结（笔者为作者之一）。该文章指出："一些客户的高管名字屡屡与三聚环保相关人员名字重合"，这是我们在实地调查之前所做案头工作取得的重要收获。

事实上，一方面，王亮和我将三聚环保披露的2011—2013年前五大客户（2014—2016年年报未披露前五大客户名单）、2010—2016年前五大应收账款方、2013—2016年全部重大合同对方的名单均统计入Excel表格内，并按照该名单检索官方网站或媒体的报道，以尽量查找出它们现任或过往董监高的全部名单（下面统一称"客户董监高名单"）。

另一方面，我们还翻看了三聚环保所有年报以及限制性股票激励计划激励名单，用"Ctrl + F"的老办法，将客户董监高名单上的人名依次在年报、激励名单中检索。这样的操作思路在于，如果两份名单存在较多重合，那么我们就有理由担忧上市公司与客户存在某种潜在关系，这也为后续实地调查提供了关键思路。此方法的最大缺点：耗时很长、可达一周之久，大多数人会望而却步。

三、应收账款的安全性判断

除使用工商资料查询应收账款方与上市公司之间的关系外，我们还要留意工商资料中的处罚信息，并借助"信用中国"网站及"百度检索'失信人'"等方式查看应收账款方是否有失信记录。这对于我们判断应收账款的安全性有一定帮助。

（一）德威新材：应收账款方有不良记录

2009—2013年，德威新材（300325.SZ）应收账款周转天数基本维持在93天左右，2014年、2015年略有上升，分别为108天、113天；而到了2016年、2017年，上市公司应收账款周转天数分别为175天、214天。

显然，2016年是德威新材应收账款周转天数出现较大变化的一年，因此这一年尤为引人注意。尽管当期营业收入同比仅增长了约0.81%，德威新材的应收账款却同比增长了93.17%，近乎增长了1倍。

在2016年年报中，上市公司对于应收账款的大幅增长给出了相应解释："主要原因是本报告期子公司苏州德威商业保理有限公司支付了保理贷款3.49亿元所致。"而这部分应收保理款占应收账款总额的33.97%。

我们就说说应收保理款这部分。值得注意的是，在披露前五大应收账款方时，我们可知前四名既是上市公司应收货款方，又是保理方，保理款合计占比近7成，见表1-8。

表1-8　2016年德威新材前五大应收账款方的保理款情况

单位：万元

	应收保理款	货款	小计	占比（%）	坏账准备
山东中州电缆有限公司	8400	6393	14793	14.39	0
上海南大集团有限公司	5000	2754	7754	7.54	0
明达线缆集团有限公司	5000	1576	6576	6.40	0
江苏远洋东泽电缆股份有限公司	6000	569	6569	6.39	0
安徽科正新材料有限公司	5000	0	5000	4.86	0
合计	29400	11292	40692	39.58	0

次年年报则披露：2017年度，德威保理分别与上述5名债务人及上海欧伯尔塑胶有限公司、江苏赛德电气有限公司、江苏金土木建设集团有限公司等，即合计8家公司签订了有追索权的国内单保理业务合同，截至期末的应收客户保理款余额为3.74亿元。

那么，这几大应收账款方质地如何呢？接下来，我们将选取其中的部分公司加以分析。

第一大应收账款方，山东中州电缆有限公司，在2018年因拒不履行生效法律文书确定义务而被列入失信人黑名单。尽管只是连带清偿责任，但也足够令人为之信用担忧。

第四大应收账款方，江苏远洋东泽电缆股份有限公司，分别于2017年12月11日、2018年8月30日，被扬州市邗江区市场监督管理局罚款并没收违法所得和非法财物。另外，2018年该公司亦有3条失信记录。

第五大应收账款方，安徽科正新材料有限公司曾于2016年5月18日被合肥市高新区高新国税局以"偷税"缘由行政处罚。2016年4月28日，上海挚朴投资管理中心（有限合伙）成为科正新材料第二大股东，持股比例49%，该公司曾于2017年11月6日因"公示企业信息隐瞒真实情况、弄虚作假"被列入经营异常名录（后于2018年1月5日移除）。

（二）富奥股份：来自一汽轿车的坏账

应收账款方如果是知名公司就一定安全吗？不见得。富奥股份（000030.SZ）2017年年报显示，前五大客户均为上市公司关联方；而在《关于预计公司2018年度日常关联交易的公告》中，富奥股份称："（上市）公司将与关联方中国第一汽车集团公司（以下简称一汽集团）及其下属企业发生原材料采购、产品销售、综合服务、金融存贷款服务等类型的日常关联交易……上年同期实际发生金额为560,177万元。"

其中，详细数据为：富奥股份向关联人销售商品或提供劳务的金额为50.22亿元，占上市公司当期营业收入的比例高达69.82%（而上市公司当期销售收入为71.93亿元）。在如此高比例的关联交易下，上市公司同时选择了相对激进的应收款计提比例。

如其2018年中报显示，6个月以内应收账款为16.96亿元，占比高达98.93%，富奥股份却选择0的计提比例；7～12个月的应收账款为406万元，计提比例为5%。然而，同行业上市公司万向钱潮（000559.SZ）对1年以内的应收账款统一予以5%的计提比例。

我们必须指出的是，关联方虽然与一汽集团有关，但并不意味着应收账款或其他应收款绝对安全。如自2017年年报起，上市公司对一汽轿车（000800.SZ）的其他应收款为1079万元，坏账准备为1025万元，计提比例为95%，理由为"预计无法收回"；此前在2016年年报中则写原因为"垫付模具款，预计无法收回"。

（三）许继电气：知名公司无法确保子公司信誉

为了佐证"知名公司并不绝对安全"并非孤例，我们再加一个案例。许继电气（000400.SZ）的主要客户与供应商均为关联方，即"国家电网及其所属企业""许继集团及其所属企业"。

比如说郑州龙泰电力有限公司（下称"郑州龙泰"）。郑州祥和集团有限公司（下称"祥和公司"）及其全资子公司郑州宝翔电力安装有限公司合计持有其20%的股权，而祥和公司的股东为国网河南省电力公司的七个县市的供电公司工会委员会。

有趣的是，直到2016年年报，上市公司才对郑州龙泰单独列项，且计提比例为75%，到了2017年，这一比例才提升至100%。但吊诡的是，工商资料显示，郑州龙泰这家公司在2012年12月27日就已经被吊销了。

再拿三家核销全部应收账款的公司举例：三门峡惠能热电有限责任公司为爱建集团（600643.SH）的控股孙公司；河南恒兴纸业股份有限公司（2017年年报显示总资产、总负债分别为2.41亿元、14.82亿元）的股东分别为睢县财政农业综合开发资金管理办公室、睢县科教信息与技术服务中心；山西焦煤集团正兴煤业有限公司是山西省国资委控股孙公司。

据信用中国显示，这三家公司分别有8条、1条、4条失信信息。这再次说明，表面上看起来很靠谱的公司可能并没有看起来的那么靠谱。

四、合同资产：风险甚于应收账款

（一）合同资产与应收账款对比

会计准则解释"合同资产"是指企业已向客户转让商品而有权收取对价的权利，且该权利取决于时间流逝之外的其他因素。这与应收账款是不一样的。

二者的区别在于，应收款项代表的是无条件收取合同对价的权利，即企业随着时间的流逝即可收款；而合同资产并不是一项无条件收款权，该权利除了时间流逝之外，收取相应的合同对价还取决于其他条件（如履行合同中的其他履约义务）。

因此，合同资产和应收款项相关的风险是不同的，应收款项仅承担信用风险，而合同资产除了承担信用风险之外，还可能承担其他风险，如履约风险等。

我们举例说明：2018年5月1日，甲公司与乙公司订立了一项销售合同，合同约定甲公司向乙公司销售商品A和商品B。商品A的交付时点为2018年6月30日，商品B的交付时点为2018年8月31日。合同约定，商品A交付时乙公司暂不付款，而待商品B交付完成时才一次性全额支付货款1000万元。

2018年6月30日，甲公司履行了向乙公司转让商品A的履约义务，根据合同拥有一项因转让商品而有权收取对价500万元的合同权利，且该权利取决于时间流逝之外的其他因素。甲公司应当确认收入500万元，同时应确认合同资产500万元。但这500万元只有在转让商品B之后才能收取。

（二）汉能薄膜：高额"合同资产"背后的秘密

"5·31新政"后，"光伏整个产业进入寒冬和迷茫之际"。停牌三年多、99.72%的收入来自中国内地的汉能薄膜发电（0566.HK，已于2019年6月退市）公布了一份堪称"神迹"的成绩单：在汉能薄膜2018年上半年净利润同比增加70.84亿港元的情况下，其经营现金流却同比减少了37.20亿港元。

我们查阅汉能薄膜财报发现，汉能薄膜2018年上半年业绩暴增但现金流与净利润不匹配的主要原因或与资产负债表的"合同资产"这一科目有关。财报显示，截至2018年6月末，汉能薄膜"合同资产"

达 127.74 亿港元。而 2017 年 12 月 31 日该资产项仅有 24.01 亿港元，环比增加 103.74 亿港元。

汉能财报称其"合同资产"是与整线生产线客户的建设合同等。"本集团更成功拓展创新业务，开拓多元化的收入来源及业务构成，不再单纯依赖与汉能控股及其联属公司的关联交易。"

此前，香港证监会指出，汉能薄膜发电依赖向其关联方汉能控股及其联属公司销售太阳能电池板生产系统来作为主要收入来源，但李河君等被告共 5 人没有对这种业务模式提出质疑，也没有对关联方财务状况和应收账款可回收性进行适当评估，存在失职。

在最新的财报中，汉能薄膜发电称"（关联交易）问题已经完全解决"。但事实果真如此吗？多家媒体报道称，上市公司公布的合同资产主要客户的多个高管或股东姓名存在与汉能或其下属公司的员工或高管重名的情况。感兴趣的投资者可自行检索相关新闻。

五、应收账款相关数据与客户的匹配性

上市公司可能披露前五大客户、前五大供应商、前五大应收账款方的各自金额，但披露前五大应付账款方金额的情况极为罕见。因此，通过客户应付账款数据与上市公司应收账款数据的对比来判断账款的真实性具有很大难度。

不过，我们也许可以寻找一些更夸张的数据，如上市公司对某一客户的应收账款金额已经明显超过该客户当期应付账款总金额，甚至超过该客户当期总负债金额。有时，少部分非上市且非挂牌的公司可能会在工商资料中披露年度财务数据，这对于我们而言是极好的。

（一）中利集团：与其他上市公司财报的匹配性

以中利集团（002309.SZ）为例。其在应收账款中，除采用"按账龄分析法计提坏账准备"以外,还会对部分期末单项金额重大的应收账款"单项计提坏账准备",如在2018年这部分金额占比为5.07%。其中,这部分金额的六成有计提情况,如表1-9所示。

表1-9 2018年中利集团部分期末单项金额重大的应收账款坏账计提情况

单位:元

客户	账面余额	坏账金额	计提比例	理由
客户1	175,113,044.20	15,204,927.50	4.51%	扣除已收到的2,785.93万美元和12,500万港币保证金后,差额按账龄计提(客户1至客户5)
客户2	5,917,341.92			
客户3	67,209,500.00			
客户4	66,813,819.97			
客户5	22,318,726.07			

这并非2018年才有的应收账款方。我们回溯了多年年报,发现这一组应收账款方可追溯至2013年。以下是该组应收账款方2013—2017年的情况(请重点看2013年的理由),如表1-10所示。

表1-10 2013—2017年单项重大金额的应收账款坏账计提情况

单位:元

	客户	账面余额	坏账金额	计提比例	理由
2013年	客户6	204,863,511.62	4,452,335.50	2.06%	客户6、客户7合并扣除已付2,785.93万美元保证金后,差额按账龄计提
	客户7	11,477,760.00			
	客户	账面余额	坏账金额	计提比例	理由
2014年	客户1	186,499,691.20	12,230,851.21	6.56%	扣除已付2,785.93万美元和4,000万港币保证金后,差额按账龄计提(客户1至客户3)
	客户2	71,216,834.42	455,600.00	0.64%	
	客户3	85,653,511.62	137,000.00	0.16%	
	客户	账面余额	坏账金额	计提比例	理由
2015年	客户1	317,350,539.64	52,822,433.54	16.64%	扣除已收到的2,785.93万美元和12,500万港币保证金后,差额按账龄计提(客户1至客户3)
	客户2	62,218,433.14	130,159.87	0.21%	
	客户3	85,597,788.34	0	0	

第一章 资产负债表

续表

	客户	账面余额	坏账金额	计提比例	理由
2016年	客户1	176,975,364.95		0	扣除已收到的2,785.93万美元和12,500万港币保证金后,差额按账龄计提(客户1至客户4)
	客户2	6,560,419.33		0	
	客户3	95,519,449.39		0	
	客户4	88,942,301.67	22,722,319.69	25.55%	
	客户	账面余额	坏账金额	计提比例	理由
2017年	客户1	176,975,364.95		0	扣除已收到的2,785.93万美元和12,500万港币保证金后,差额按账龄计提(客户1至客户4)
	客户2	6,060,926.83		0	
	客户3	73,779,688.68		0	
	客户4	29,587,537.38	770,781.12	2.61%	

由于这一组应收账款方可追溯至2013年,因此2013年年报需要仔细查阅。既然应收账款计提理由含有"客户6、客户7合并扣除已付2,785.93万美元保证金后"① 这句话,那么我们就应该查看上市公司2013年年报中披露的其他应付款情况,见表1-11。

表1-11　2013年中利集团其他应付款

单位:元

往来单位(项目)	金额	账龄	款项性质
NEW LIGHT TECHNOLOGY LIMITED ADD. RM	169,855,917.44	一年以内	电站工程款保证金
王柏兴	42,440,000.00	一年以内	资金往来
江苏中鼎房地产开发有限责任公司	14,950,000.00	一年以内	资金往来
常熟中巨新能源投资有限公司	37,000,000.00	一年以内	资金往来
中国出口信用保险公司江苏分公司	9,373,245.11	一年以内	保险理赔款
青海新能源(集团)有限公司	8,000,000.00	一年以内	资金往来
青海光明工程有限公司	7,590,000.00	一年以内	资金往来
山东省城乡建设勘察院青海分院	2,264,750.00	一年以内	保证金
合计	291,473,912.55	一年以内	其他应付款

以2013年美元汇率区间6.0507~6.2453换算,2785.93万美元约

---
① 这样一个长期挂账的金额总是会让我们格外警觉。

相当于人民币 1.69 亿~1.74 亿元，显然这与 NEW LIGHT TECHNOLOGY LIMITED ADD. RM（下称"NLTLA"）的 1.7 亿元较为匹配。

既然上市公司收到 NLTLA 的保证金账龄在一年以内，那么经营现金流就应该有相应体现。然而上市公司现金流量表附注却显示，中利集团 2013 年收到的其他与经营活动有关的现金中，保证金及其他仅有 1.41 亿元。很明显，这个金额是小于 1.7 亿元的。造成如此差距的原因为何？由此，我们对 NLTLA 产生了兴趣。从这家公司入手我们发现，港股上市公司熊猫绿能（0686.HK）在 2013 年年报中称，NLTLA 是熊猫绿能间接持股 100% 的全资孙公司。

既然中利集团在 2013 年对 NLTLA 有 1.7 亿元的其他应付款，那么熊猫绿能对中利集团在 2013 年就应该有不少于 1.7 亿元（之所以"不少于"，是因为 NLTLA 只是熊猫绿能众多附属公司之一）的其他应收款。

熊猫绿能的其他应收款情况如何呢？以下是熊猫绿能 2013 年年报中，"应收及其他应收账项、按金及预付款项"相关截图，见图 1-3。

應收及其他應收賬項・按金及預付款項				
	本集團		本公司	
	二零一三年 港幣千元	二零一二年 港幣千元	二零一三年 港幣千元	二零一二年 港幣千元
流動				
應收賬項	32,864	52,111	–	–
減：應收賬項減值撥備	(21,831)	(9,028)	–	–
應收賬項－淨額	11,033	43,083	–	–
電價調整應收賬項	23,879	–	–	–
應收及電價調整應收賬項	34,912	43,083	–	–
租務按金	2,122	61	–	–
可收回增值稅	63,902	29,523	–	–
原材料關付賬	165,490	97,684	–	–
應收關連公司款項	48,958	14,140	–	–
其他按金及預付款項	9,466	10,791	491	192
	324,850	195,282	491	192
非流動				
購買廠房及設備預付款項	368,610	40,945	–	–
收購按金	100,000	–	–	–
可收回增值稅	93,908	–	–	–
	562,518	40,945	–	–
總計	887,368	236,227	491	192

图 1-3　2013 年熊猫绿能应收及其他应收账项、按金及预付款项

这里金额较匹配的科目为"原材料预付账",金额为 1.65 亿港元(仅相当于人民币约 1.32 亿元),但似乎仍与"保证金"不是一回事。①

那么问题来了,中利集团从 NLTLA 处取得的 1.7 亿元保证金究竟是什么情况,莫非是港股会计准则与 A 股有异?

(二)神农基因:与其他公司工商资料的匹配性

神农基因(300189.SZ,现名神农科技)于 2019 年 8 月 2 日收到中国证监会海南监管局下发的《中国证券监督管理委员会海南监管局行政处罚事先告知书》,其内容经整理,大意如下:

"其一,神农基因 2014 年至 2016 年通过伪造销售发货单、使用外部借款划入合同对方[指湛江市兴罗农业科技有限公司(下称'湛江兴罗')、广西藤县佳禾种子有限公司(下称'藤县佳禾')、湖南正隆农业科技有限公司(下称'湖南正隆')]银行账户并最终以购买种子名义流入神农基因银行账户来伪造'真实'的资金流等方式,虚构种子销售业务,分别虚增主营业务收入 5406 万元、2224 万元、751 万元;经查,湛江兴罗和藤县佳禾由神农科技控制,2014 年至 2016 年均未实际开展业务。

"其二,2015 年 9 月,神农基因分别与湛江兴罗、藤县佳禾、湖南正隆、安徽丰永种子有限责任公司签订《技术转让(植物新品种权转让)合同》共 11 份,合同金额共计 2515 万元,神农基因确认品种权转让收入 2515 万元;上述业务为无商业实质的交易,导致神农基因 2015 年虚增利润 2515 万元。"

显然,受上市公司控制的湛江兴罗、藤县佳禾,是舞弊环节中最为

---

① 说句题外话,中利集团控股孙公司中利新能源(香港)投资有限公司曾于 2013 年跻身熊猫绿能前十大股东。

重要的两个参与方。那么，我们是否可以通过神农基因年报提前发现财务异常呢？

事实上，这是可以的。如神农基因财报披露，湛江兴罗与藤县佳禾均跻身上市公司 2014 年、2015 年、2016 年上半年前五大应收账款方，神农基因对前者的应收账款金额分别为 450 万元、554 万元、550 万元，对后者的应收账款金额分别为 632 万元、542 万元、503 万元。

对于这种未上市或未挂牌的公司，我们有什么办法查看其财务数据呢？国家企业信用信息公示系统这个网站是首选。如该系统披露的简易年报显示，湛江兴罗 2014 年、2015 年的负债金额分别为 6 万元、2 万元，均远小于 450 万元、554 万元；而可惜的是，藤县佳禾仅披露了 2016 年数据，其总负债为 1 万元，时间上有些迟。

尽管如此，单独一个"湛江兴罗 2014 年、2015 年负债金额远小于当期神农基因所声称的对湛江兴罗的应收账款金额"的事实已经说明问题了，这让我们不得不对神农基因应收账款金额的真实性保持警惕。

写到这里，不禁想多说几句来提醒投资者。笔者认为，工商资料里面的总资产、总负债金额可信度较高，而营业收入、净利润等数据的可信度、可利用性较低。这是因为，一些小型企业可能有税务筹划甚至做低利润等行为，且从上市公司处采购的金额并不都转化为当期营业成本（这与上市公司年报披露的采购额不同）。因此，我们更倾向于仅采纳工商资料中的资产负债表数据。

六、外币货币性项目释疑

在考察上市公司尤其是境外收入占比较大的上市公司时，我们会比较关注年报中披露的外币货币性项目。何为货币性项目？根据会计准则，货币性项目是指企业持有的货币和将以固定或可确定金额的货币收取的资产或者偿付的负债。

货币性项目分为货币性资产和货币性负债。货币性资产包括现金、银行存款、应收账款、其他应收款、长期应收款等。货币性负债包括应付账款、其他应付款、短期借款、应付债券、长期借款、长期应付款等。

期末或结算货币性项目时,应以当日即期汇率折算外币货币性项目,该项目因当日即期汇率不同于该项目初始入账时或前一期末即期汇率而产生的汇兑差额,计入当期损益。

乍一看该概念,我们可能会认为上市公司年报中的外币货币性项目是基于合并报表口径披露的。但我们发现,实际情况可能并非如此,我们观察到的统计口径可能也不止一种。接下来,以两家上市公司为例,谈一谈外币货币性项目。

(一)药明康德:仅包含境外子公司数据

2020 年 3 月 25 日,药明康德(603259.SH)发布了 2019 年年报。根据年报,上市公司 2019 年营业收入中,境内收入为 29.44 亿元、境外收入为 99.07 亿元,占比分别为 22.87%、76.97%。

显然,药明康德的收入以境外为主。另外,公司年报中提到:"报告期内,公司主营业务收入以美元结算为主。"这或许意味着,药明康德的货币资金及应收、应付项目会有相当一部分比例为外币货币性项目。

然而药明康德年报还提到:一方面,上市公司期末应收账款的账面余额为 30.04 亿元、账面价值为 29.37 亿元;另一方面,外币货币性项目中,应收账款却仅有换算为人民币的 3838 万元(其中有 411 万美元、122 万欧元、2 万英镑)。

同年 4 月 1 日,我们向药明康德发去邮件,询问上市公司"按上述数据计算得出应收账款中外币占比不足 2%"与"主营业务以境外为主、主营业务收入以美元结算为主"不甚匹配的原因。

当日下午,药明康德给予回电,给出了耐心解答,原来上市公司年报中披露的外币货币性项目仅包含境外子公司的数据,而境内母公司、子公司的数据则不在此列。

(二) 南微医学:并未抵消内部往来

2020年3月31日,南微医学(688029.SH)发布了2019年年报。根据年报,上市公司应收账款期末账面余额、账面价值分别为1.74亿元、1.7亿元。

而另一方面,南微医学2019年年报披露,公司外币货币性项目中,应收账款中的美元、欧元分别为2470万美元、544万欧元,期末折算成人民币分别为1.72亿元、4251万元,合计折算人民币2.15亿元。

同年4月1日,我们向南微医学发去邮件,询问上市公司"外币应收账款折算为人民币后的金额2.15亿元"明显高于"合并报表披露的应收账款金额1.7亿元"的原因。

当日晚间,南微医学给予邮件回复,称"报告附注外币货币性项目应收账款余额是母子公司的合计数,反映期末外币余额及汇率波动可能的风险,财务报表的账面余额是合并抵销后的"。

南微医学进一步称:"之所以如此披露,会计师认为,外币货币性项目的披露目的之一是提示投资者关注本公司外汇风险的主要风险敞口,在这种情况下,即使内部往来已经抵销,企业仍然承担外汇汇率变动的风险,所以这样披露外币性货币项目比较谨慎。"

(三) 结论:须致电上市公司问明披露口径

首先,我们要感谢两家上市公司的及时回复。我们之所以对外币货币性项目感兴趣,是因为通过该项目,一方面可以判断上市公司有多少可能来自汇率变动带来的风险;另一方面,可以了解境外客户应收账款的账期情况。

不过,"仅披露境外子公司"的方式让我们对于两方面情况均无法准确获知,而"母子公司数据未抵销"却也让我们在判断境外客户账期时无从下手,尽管后者确也有一定道理,即子公司与母公司间的外币应收账款也可能存在汇率变动风险。

遗憾的是,中国证监会发布的《公开发行证券的公司信息披露编报规则第 15 号——财务报告的一般规定(2014 年修订)》,即 15 号文中,仅在第二十五条"合并财务报表项目附注中应披露的其他信息"中提到:

"外币货币性项目,应列示其原币金额以及折算汇率。合并财务报表中包含重要境外经营实体的,应披露其境外主要经营地、记账本位币及选择依据。记账本位币发生变化的还应披露原因及其会计处理。"

该条文并未对外币货币性项目的披露范围及方式作出明确规定,这可能也导致了相当数量的上市公司对该项目的披露失去参考价值。

第四节

预付款：大额预付款是否流向关联方？

与"应收账款和营业收入去比较"不同的是，预付款大多是与营业成本去比较的（当然，也有部分预付款与固定资产有关）。上市公司的营业成本一般都明显小于营业收入，而投资者对于账龄较长的预付款的接受程度也明显弱于相同账龄的应收账款（因为通常更不符合商业逻辑），这两点限制了预付款科目的造假金额及其账龄的上限。①

相较同行过多的预付款也往往令人有两方面担忧，一者为可能上市公司行业内话语权较低；二者为预付款可能存在"猫腻"。不过，我们也要视情况而定，比如上市公司预付款可能与合并范围内的主营业务无关。

以从事原油及天然气的勘探、开采和销售为主的新潮能源（600777.SH）为例，其2018年年报显示，报告期末公司预付账款2.12亿元，同比增长371.47%，主要系向上海尊驾酒业集团有限公司预付款项1.55亿元，占预付款项总额比例为72.89%。

在对上交所2018年年报问询函的回复公告中，新潮能源称："年报

---

① 委托采购款计入其他应收款科目而非预付款，这一点上很多投资者容易混淆。

预付款项用于购买贵州茅台飞天酒和五粮液生肖纪念酒,其中茅台飞天酒1.3亿元,五粮液生肖纪念酒2500万元。"从贵州茅台(600519.SH)、五粮液(000858.SZ)处采买白酒,预付款确实是再正常不过了。

一、预付款方与上市公司的"关系"

与应收账款类似,我们仍可借助工商资料查询上市公司披露名称的预付账款方,查询其股权结构及董监高名单,再将名字逐一在上市公司公告(以财报和股权激励名单等公告为主)中检索。

(一)合众思壮:预付款方曾为关联方

我们从两方面考察A股上市公司预付款权重,一个是预付款占当期总资产的比例,另一个是预付款占当期营业成本的比例。我们将二者排名相加,最终选出了2018年排名最靠前的几家公司。

我们先来看前五名。前两名是ST节能(000820.SZ)和神雾环保(300156.SZ),神雾双雄不用看了,一个在退市的边缘,另一个已经退市;第五名是ST印纪(002143.SZ),现已退市,也不用看;第三名是北京文化(000802.SZ),但这可能是行业特性,如当代东方(000673.SZ)、华录百纳(300291.SZ)排名都相当靠前。

因此,我们的注意力还是放在第四名合众思壮(002383.SZ)身上。尽管在两项排名(占总资产比例、占营业成本比例)中,合众思壮均排名第11位,但其综合排名却高达第四位。

在讨论之前,我们先把合众思壮2016—2018年年报中披露的前五大预付款方的名单列出来,如表1-12所示,给读者一个直观感受。

财报背后的投资秘密："韭菜"的自我修养

表1–12　2016—2018年合众思壮前五大预付款方的金额与账龄

2016年前五大预付款方	金额（万元）	占比（%）	账龄	未结算原因
深圳市怡亚通供应链股份有限公司	999	14.59	注1	材料采购款
中航四维（北京）航空遥感技术有限公司	639	9.33	注2	项目进行中
Agjunction LLC	384	5.62	1年以内	材料采购款
北京富腾信通科技有限公司	182	2.66	1年以内	材料采购款
北京睿呈时代信息科技有限公司	180	2.63	1年以内	材料采购款
2017年前五大预付款方	期末余额（万元）	占比（%）	账龄	未结算原因
宁波和创智建科技有限公司	77639	61.23	1年以内	材料采购款
浙江鑫网能源工程有限公司	41709	32.89	1年以内	材料采购款
上海乐今通信技术有限公司	621	0.49	1年以内	材料采购款
深圳市比亚迪电子部件有限公司	353	0.28	1年以内	材料采购款
深圳市明泰智能技术有限公司	334	0.26	1年以内	材料采购款
2018年前五大预付款方	金额（万元）	占比（%）	账龄	未结算原因
宁波和创智建科技有限公司	231602	92.41	1年以内	材料采购款
南京衡尔辉网络科技有限公司	7446	2.97	1年以内	材料采购款
北斗导航科技有限公司	2375	0.95	1年以内	材料采购款
Agjunction LLC	1373	0.55	1年以内	材料采购款
上海乐今通信技术有限公司	1101	0.44	1年以内	材料采购款

注：1. 其中1年以内997万元，3年以上2万元。
　　2. 其中1年以内364万元，2~3年275万元。
资料来源：合众思壮公司年报。

显然，这家名为"宁波和创智建科技有限公司"的预付款方十分引人注目，在2017年跻身前五大预付款方并占据第一名，甚至到2018年，其在合众思壮预付款中占比高达92.41%。那么，该公司究竟是何方神圣呢？

根据问询函回复公告，宁波和创智建科技有限公司（下称"和创智建"）有三名股东，分别为自然人张一、北斗导航科技有限公司（下称"北导科技"）、深圳市壮壮优选技术股份有限公司（下称"深圳壮壮"），持股比例分别为30%、30%、40%。

先看深圳壮壮。根据国家企业信用信息公示系统，深圳壮壮的第一大股东、法人名为"单承建"，持股比例为48%。有意思的是，北导科技的全资子公司北斗（宁波）导航科技有限公司，其法人、执行董事亦名为"单承建"。

那么问题来了，二者是否为同一人？若果为同一人，我们是否可以理解为，北导科技对和创智建这家公司可以施加的影响可能不仅局限于自身？因此，我们接下来就要探寻北导科技这家公司的历史沿革了。

上市公司2016年10月28日公告称：合众思壮全资子公司北导科技引进南京广丰投资管理中心（普通合伙）、张鹏飞作为新增投资者。增资后，合众思壮持有北导科技33%的股权，后者变为上市公司参股公司，不再纳入合并范围。

原来，这个北导科技曾经是合众思壮的全资子公司。这样一来，二者关系的转变就耐人寻味了，合众思壮与和创智建的交易自2016年11月起就不再属于关联交易范畴了，也就无须在2017、2018年年报中详细披露了。

（二）万方发展：关联方与预付款方电邮地址雷同

在查阅万方发展（000638.SZ）近几年年报时，我们发现一个不寻常的现象，即万方发展有一个自2010年起长期挂账的预付款方，解释为"预付拆迁款尚未动工"。

2010年年报显示，万方发展的第二大预付款方为廊坊市东禹城市房屋拆迁有限公司（下称"廊坊东禹"），金额为7200万元。此后的2011—2018年的年报均显示，万方发展对廊坊东禹的预付款始终保持在5000万元，至2018年已是第一大预付款方了。

早在2014年，万方发展披露了这部分债务的债权单位为香河东润城市建设投资有限公司（下称"香河东润"），这家公司是上市公司持股70%的控股子公司；在此后的年报披露中，5000万元的预付款均是3年以上账龄。然而仔细算来，账龄何止3年，截至2018年至少7年了。

接下来我们重点关注廊坊东禹。在2016年年报问询函的回复中，万方发展在解释预付工程款尚未结算的原因时称："由于香河县地处北京周边，很多前提政策条件不规范，因此工程进度放缓，导致预付的工程款未结算；预计2017年年末前完成此笔款项的结算，并尽快出售香河东润的股权。"

显然，截至2018年末，款项结算以及出售香河东润股权都未完成。更令人感到奇诡的是，此问询函回复公告发布3个月之后，上市公司于2017年8月31日发布的《关于出售北京万方天润城镇基础建设投资有限公司100%股权的公告》竟似乎出卖了自己。

据该出售股权公告显示，交易对方恰好就是廊坊东禹这家公司，公告还披露了廊坊东禹2016年及2017年上半年的财务数据：截至2016年12月31日、2017年6月30日，廊坊东禹的总负债金额分别为2258万元、2450万元。

那么问题来了，廊坊东禹既然预收了万方发展5000万元的款项，为何其负债金额尚不足2500万元，也就是上市公司对其预付款的一半？虽说廊坊东禹的财务数据是未经审计的，但差距怎会如此之大呢？

我们在查阅国家企业信用信息公示系统时还发现，廊坊东禹2017年年报中披露的电子邮箱地址为121788553@qq.com，而另一家公司万方征信有限公司（下称"万方征信"）在2017年年报中披露的电子邮箱地址与之雷同。除此之外，二者在当期披露的企业联系电话也一致。

万方征信是何方神圣呢？据上市公司年报披露，该公司为上市公司关联方，系"受同一控制人控制"。那么问题就来了，万方征信与廊坊东禹填注的电子邮箱地址与企业联系电话为何相同?① 二者是否有更深层次的关系?

另外,我们还观察到,万方征信的股东为万方投资控股集团有限公司(下称"万方控股"),系"上市公司母公司万方源"之母公司。而据信用中国2019年4月18日发布,万方控股是失信人且全部未履行,具体情形为"有履行能力而拒不履行生效法律文书确定义务"。

除此之外,根据上市公司在2018年披露的五十多家受同一控制人控制的关联公司,我们依次在信用中国网站检索企业名称后发现,其中至少有6家公司曾为或现为失信人,分别为:重庆百年同创房地产开发有限公司、北京万方龙轩餐饮娱乐有限公司、北京食来食往餐饮管理有限公司、昆明诚金万禾企业管理有限公司、石林圆通运动场管理服务有限公司、云南圆通房地产开发有限公司。

看来,对于这样的上市公司,投资者确实要多加小心了。

二、预付款的数据匹配性

在上面万方发展的例子中,我们不仅找出了雷同的电子邮箱地址以及企业联系电话,还通过上市公司公告中廊坊发展的财务数据与万方发展自身相印证,找出了蹊跷之处。这个方式可以推广,即以上市公司预付款金额与预付款方的预收款金额甚至负债总额作对比。

(一) 与其他上市、挂牌公司对比

在浏览中科曙光(603019.SH)财报时,我们注意到一个奇怪的现象。在2017年年报中,中科曙光披露期末预付款金额为3.26亿元,较上年1.28亿元同比增长了154.63%。

---

① 一种简易解释为:代理记账方为同一家财税公司。

其中,第一大预付款方为深圳市普路通供应链管理股份有限公司,这是我们熟知的一家供应链上市公司普路通(002769.SZ),中科曙光对其的预付款金额为1.5638亿元。然而,普路通2017年财报却显示,当期全部预收款总额为1.5454亿元(未披露细节),比中科曙光披露的金额还少近184万元。

这让我们不禁对中科曙光的预付款科目产生疑惑。退一步讲,即使二者出现的偏差是由统计口径等原因造成的,为何普路通的预收款科目几乎完全由中科曙光的预付款构成?

随后,中科曙光在2018年半年报披露,公司对普路通的预付款金额已下降至1474万元。但是,新的问题又出现了。根据2018年半年报,中科曙光的预付款第四名是中博龙辉(北京)信息技术股份有限公司,预付款金额为1267万元,占比为6.38%。

有意思的是,这是一家新三板挂牌公司,中博龙辉(837486.OC)挂牌时间为2016年5月16日。根据中博龙辉2018年半年报,其全部预收款金额为639万元,仅为中科曙光披露的预付款金额的50.42%,这又该怎么解释呢?

(二)善用搜索引擎检索预付款方相关信息

在金贵银业(002716.SZ)2018年年报问询函中,交易所问道:"你公司2018年期末预付账款同比增长252.67%,主要系支付原材料供应商预付款增加所致,请说明预付账款大幅增长的合理性及前五名是否与你公司存在关联关系。"

从年报来看,金贵银业2018年预付款期初、期末金额分别为6.92亿元、24.39亿元,占流动资产的比例分别为10.12%、27.25%,其增长确实迅猛。据披露,上市公司2018年期末预付款项前五名供应商分别是:郴州市锦荣贸易有限责任公司(下称"郴州锦荣")、郴州市旺祥贸易有限责任公司（下称"郴州旺祥"）、郴州市金来顺贸易有限责任公司（下称"郴州金来顺"）、永兴县富恒贵金属有限责任公司（下称"永兴富恒"）、永兴县富兴贵金属有限责任公司（下称"永兴富兴"）。

很多媒体指出了部分供应商间的信息雷同点，这里我们就不多说了。真正让我们眼前一亮的是我们找到的这个检索结果：根据优利理财网披露的金鹤248号金贵银业应收账款投资3期集合资金信托计划（http://trust.yoolee.cn/157455.html），该计划的信托公司为雪松国际信托股份有限公司，推出时间为2017年2月13日。

具体内容为：预期税前年收益率为"300万以下7.5%、300万以上7.8%"，投资方向为"信托资金受让郴州市锦荣贸易有限责任公司、郴州市旺祥贸易有限责任公司持有的对郴州市金贵银业股份有限公司（002716）应收债权"，风险控制为"曹永贵提供连带责任保证担保"。

借款人都有哪些信息呢？该产品披露，其一为郴州锦荣，财务信息为"2015年净资产3654万元、资产负债率51.51%、净利润619万元"；其二为郴州旺祥，财务信息为"2015年净资产9385万元、资产负债率47.4%、净利润526万元"。

最值得我们注意的是郴州锦荣。根据上述信息中披露的净资产及资产负债率，我们可以推算出郴州锦荣2015年负债总额约为3882万元。然而，金贵银业2015年年报却披露郴州锦荣是上市公司当期第三大预付款方，预付款金额为6514万元。

那么问题来了，在2015年预收了上市公司6514万元的郴州锦荣为何负债总额才只有3882万元呢？究竟是优利理财网所披露的郴州锦荣财务信息有误，还是有其他原因呢？

(三) 预付款与应付票据

类似于应收票据与预收款可能存在关系,在观察预付款时,我们还应该脑筋多转一个弯,即上市公司对其他企业的预付款是否直接由应付票据支付?假如上市公司以票据形式支付预付款,那么上市公司的资金周转将要好很多。

还是以金贵银业为例。仅从金额来看,金贵银业 2018 年应付票据从期初 4.12 亿元增至 16.18 亿元,暴增幅度堪比预付款,似乎有点那么个意思,但仔细分析后恐怕很难说二者有关联。

这是因为从现金流角度,金贵银业在年报问询函回复公告中明确指出,"报告期预付账款的变动影响经营性现金净流量额 -16.78 亿元"。如果预付款主要以应付票据支付,那么对经营性现金流的影响应该不大。

第五节

其他应收款：无处安放的款项的安身之所

其他应收款主要由"往来款""职工备用金""应收补偿款""各种保证金""预付款重分类"等构成。在大多数情况下，这个科目占总资产的比重不会过高；如果过高，这可能涉及大股东占款问题，对中小股东的权益就可能构成一种侵害。

一、大股东占款

我们将 A 股每家上市公司 2018 年的其他应收款金额除以总资产金额得出一个比例，并对此由高到低进行排序，得知前三名分别为 ST 凯瑞（002072.SZ）、丰华股份（600615.SH）、天翔环境（300362.SZ），比值分别为 79.84%、72.65%、49.06%。

（一）ST 凯瑞："曾经的大股东"占款

根据各年年报，ST 凯瑞的其他应收款是自 2016 年才大幅增长的：2015—2018 年，上市公司其他应收款金额分别为 5966 万元、4.12 亿元、3.91 亿元、3.47 亿元。

2016—2018 年，ST 凯瑞其他应收款较高的主要原因系山东德棉集团有限公司（下称"德棉集团"）的"应收置出纺织资产包款"，这部分金额在这三年分别为3.33亿元、3.27亿元、2.77亿元。在2018年，这部分款项的坏账准备为1386万元，计提比例为5%。

那么，这个其他应收款方质地如何呢？根据信用中国2019年1月18日发布的信息，山东德棉集团有限公司为失信人，其"应付原告借款利息78万元"却"全部未履行"。这让我们不禁为此感到担忧。

另据ST凯瑞公告：德棉集团系德州市经委持股100%的国有独资有限责任公司，曾经是上市公司的第一大股东和控股股东；2011年，德棉集团将上市公司的控股权转让给浙江第五季实业有限公司后，上市公司、德棉集团均在德州市德城区顺河西路18号办公。可见，此例虽非大股东占款，却也算是"曾经的大股东"占款。

更有意思的是，2019年10月31日，ST凯瑞发布了《关于起诉山东德棉集团有限公司侵权的公告》，称："2019年3月，德棉集团拒绝公司工作人员进入德州市德城区顺河西路18号办公并将公司的全部会计凭证、账套、财务软件数据等企业资料扣押。"

上市公司进一步称：此举"影响了公司正常出具2018年财务报告，公司2018年财务报告被年审会计师出具无法表示意见的审计报告"，因此"公司股票被深交所实施'退市风险警示'特别处理，股票简称由'凯瑞德'变更为'＊ST凯瑞'"。

后于2019年11月19日，ST凯瑞又发布了撤回起诉的公告，称"截至目前，公司正在德棉集团交接公司会计凭证、账套、财务软件数据等资料，公司决定申请撤回对德棉集团的起诉；鉴于公司正在交接的上述资料是否足以支持公司正常出具2019年年报尚需进一步核实，公司将根据最新交接、核实情况及时进行披露"。

（二）丰华股份：控股股东占款

根据2018年年报，丰华股份其他应收款金额从期初57万元增至期末4.69亿元，增幅高达82752.03%。上市公司称"主要系本期控股股东非经常性占用所致"，并明确指出：

"公司于2018年3月20日及3月23日分别购买《厦门信托——丰华1号投资单—资金信托》2.8亿元、2亿元，合计4.8亿元的事务管理类信托，该信托资金用于购买重庆新兆投资有限公司（下称'新兆公司'）所发行的非公开短期债务融资凭证；经核实，新兆公司系隆鑫控股有限公司（下称'隆鑫控股'，即丰华股份控股股东）的关联企业，信托资金实际被隆鑫控股占用。"

（三）天翔环境：实控人占款

根据2018年年报，天翔环境其他应收款金额从期初0.97亿元增至期末25.04亿元，增幅高达2480.83%。上市公司称"主要系大股东资金占用，以及账龄较长的预付账款重分类导致"。

附注中明确指出："截至2018年12月31日，本公司控股股东（指'邓亲华'）通过控制的公司成都亲华科技有限公司非经营性占用公司资金24.31亿元"。

二、其他应收款与预付款

有时，上市公司其他应收款可能由预付款转入。在此情况下，我们有可能通过其他应收款的坏账准备金额与计提政策推算出各账龄内的应收款金额，并将其与期初的预付款作比较，达到相互印证的目的。

根据2017年年报，江特电机（002176.SZ）第五大应收账款方为宜春市雷恒科技有限公司（下称"宜春雷恒"）。该公司也是上市公司当期第二大其他应收款方，其他应收款金额为4522万元，账龄为1~2年，坏账准备期末余额为447万元，款项性质为"预付款转入及资金拆借本息"。

根据上市公司"按账龄计算的其他应收款'1年以内''1~2年'计提比例分别为5%、10%"这一信息，我们可大致推算出宜春雷恒账龄"1~2年"内的其他应收款金额实际约为4416万元。这也意味着我们应该在上市公司2016年年报中找到相应的数据。

然而，江特电机2016年年报却无宜春雷恒的相关信息。另据2016年年报，江特电机前五大预付款方均与宜春雷恒无关，且第五名预付款方的金额仅为381万元；除前五大预付款方之外的预付款金额亦仅余3030万元。可见，上市公司对宜春雷恒的其他应收款大概率主要以"资金拆借本息"为主，而非"预付款转入"。

值得注意的是，江特电机在2017年年报中还有这样一句话，"至2016年底，上市公司全资子公司江西江特电动车有限公司与宜春雷恒供应链合作按合同结束，前者累计为后者支付采购资金9437万元，宜春雷恒未按合同约定归还欠款"。

又根据信用中国网站：宜春雷恒是一个有多条失信信息的公司，其中最早的失信信息发布时间为2017年3月28日。然而，就是这样一家公司，不仅获得了江特电机的大额资金拆借，更是在2017年成为上市公司第五大应收账款方。江特电机可谓审慎吗？

三、销账的其他应收款

天音控股（000829.SZ）在2016年、2017年核销的应收类款项不多，比如2016年为0，而2017年也只是核销了7项其他应收款，共计19万元。不过在之前的2014年、2015年，天音控股核销金额偏高一些，如2014年核销587万元应收账款、796万元其他应收款，2015年则是核销311万元应收账款、225万元其他应收款。

有意思的是，上市公司仅在2015年披露了核销的具体情况：如重要的核销的应收账款方分别是中国移动陕西公司、中国移动广州公司、中国电信安康公司，核销金额分别为28万元、180万元、77万元，核销原因均为无法收回。看样子，这似乎又印证了我们之前所说的话，大公司的应收款也不绝对安全。

另据披露：2015年重要的核销的其他应收款方分别为上海火拉网络科技有限公司（下称"上海火拉"）、上海魂游网络科技有限公司（下称"上海魂游"）、林少伟，核销金额分别为35万元、60万元、101万元，前两者的核销原因为"公司倒闭"。

根据工商资料，上海魂游是天音控股子公司天音通信有限公司的参股子公司，参股比例为20%，注资时间为2014年。其法人暨持股55%的大股东名为"陈仕杰"，当前公司状态为"注销"。

与上海魂游一样，上海火拉也是网络科技有限公司，且上海火拉的法人在2014年7月4日由"陈仕杰"变更为"徐良安"，不知两家公司是否有关联。不过，上海火拉的情况却有些诡异：根据工商资料信息，上海火拉仍在营业，且更新了2017年年报。

那么问题来了，仍在营业的上海火拉为何被天音控股认定为"公司倒闭"呢？固然，35万元对于上市公司而言只是一个小数目，但对中小投资者而言，却值得锱铢必较了。如果上海火拉确实仍在营业，我们建议上市公司前去追回账款。

四、其他应收款的账龄"小秘密"

上市公司可以逐年陆续收到应收账款，因此新款可以覆盖旧款，导致账期往往不长；与之略有区别的是，上市公司其他应收款逐年发生的情况较少，有时公司有可能通过频繁的现金流入流出调整账期，将较长的账期回归为"1年以内"，从而减少计提比例。

以浙江医药（600216.SH）为例，其2013—2018年第一大其他应收款方为绍兴滨海新城管理委员会，其账期就在2017年发生了一次变化。不过，政府部门资质很强，倒不必太担忧，我们比较担忧的反而是其他企业组织。

在2013年年报中，中利集团（002309.SZ）披露其他应收款金额的第二名为青海省发展投资有限公司（下称"青海发展"，该公司虽为青海省国资委100%控股公司，但毕竟不是青海省国资委），款项性质为"电站开发保证金"，金额为7500万元，账龄在"一年以内"。

等到了2014年，年报则披露，青海发展跃升至其他应收款第一名，款项性质为"保证金"，金额为1亿元，账龄却在"半年以内"。这意味着，中利集团按理说应在2014年收到了退还的保证金7500万元，又支付给青海发展1亿元。

然而，我们在浏览中利集团2014年经营活动现金流量表时却发现，上市公司当期收到的其他与经营活动有关的现金中"保证金及其他"为7548万元，大于7500万元；支付的其他与经营活动有关的现金中，"保证金"一项仅有4107万元，明显小于1亿元。

这是怎么回事呢？我们猜测，这里可能有一个会计准则方面的小技巧。如果2014年的其他应收款1亿元中的7500万元本就是2013年形成的，那么在2014年这部分账龄就应该是"1~2年"，计提比例为10%，相对于"半年以内"2%的计提比例，上市公司需多计提600万元；若再拖上1年，那么次年就需要多计提1500万元了。

截至2018年，中利集团的其他应收款总额已达到10.36亿元。这些其他应收款的计提是否都足够谨慎呢？

第六节

存货：太多不怕过期吗？

企业的存货通常包括原材料、在产品、半成品、产成品、商品、周转材料等。企业在确定发出存货的成本时，可以采用先进先出法、移动加权平均法、月末一次加权平均法和个别计价法等方法。我国现行会计准则不允许采用后进先出法确定发出存货的成本。

一、存货明细与周转天数

在实际应用中，我们比较关注的一个指标是存货周转天数，计算公式为：存货周转天数＝360÷存货周转率。其中：存货周转率＝当期主营业务成本÷期内存货平均金额×100%，期内存货平均金额为期初存货与期末存货的平均值。

不过，仅考察存货这一大项稍显囫囵吞枣，尽管大多数情况下是够用的。出于谨慎的目的，我们还会考虑存货的明细。至于如何判定存货中的哪一项构成更重要，那就需要仔细分析上市公司所在行业的特性了。

（一）原材料、库存商品

在购买食品饮料之前，消费者要看的一个很重要的指标就是生产日期以及保质期。一般而言，笔者比较倾心于这样的食品饮料，即：购买日期与生产日期之差值，不多于保质期的一半（三分之一以内更好）。

不过，很多消费者不太可能每次消费都关注这点，尤其是网上购物。况且产品不可能甫一生产出来就到消费者手中，甚至在商业流通之前仍将以存货的形式储存在公司指定仓储空间中，那么存货周转天数就显得格外重要了。

以三只松鼠（300783.SZ）为例，其坚果类产品的保质期大多仅在8个月（约240天）左右。下面，我们就以三只松鼠、来伊份（603777.SH）、盐津铺子（002847.SZ）、良品铺子（603719.SH）等4家公司为例，讨论存货情况，如表1-13所示。

表1-13 2016—2018年4家公司存货周转天数

单位：天

年份	三只松鼠	来伊份	盐津铺子	良品铺子
2016	106	57	123	68
2017	103	63	148	57
2018	83	66	107	—

由表1-13可以看出，来伊份和良品铺子的存货周转天数较少，而三只松鼠及盐津铺子的存货周转天数明显为高。分析原因，主要有两方面：一方面，4家公司的产品类别各有不同；另一方面，4家公司存货构成差别较大，见表1-14[①]。

表1-14 2017年4家公司存货构成（%）

	三只松鼠	来伊份	盐津铺子	良品铺子
原材料占比	18.37	—	37.53	—
库存商品占比	74.91	89.57	23.63	88.30

---

① 因良品铺子仅在招股书中披露了2017年的数据，故此仅列示4家公司在2017年的存货构成。

续表

	三只松鼠	来伊份	盐津铺子	良品铺子
发出商品占比	4.74	0.13	27.10	5.82
周转材料占比	0.49	5.79	5.07	5.87

显然,盐津铺子比较特殊(产品构成也相对差异更大)。如果不考虑盐津铺子,仅通过库存商品考量其余三家上市公司的周转天数,则三只松鼠、来伊份、良品铺子2017年的库存商品周转天数分别为59天、33天、36天。

从这个角度来看,三只松鼠的存货、库存商品周转天数至少在2017年相对较多。尽管其在招股说明书中称,"库存商品占比高,主要系销售收入增速较快而产能与旺季需求量有一定差别,需提前将原材料转化为库存商品以避免出货延迟",但其他公司存货亦有季节波动,虽然幅度可能较三只松鼠偏小。①

(二)发出商品

在回复深交所2017年年报问询函的公告中,海欣食品(002702.SZ)比较了自身与安井食品(603345.SH)的存货周转率,认为自身存货周转率较高,符合公司的经营状况,如:2016年海欣食品、安井食品的存货周转率分别为3.78、3.30;而2017年则分别为3.40、3.33。

然而,仔细观察二者的存货构成后,我们发现安井食品的大部分存货是发出商品,占比58.78%,但海欣食品的存货中,发出商品的比例尚不足3.5%。若剔除发出商品项,海欣食品、安井食品2017年的存货周转率分别为3.51、7.93,海欣食品恐无优势。

从营业构成来看,海欣食品与安井食品均以速冻鱼、肉制品为主,

---

① 部分零食还有内包装、外包装之分,生产日期究竟是以内包装还是外包装为基准也是一个谜。各位消费者在嘴馋零食之前也要考虑自己的身体健康哦!

剔除发出商品后的存货周转率较低，可能意味着公司原材料、库存商品等存货的存放时间较久，从而间接影响客户的采购倾向。

（三）消耗性生物资产

吉林省有两家以人参、西洋参及提取物为主要产品的上市公司，分别为益盛药业（002566.SZ）与紫鑫药业（002118.SZ）。这两家上市公司都有极高的存货占比：2011—2018年，益盛药业的存货占总资产的比例从8.48%持续增长至65.78%，紫鑫药业则从30.51%增至61.59%。

从存货周转天数来看，益盛药业2011—2018年分别为311天、322天、713天、1202天、2203天、2218天、2203天、2703天；紫鑫药业则分别为434天、2677天、3974天、1960天、3465天、4004天、5014天、4225天。仅以2018年换算，益盛药业、紫鑫药业的存货周转年数分别为7.41年、11.58年。

假如存货并无公司未发觉的损耗，上述数据是否就说明紫鑫药业的存货要比益盛药业的保存期更长，也更易变质？事实并非如此，我们还要继续考察二者的存货构成。

以2018年为例，益盛药业账面价值16.79亿元的存货，以原材料、产成品、消耗性生物资产为主，分别为13.28亿元、1.36亿元、1.33亿元，占比分别为79.06%、8.07%、7.91%；而在紫鑫药业账面价值61.09亿元的存货中，以消耗性生物资产、库存商品、原材料为主，分别为44.02亿元、10.88亿元、5.23亿元，占比分别为72.06%、17.81%、8.56%。

何为消耗性生物资产？是指为出售而持有的、或在将来收获为农产品的生物资产，包括生长中的作物以及存栏的牲畜等。根据年报，紫鑫药业的消耗性生物资产以在地参、林下参为主。

显然，消耗性生物资产中的人参，较原材料中的人参，前者虽有养殖风险却无后者的过期风险。因此，我们无法得出紫鑫药业的存货要比益盛药业的保存期更长、也更易变质这一结论。

（四）开发成本

万达信息（300168.SZ）2012—2018年的存货金额分别为4825万元、1.65亿元、5.31亿元、9.46亿元、10.33亿元、12.66亿元、11.43亿元，占总资产的比例分别为3.17%、7.93%、14.23%、18.63%、17.14%、15.82%、14.61%，存货周转天数分别为21天、45天、119天、237天、281天、279天、354天。

根据年报，万达信息的存货主要是开发成本，如2018年其开发成本在存货中的比例为94.93%；招股说明书曾披露，公司的开发成本主要包括项目原料、人工、差旅等费用。然而，我们还是无法在招股书或年报中找出开发成本的明确定义。

一方面，定义不清让人一头雾水；另一方面，以开发成本为主的存货，其周转天数持续大增，甚至在2018年高达近1年，这都让我们不得不担忧其减值风险。

果不其然，2020年1月24日，万达信息发布2019年业绩预告，称"报告期内，部分存货的可变现净值低于账面价值，公司拟计提存货跌价准备约7.18亿元"。实际结果为：根据2019年年报，万达信息的开发成本当期计提存货跌价准备7.72亿元。

二、生产量、销售量、库存量

有些生产企业可能会披露某几项主要产品的生产量、销售量、库存量，这可以让我们对其商品之产销及库存有更直观的了解，甚至还可以据此推算出当期商品单价及库存单位成本等。

（一）承德露露：生产量、销售量、库存量角度的推演

从存货周转天数来看，养元饮品（603156.SH）2016—2018年分别是56天、71天、73天，承德露露（000848.SZ）分别是51天、79天、93天，二者差距不大且后者增加更多。不过在存货构成中，养元饮品以原材料、委托加工物资为主，而承德露露以库存商品为主。

二者都披露了生产量、销售量、库存量等数据：养元饮品核桃乳2018年销售量为856767吨，期初、期末库存量分别为34550吨、32600吨，可计算出周转天数为14天；而承德露露杏仁露2018年销售量为213342吨，期初、期末库存量分别为36269吨、35626吨，可计算出周转天数为61天。显然，从这个角度看，养元饮品核桃乳较承德露露杏仁露的库存期要短。

（二）天音控股：考虑经营租赁占比

一般而言，某一项产品当期的生产量与销售量的差值应等同于当期库存增量，但有时可能存在例外。如景嘉微（300474.SZ）将多类产品统一计量为"台/套"，有的产品以"台"为单位，有的产品是多个分部产品的集合体，以"套"为单位，这造成了计量混乱；再比如飞鹿股份（300665.SZ）会把生产的"涂料产品"耗用在生产的"防水卷材产品"上，后者的生产实际耗用了前者的库存却未导致前者销售量的形成。

除"计量单位混用""某类库存商品为另一类库存商品原材料"等原因外，天音控股（000829.SZ）还为我们提供了另一种原因。该上市公司在年报中称：2015年是公司战略转型之年，通过并购掌信彩通信息科技（中国）有限公司（下称"掌信彩通"）100%的股权，开启了公司彩票业务新纪元。

在2015年，彩票设备尚未产生收益，不过在2016年、2017年，天

音控股分行业的"彩票设备"为公司收入贡献的金额分别为 2.93 亿元、3.61 亿元。尽管营业收入尚不足通信产品销售的 1%，但彩票设备贡献的毛利已接近后者的 20%，因此我们有必要花费一点时间分析该业务，尤其是产销库存，见表 1-15。

表 1-15　2015—2017 年天音控股彩票设备产销库存

单位：台

年份		2017	2016	2015
彩票设备	销售量	6,302	14,447	0
	生产量	9,675	14,902	0
	库存量	216	455	0

天音控股自 2016 年起有了彩票设备的生产销售，因此"库存量（455）＝生产量（14902）－销售量（14447）"，没啥毛病。但是到了 2017 年，上市公司"生产量（9675）－销售量（6302）＝理论库存增量（3373）"却与"期末库存量（216）－期初库存量（455）＝实际库存增量（-239）"差距极大。

此外，天音控股彩票设备 2017 年销量尚不足 2016 年的一半，但收入却比 2016 年多。这些都是为什么？我们推测，这可能要从收入确认方式上找原因。根据上市公司年报披露，彩票设备销售收入确认的具体方法有两种，分别是运营取点、直接销售。

先说直接销售。这个好理解，为"销售收入的金额按照合同约定的单价和数量确定，在发货时确认收入"。也就是说，表 1-15 中披露的销售量均与此类销售方式有关。

再说运营取点。这个稍复杂些，有可能类似经营租赁，具体描述为"购货方所需商品由本公司提供，在合同期内商品所有权归本公司，使用权归购货方，合同期内按照合同约定的取点比例，以购货方使用本公司提供的商品所产生的彩票销售金额作为基数，计算运营取点收入，按照权责发生制在各会计期间末确认当期收入"。这可能意味着，理论库存增量与实际库存增量的差距可能与此类销售方式有关。

（三）承德露露：成本单价估算

我们在看过食品饮料类上市公司最新年报后，为推算该公司次年毛利润，有时可能采取这样一种方法，即一方面估算该公司产品次年的销售量，另一方面估算产品的销售单价及成本单价。

对于"作为产品原材料的农作物的价格是相对稳定的"且"产品构成较为固定"的上市公司而言，其估算关键就在于产品的次年成本单价。而该数据就有可能通过最新年报中库存商品与库存量的比值来估算，后者在一定程度上可以作为一种先行指标，这是因为存货的初始计量是以成本计量的，且大多数上市公司采用先进先出法。

我们这次还是先以主导产品是植物蛋白饮料杏仁露的上市公司承德露露举例。通过年报披露数据，我们分别用期末库存量及当期销售量去除期末库存商品账面原值及营业成本，于是有两类数值，见表1–16和图1–4。

表1-16 2011—2018年承德露露库存及经营相关数据

年份	2011	2012	2013	2014	2015	2016	2017	2018
库存量（吨）	44,848	34,892	51,675	20,183	12,314	30,146	36,269	35,626
库存商品（亿元）	2.26	2.01	2.22	0.96	0.54	1.13	1.49	1.46
库存商品/库存量（元/公斤）	5.03	5.76	4.29	4.75	4.38	3.73	4.11	4.09
销售量（吨）	249,610	266,483	328,809	339,892	333,561	308,159	241,637	213,343

续表

年份	2011	2012	2013	2014	2015	2016	2017	2018
营业成本（亿元）	12.86	13.21	16.27	15.80	15.29	14.13	11.14	10.45
营业成本/销售量（元/公斤）	5.15	4.96	4.95	4.65	4.58	4.59	4.61	4.90

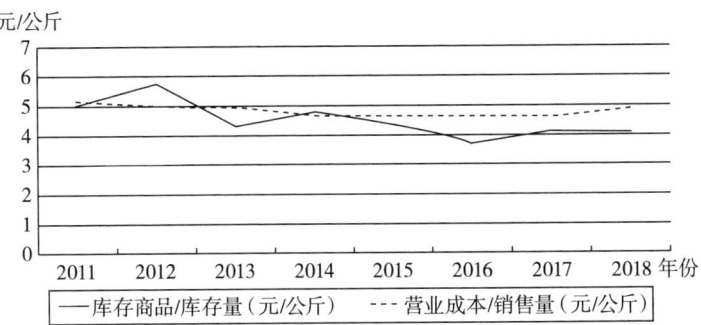

图1-4 2011—2018年承德露露库存商品/库存量走势

投资者可以比较明显地看出，承德露露的"库存商品/库存量"这一指标在一定程度上可以作为"营业成本/销售量"这一指标的先行指标，前者的上涨或下降对预估后者的趋势有一定指导意义。

（四）涪陵榨菜：库存商品包括半成品

接下来我们再看更热门的榨菜企业涪陵榨菜（002507.SZ），这里我们添加了营业收入与销售量的比值，以及各年净利润数据，表1-17是上市公司2011—2019年情况。

表1-17 2011—2019年涪陵榨菜库存及经营相关数据

年份	2011	2012	2013	2014	2015	2016	2017	2018	2019
库存量（吨）	5453	6496	3685	903	1227	3490	9076	9089	2055
库存商品（万元）	2065	2729	1968	744	2059	4100	6587	6250	1978
库存/库存量（元/80克）	0.30	0.34	0.43	0.66	1.34	0.94	0.58	0.55	0.77
销售量（万吨）	9.76	8.78	10.44	9.58	9.75	11.13	13.05	14.44	13.85

续表

年份	2011	2012	2013	2014	2015	2016	2017	2018	2019
营业收入（亿元）	7.05	7.13	8.46	9.06	9.31	11.21	15.20	19.14	19.90
收入/销售量（元/80克）	0.58	0.65	0.65	0.76	0.76	0.81	0.93	1.06	1.15
营业成本（亿元）	4.48	4.10	5.11	5.22	5.21	6.08	7.87	8.47	8.23
成本/销售量（元/80克）	0.37	0.37	0.39	0.44	0.43	0.44	0.48	0.47	0.48
净利润（万元）	0.88	1.26	1.41	1.32	1.57	2.57	4.14	6.62	6.05

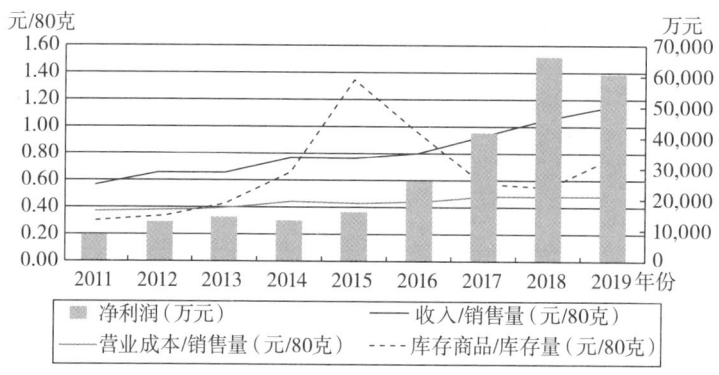

图1-5 2011—2019年涪陵榨菜库存及经营相关数据走势

注：净利润采用右侧坐标轴。

如图1-5所示，显然，涪陵榨菜的"库存商品/库存量"这一指标失去了先行意义，且2015年该指标与"营业成本/销售量"甚至出现了严重背离（2014年及2016年也有明显背离），这究竟是什么原因导致的呢？

最初我们猜测的一种可能原因是上市公司当年推出成本单价更高的新产品，如2015年年报披露，涪陵榨菜当年发生非同一控制下的企业合并，"本公司以2015年10月8日为购买日，通过发行股份及支付现金共计1.29亿元购买了四川省惠通食业有限责任公司（下称'惠通食业'）100%的权益"。

不过，根据收购公告可知，惠通食业所有产品中仅肘子罐头的成本单价较高，但其收入很小，2013年、2014年、2015年上半年的销售金额仅分别为 335 万元、316 万元、173 万元；此外，审计报告则显示，惠通食业 2015 年上半年存货中库存商品的期初、期末金额分别为 337 万元、154 万元。

由此可见，尽管存在这样一种可能，即涪陵榨菜 2015 年存货中的库存商品以肘子罐头（销售单价约为榨菜的三倍）为主，我们也很难认为这是一个完美解释。

最终，我们致电涪陵榨菜咨询上述问题，对方态度积极良好，并于次日给出了一个令人比较信服的解答，即"库存商品"包括产成品及半成品，但"库存量"仅包括产成品却未包括半成品。对方还表示，接下来公司会考虑库存方面口径调整这一事项。

三、尾货处理

自打海澜之家（600398.SH）推进 IPO 之日起，几乎每年都会有人质疑"存货过高"。有意思的是，2019 年 4 月 19 日上午，在海澜之家召开的年度股东会上，董事长周建平还与提问的小股东呛了起来，称"这个问题自己已经回答得'耳朵起茧子'"。

诚然，市场每年针对海澜之家存货方面的质疑都鲜有新鲜感，以炒冷饭居多，也难怪周建平心有不爽。况且存货也不可孤立地看总金额，如 2015—2018 年，海澜之家的存货周转天数分别为 298 天、316 天、277 天、286 天，并无恶化。

根据年报，上市公司零售品牌的产品直接向供应商采购，采购模式为"可退货为主，不可退货为辅"。其中，可退货模式指的是"适销季结束后仍未实现销售的产品，可剪标后退还给供应商，由其承担滞销风险"。

公告还明确描述了海澜之家对于滞销产品的定义及具体处理方式：上市公司"将两个适销季节还没有售出的商品视作滞销商品，根据与供应商签订的'附滞销产品可退货条款的采购合同',对于过季产品或海澜之家认为不适宜继续销售的产品,可以将货品全部退还给供应商"。

当然,在实际处理时,海澜之家并不会将滞销品(也可谓"经营压力")完全退回给供应商,上市公司的全资子公司江阴百衣百顺服饰有限公司(下称"百衣百顺公司")会从中进一步筛选出适销的商品,以更低的价格买断后推向终端市场。即海澜之家依托百衣百顺品牌对部分退回商品二次采购,从而处理部分滞销产品。

根据年报披露,2016年起,百衣百顺品牌名更改为"海一家",百衣百顺公司也变更公司名称为"江阴海一家服饰有限公司";2017年起,海一家在品牌类型中与部分新推出品牌一同被归入"其他品牌"中。

以下为海澜之家在2014—2018年内"其他品牌"项下的盈利情况,见表1-18。

表1-18 2014—2018年海澜之家"其他品牌"盈利情况

年份	2014	2015	2016	2017	2018
营业收入(亿元)	2.39	3.88	3.53	2.99	3.77
营业成本(亿元)	1.99	3.2	2.73	3.78	4.7
毛利率(%)	16.69	17.36	22.72	-26.15	-24.82

注:1. 海澜之家的毛利率为40%左右。2. 表中数据分别为:百衣百顺(2014年、2015年),海一家(2016年),其他品牌(2017年、2018年)的盈利情况。

可见,2017年明显为一个转折点,其他品牌(疑似绝大部分指海一家)的毛利率严重下滑。我们之所以猜测其他品牌的绝大部分指海一家,是因为在2017年年报、2018年年报中,海澜之家均称:其他品牌毛利下降的主要原因为报告期公司调整海一家门店所致。

以此来看,对于很多人连年质疑的"存货跌价准备不足"问题,海澜之家可能是以另外一种有别于跌价准备的形式,化解了部分存货的风险。这很可能已经影响了上市公司的当期利润。

第七节

交易性金融资产、可供出售金融资产、长期股权投资：会计魔术高级玩家

本节我们将交易性金融资产、可供出售金融资产与长期股权投资放在一起来谈，它们都是会计"魔术师"们钟爱的领域。

一、交易性金融资产

交易性金融资产主要指股票、债券、基金等可以短期获利的资产。交易性金融资产可以从两方面导致损益：一者为交易性金融资产持有期间和处置时产生的投资收益；另一者为交易性金融资产在持有期间产生的公允价值变动收益。

一般而言，我们更关注公允价值变动损益。比较知名的例子有上海莱士（002252.SZ）：2015—2018 年，上市公司交易性金融资产分别为 16.13 亿元、21.57 亿元、31.36 亿元、3.27 亿元，占总资产的比例分别为 13.96%、16.31%、21.70%、2.87%；各期导致的损益分别为 8.75 亿元、8.29 亿元、1.43 亿元、-19.8 亿元。

这告诉我们，在查看上市公司交易性金融资产时，若其在总资产中占比较高，可能对上市公司损益造成较大影响，那么我们就还要判断上

市公司所持有的证券等资产的未来行情。

二、可供出售金融资产与长期股权投资

将可供出售金融资产与长期股权投资放在一起说，因为我们认为这两项资产的收益可主要考察两类：一类是处置长期股权投资、可供出售金融资产取得的投资收益；另一类是长期股权投资其他权益变动、或丧失控制权后剩余股权按公允价值重新计量产生的利得。

（一）雏鹰农牧：处置长期股权投资的收益

截至 2019 年 10 月，雏鹰农牧（002477.SZ）这家上市公司已经因为公司股价连续 20 个交易日均低于股票面值即 1 元而退市，成为继中弘股份（000979.SZ）之后因面值退市的第二家上市公司。事实上，上市公司 2017 年年报甚至 2016 年年报就已有端倪。

中兴华会计师事务所（特殊普通合伙）（下称"年审会计师"）对公司 2017 年度内部控制的有效性发表了否定意见的审计报告。导致内部控制审计报告为否定意见的具体事项指："公司所属的深圳泽赋农业产业投资基金有限合伙企业（有限合伙）（下称'深圳泽赋'）未能按照企业会计准则的规定正确核算长期股权投资的收益。"

在交易所发出年报问询函后，雏鹰农牧在回复公告中披露具体事项如下：

"其一，2017 年深圳泽赋从投资标的公司河北汉唐牧业有限公司取得的 9,400 万元分红款，年审会计师认为按照企业会计准则的规定，该分红款应冲减长期股权投资的账面价值，不应该计入投资收益。

"其二，2017 年深圳泽赋取得其子基金宁波申星股权投资合伙企业（有限合伙）（以下简称宁波申星）43,600 万元分红款，此分红款来源于宁波申星投资实体汕头市东江畜牧有限公司（以下简称东江畜牧）

分红,年审会计师根据会计准则控制定义,宁波申星及东江畜牧应纳入雏鹰农牧2017年度财务报表合并范围,此项分红款不确认为投资收益。

"年审会计师认为,公司在编制财务报告时,未能对上述会计核算进行适当的关注,导致业绩预告与实际实现的净利润出现严重偏差。故年审会计师对公司与财务报告相关的内控制度发表了否定意见的审计报告。"

事实上,雏鹰农牧资产表中最引人关注的当属2015—2017年的其他流动资产大幅增长,原值分别为3.71亿元、35.93亿元、53.54亿元,占总资产比例分别为3.64%、21.09%、23.42%,其中尤以债权投资(基金)增长为主,分别为0、25.8亿元、47.71亿元。①

而深圳泽赋正是债权投资(基金)的重中之重,其2017年的净资产为48.15亿元,收益主要来源于长期股权投资的收益。此外,雏鹰农牧2017年扭亏为盈的关键在于当期处置可供出售金融资产及长期股权投资的投资收益合计2.61亿元。

因此,尽管上市公司将债权投资(基金)列入其他流动资产、其他非流动资产中,但我们仍认为其与长期股权投资更为相关。所以,作为投资者的我们,必须重点考察上市公司所披露的长期股权投资事项,以判断其处置收益的真实性。

2018年6月,有自媒体可能就是根据上述线索,挖掘出了雏鹰农牧的投资存在"标的公司为老赖""上市公司关联方接盘"等可疑现象,由此质疑上市公司处置投资收益的真实性。不久后,雏鹰农牧相继发生债券违约、2018年业绩严重亏损等一系列危机。至此,上市公司股价暴跌,只得退市。

---

① 2017年其他非流动资产中还有长期债券投资8.43亿元。

（二）卫宁健康：股权变动导致的投资收益

根据 2016 年财报，卫宁健康（300253.SZ）2016 年年度净利润为 5.25 亿元，同比增长 225.39%，远超前三年增速（2013—2015 年分别为 49.41%、56.43%、31.68%），这得益于高达 3.54 亿元的非经常性损益。

原来，这与上市公司原控股子公司有关：上海金仕达卫宁软件科技有限公司（下称"卫宁科技"）成立于 2012 年 4 月，注册资本 4000 万元。2016 年，卫宁科技引入战略投资者中国人寿（601628.SH），后者增资 1.92 亿元，其中 1200 万元计入卫宁科技的注册资本，其余 1.8 亿元计入卫宁科技的资本公积，由此可计算出增资后的估值为 8.32 亿元。

与此同时，卫宁健康持有的股权比例由 65% 被动稀释至 50%，卫宁科技不再纳入卫宁健康合并财务报表范畴，变更为无实际控制人的企业。而在丧失控制权后，剩余股权按公允价值重新计量产生的投资收益对 2016 年归属净利润影响额为 3.47 亿元，占当期归属净利润的 66.98%。

卫宁科技的财务状况如何呢？以 2017 年为例，卫宁健康披露公司对联营企业卫宁科技权益投资的账面价值为 3.81 亿元，而按持股比例计算的净资产份额为 6700 万元。以下是我们统计的基于上市公司财报公开的卫宁科技 2012—2017 年财务数据，见表 1-19。

表 1-19 2012—2017 年卫宁科技主要财务数据

单位：万元

年份	2012	2013	2014	2015	2016	2017
总资产	1348	1406	1682	2620	19203	15056
净资产	1140	1178	1523	544	17876	13400
营业收入	—	—	270	418	473	883
净利润	140	38	-1050	-979	-2485	-4476

可见，卫宁科技营业收入虽在增长，但一直没有突破千万元；而净

利润却几乎持续下滑，亏损额度甚至在2017年达到4476万元。这种"引入第三方增资、丧失控制权后剩余股权按公允价值重新计量"产生的利得，值得我们警惕。

2017年，上市公司长期股权投资当期确认的投资损益为-1862万元，但是其他权益变动却为3458万元。此处变动与卫宁健康另一家参股子公司有关。

2015年7月，上市公司控股股东、实控人、董事长周炜，与其他企业共同出资650万元培育上海钥世圈云健康科技发展有限公司（下称"钥世圈"）；10月，上市公司与国药健康实业（上海）有限公司（下称"国药健康"）、周炜共同对钥世圈增资，其中卫宁健康出资653万元，持有钥世圈增资后注册资本的32.65%；2016年7月19日，上市公司参照周炜的初始投资成本263万元以自有资金263万元受让钥世圈13.16%的股权，股权变更后，卫宁健康持有钥世圈45.811%股权。

彼时卫宁健康称，股权受让是因为钥世圈的中短期商业模式已经建立，产品性能及市场拓展等均达到或超过预期，已成为上市公司"4+1"（云医、云康、云险、云药+创新服务平台）战略模型的重要组成部分，具有广阔的发展前景。

那么钥世圈的财务情况如何呢？根据卫宁健康2016年年报，钥世圈总资产、总负债分别为6031万元、126万元，营业收入、净利润分别为596万元、-980万元。而总资产的暴增还是源于接下来的增资。

2016年7月25日，上海千骥星鹤创业投资中心（有限合伙）（下称"千骥星鹤基金"）以5000万元增资钥世圈，此次增资完成后，千骥星鹤基金将持有钥世圈16.67%的股权，卫宁健康持股比例降至38.18%。值得注意的是，这个千骥星鹤基金是卫宁健康于2015年6月以自有资金4000万元作为有限合伙人参与设立的，占认缴出资总额的 5.28%。

到了 2017 年 6 月 30 日，上海知中投资管理中心（有限合伙）（下称"上海知中投资"）、千骥星鹤基金及卫宁健康分别以现金对钥世圈增资 5000 万元、1000 万元及 1000 万元，合计增资 7000 万元。此次增资完成后，上市公司持股比例变更为 34.61%。

这也导致钥世圈的资产再度大幅增长，根据上市公司 2017 年年报，钥世圈总资产、总负债分别为 1.29 亿元、1341 万元；虽然营收大增，但亏损还是略有扩大，营业收入、净利润分别为 3477 万元、-1256 万元。

尽管卫宁健康只是在钥世圈身上投资了 1916 万元，但截至 2017 年，这部分长期股权投资的期末余额已经达到 4431 万元。这是因为权益法下确认的投资损益为 -463 万元，但其他权益变动却为 3332 万元。这种"通过参股基金增资参股子公司而导致其他权益变动"的方式，同样值得我们警惕。

第八节

固定资产：造假的糟糕去处

也许，固定资产不是一个大幅虚增资产的好科目，因为在固定资产使用寿命内，公司需按照确定的方法对应计折旧额进行系统分摊。虚增固定资产，难道要"先造假，以后分期还"？

一、固定资产周转率的应用范围

固定资产周转率，是企业当期销售收入与期内平均固定资产净值的比率。与同行或自身往期比较，这个数值过低，可能意味着公司固定资产利用效率偏低；这个数值过高，可能意味着公司产品质量难以得到有效保障，此种情况下，公司产品往往还会有较低的毛利率。

也有人担忧固定资产周转率的过低或过高可能分别意味着固定资产或营业收入的虚增。尽管后两者必然分别引发前两者，但通过前者发现后者很可能仍有置信度不足之嫌疑。我们认为，该指标的某种变化趋势可能会让我们将公司放入"观察"区，但还无法称其为"疑似病例"，我们仍需对固定资产新增构成做进一步分析判断。

（一）锦州港：横向比较法之辨

知名财务专家夏草曾于 2002 年 10 月 16 日发布一篇题为《锦州港：

业绩反复无常的背后》的文章，财务讨论开篇即称，"首先让我们感到怀疑的是：锦州港异常的固定资产投资，如会不会虚增收益并虚增固定资产"。现摘录并整理文章最知名部分如下：

我们怀疑锦州港是否真的有这么多资产，请看同行业固定资产周转率比较，2001 年，上港集箱、营口港、重庆港九、天津港、深赤湾、盐田港的固定资产周转率分别为 0.57、0.60、0.25、0.67、0.40、0.36。

我们可以发现，锦州港固定资产周转率极慢，与同行平均值 0.52 次相比，它只有 0.21 次。由于锦州港固定资产及在建工程主要构成是码头及辅助设施，很多固定资产不像房产、设备那么直观，就像蓝田股份在水底下打了多少桩谁都不清楚一样，锦州港到底在码头投了多少钱极难验证。

一个小港口的资产竟超过天津港的资产，天津港 10 个亿的销售额，而锦州港只有 3 个亿的规模，我们担心锦州港与蓝田股份一样，采取"虚增经营性现金流入同时虚增投资性流出"的手法虚增收益同时虚增固定资产。

事后似乎也证明，此点担忧是有道理的。2002 年 10 月 22 日，锦州港（600190.SH）发布董事会公告，称 "2001 年 9 月至 12 月，财政部对锦州港 2000 年及以前年度执行《会计法》情况进行了检查；财政部检查认为：'公司由于收入确认不准确，2000 年及以前年度多确认收入 3.67 亿元；公司对在建工程确认不准确，1998—2000 年多列资产 1.19 亿元'"。

但是我们对数字比较敏感。上述内容告诉我们，收入多确认金额明显大于多列资产。即使公司成立后的某一年虚增收入 3600 万元、虚增固定资产 1.2 亿元，其比例亦为 0.3，超过 0.21。根据同比公式，分子分母均扣除对应的虚增金额后，固定资产周转率反而会进一步下降。如此看来，以固定资产周转率较同行为低来推测固定资产虚增是否还适合呢？

事实上，交通运输这个大行业的固定资产周转率本就取决于我国各地经济发展程度，锦州港的固定资产周转率在2016年之前持续维持低位，均不足0.3。此外，自锦州港后，似乎再也没有哪家上市公司虚增固定资产的败露是被人从固定资产周转率较同行明显为低打开突破口的。难道这还不能说明问题吗？

由于新增的固定资产可逐年累计且有一定的折旧期限（即不会很快都折旧），因此我们更倾向于使用纵向比较法而非横向比较法，即去关注那些连续多年收入变化不大却固定资产有明显增长的上市公司，它们的新增固定资产构成值得我们深究（并不意味着虚增资产造假）。

（二）戴维医疗：纵向比较法

我们以2012年上市的戴维医疗（300314.SZ）为例：收入方面，2018年较2012年增加了约17.4%；固定资产方面，2018年的2.25亿元较2012年的8194万元增加了约174.03%。由此可见，上市公司收入变化不大，而固定资产变化较大，因此我们的关注重点就放在了固定资产这一项。

戴维医疗的固定资产是因何大幅增长的呢？根据财报，最明显的增加来自2016年，当期上市公司固定资产账面价值期末余额为1.87亿元，较期初的7926万元翻倍有余。因此，我们就来看其2016年固定资产增加的原因。

根据戴维医疗2016年年报，重要在建工程项目当期变动情况显示，"昌国盐场新厂房"项目当期转入固定资产金额为1.09亿元。显然，这个项目就是上市公司当期固定资产增加的主要原因[1]。

---

[1] 当期固定资产增加金额中，购置固定资产的金额为188万元、在建工程转入固定资产的金额为1.19亿元。

那么,这个"昌国盐场新厂房"项目究竟是什么呢?原来,这是上市公司首发募投项目,细分为"年产20,000台婴儿保育设备扩建项目""技术研发中心项目""国内外营销网络建设"等三个项目,投资预算分别为1.34亿元、3000万元、2215万元。以下为上市后情况,见表1-20。

表1-20 2012—2018年昌国盐场新厂房项目进展

年份	2012	2013	2014	2015	2016	2017	2018
预算数(亿元)	1.86	1.64	1.64	1.02	1.02	—	—
期初数(万元)	21	117	3165	6219	9275	1	70
本期增加(万元)	96	3048	3054	3056	1640	694	160
转固(万元)	0	0	0	0	10914	625	206
期末数(万元)	117	3165	6219	9275	1	70	23
工程进度(%)	0.63	19.30	37.93	91.38	100	100	100

由表1-20可知,昌国盐场新厂房项目预算数从最初的1.86亿元一路下降至2016年的1.02亿元。且2018年年报显示,三个项目的投资总额分别调整至1.13亿元、1983万元、89万元;2017年、2018年项目实现的效益分别为446万元、2206万元,均未达到预计效益的4600万元。

与募投项目所产生的效益相对的是,戴维医疗2017年、2018年净利润分别为4703万元、2881万元,2018年为上市以来净利润最低年度。当然,这也是有其他原因的,比如2018年资产减值损失有2030万元,为历年之最,系长期股权投资减值损失。

尽管如此,即使上市公司并未做资产减值损失,其2018年净利润亦大概率不会超过5000万元,剔除募投项目当年所实现的效益2206万元,剩余净利润(即由原有项目所产生)也仅有不到2800万元,仍较往年大幅下滑。

第一章 资产负债表

虽然募投项目在 2018 年为戴维医疗带来了更多的收益,但是上市公司营业收入却下滑了 1.19%。这让人不禁感到疑惑,实现了部分效益的募投项目,究竟为上市公司带来了多少新增产能、产量?而原有产能、产量又是什么情况?

根据招股说明书,此次扩建项目完成后,上市公司将新增产能 2 万台,其中婴儿培养箱增加 10,000 台、婴儿辐射保暖台增加 8,000 台、新生儿黄疸治疗设备增加 2,000 台;而戴维医疗上市前的原有产能分别为 10,000 台、6,000 台、4,000 台。

这意味着,上市公司募投项目达产后,其产能几乎在原有基础上翻一倍,即婴儿培养箱、婴儿辐射保暖台、新生儿黄疸治疗设备将分别增加至 20,000 台、14,000 台、6,000 台。那么,戴维医疗近几年实际产量如何呢?图 1-6 为根据年报整理。

年份	2011	2012	2013	2014	2015	2016	2017	2018
培养箱	10,935	12,786	11,546	9,711	9,811	12,143	10,932	9,266
辐射保暖台	5,626	5,799	5,583	5,275	4,706	5,804	5,415	4,860
黄疸治疗	5,219	5,216	4,413	4,763	3,687	4,186	4,376	3,421

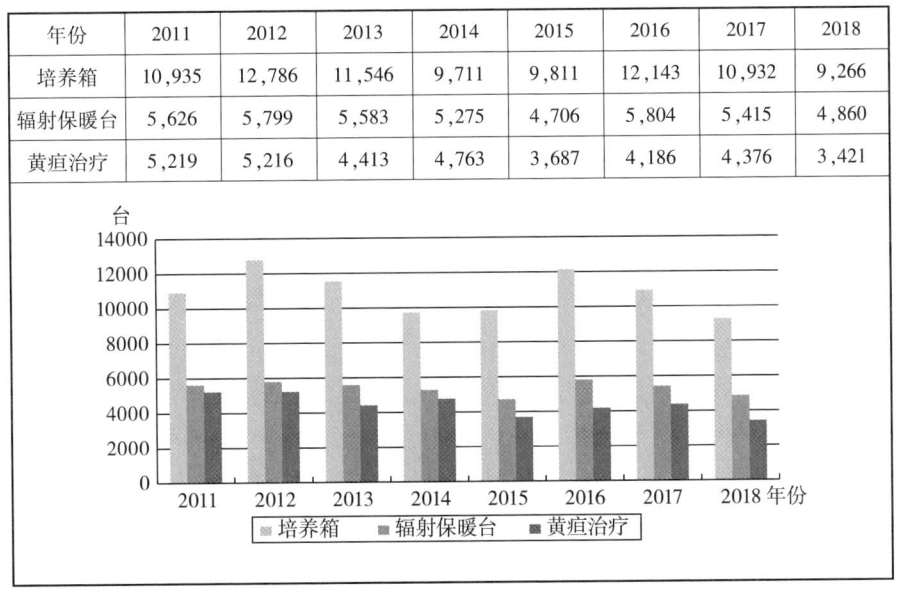

图 1-6 2011—2018 年戴维医疗婴儿相关设备生产情况

显而易见,戴维医疗 2018 年婴儿培养箱、婴儿辐射保暖台、新生儿黄疸治疗设备的产量分别为 9,266 台、4,860 台、3,421 台，均未超出原有产能。难道上市公司原有产能已经明显削减了吗？

也许有这个可能。根据年报，三类设备 2014—2018 年处置或报废金额为 1173 万元，是三类设备账面原值 2014 年合计期初金额 4108 万元的 28.55%。然而我们在 2019 年 11 月给上市公司打电话询问了原有产能的当前情况，对方的回复并未证实该猜测。

另外，在募投项目发生转固的 2016—2018 年，上市公司固定资产自在建工程转入的金额合计为 1.51 亿元，房屋及建筑物自在建工程转入的金额合计为 1.3 亿元。这意味着，机器设备、运输设备、电子及其他设备自在建工程转入的金额合计为 2132 万元。

但招股说明书提到，募投项目的"设备及工器购置费"的投资额预计为 3006 万元。考虑到募投项目只是 2016 年发生转固的诸多在建工程之中的一个（尽管最重要），其所转固的金额应不超过 2132 万元，然而这个金额仅是 3006 万元的 70.92%。

二、固定资产使用寿命与折旧方法

企业可选用的固定资产折旧方法包括年限平均法、工作量法、双倍余额递减法和年数总和法等。双倍余额递减法与年数总和法都属于加速折旧法，其特点是在固定资产使用的早期多提折旧、后期少提折旧，目的是使固定资产成本在估计使用寿命内加快得到补偿。

那么何为使用寿命呢？固定资产的使用寿命是指企业使用固定资产的预计期间。企业在确定使用寿命时应考虑多个因素，如该项资产预计生产能力或实物产量、预计有形或无形损耗、法律或类似规定的使用限制，等等。后面的因素我们投资者不易判断，但预计生产能力或可通过产能利用率大致判断。

总而言之，企业选择不同的折旧方法或使用寿命，将对上市公司各期利润产生不同的影响。采用加速折旧法或较同行规定较短的使用寿命，往往意味着上市公司固定资产折旧方法较为保守，反之则为激进。

（一）恒瑞医药：加速折旧法

恒瑞医药（600276.SH）在2005年年报中披露："自2005年1月1日起，机器设备由平均年限法改为年数总和法，折旧年限由12年改为10年。"

这意味着，上市公司此后新增的机器设备在首年、次年的折旧率分别为 $10/(1+2+\cdots+10)=18.18\%$、$9/(1+2+\cdots+10)=16.36\%$，其余年份以此类推，而不再是每年固定的 $1/12=8.33\%$。显然，只有底气较足的企业才会选择这样的折旧方法。

（二）大商股份：减少折旧年限

大商股份（600694.SH）2008年年报披露，自2008年1月1日起，大商股份对固定资产部分类别及经营租入固定资产改良支出的折旧摊销年限进行变更，该项会计估计变更使上市公司2008年增加折旧及摊销费用3.82亿元。

比如说，大商股份将固定资产中占比最高的房屋建筑物的折旧年限从"15年～35年"更改为"5年～35年"。然而，拿同行业上市公司新华百货（600785.SH）、重庆百货（600729.SH）为例，二者的房屋及建筑物折旧年限均为"35年"，而上海九百（600838.SH）则为"20年～40年"。

（三）承德露露：折旧年限与产能利用率

接下来我们再看承德露露（000848.SZ）的固定资产折旧情况。在固定资产折旧方法的选取中，承德露露与养元饮品（603156.SH）对所有固定资产项均选用了年限平均法且残值率为5%。

不过，折旧年限方面，承德露露对房屋及建筑物、机器设备、电子设备、运输设备、其他设备分别定为40年、14年、5年、6年、5年；而养元饮品则相应地定为20~30年、10年、3~5年、4年、3~5年。那么，我们是否就可以说承德露露的固定资产折旧相对激进呢？

别着急，我们还要考虑产能利用率：承德露露2018年年报披露，公司年生产能力是50多万吨，实际生产量为21.27万吨；养元饮品2018年年报披露，公司自有产能为136万吨，实际生产量为87.24万吨。

由此可计算出，承德露露2018年产能利用率不高于42.54%、不低于35.45%，而养元饮品的产能利用率为64.15%。显然，养元饮品的产能利用率明显高于承德露露，这或许说明前者的固定资产使用频繁、更易损耗，因此承德露露对于固定资产选择较高的使用寿命似乎也是可以理解的。

三、固定资产净值率

"固定资产净值率"是一个比较少见的指标，该指标系"固定资产净值"与"固定资产原值"的比值，反映的是固定资产新旧程度。该指标值越低，则表明公司固定资产越旧，须投资进行维护和更新。

不过，如果上市公司固定资产的预期使用寿命明显超过折旧年限，即使其固定资产净值率降至0，企业很可能仍不需要增加资本性开支、购置新的固定资产。典型案例为水电公司固定资产中的水坝，正常情况下（不考虑不可抗力风险）的实际使用寿命常常是超过折旧年限的。

（一）承德露露：与同行比较净值率

我们继续看承德露露的固定资产净值率（以机器设备为例）。根据

2018年年报，承德露露固定资产中机器设备的账面原值期末余额、账面价值期末余额分别为5.16亿元、1.1亿元，因此可得出其固定资产中机器设备的净值率为21.35%。

作为对比，我们再看养元饮品的情况：根据2018年年报，养元饮品固定资产中机器设备的账面原值期末余额、账面价值期末余额分别为4.83亿元、2.69亿元，因此可得出其固定资产中机器设备的净值率为55.76%。

显然，承德露露固定资产中机器设备的净值率已到了相当低的程度。因此，我们推测承德露露可能在不远的将来购置新设备，这对于其投资现金流将有一定影响。

（二）分众传媒：净值率可辅助判断资本支出时间

此前有分析人士曾写道："据分众传媒2018年年报，固定资产的构成中，绝大多数是媒体资产，也就是安装在电梯里的分众显示屏，2018年全年增加了16.22亿元的媒体资产；以年报披露的公司共有72.4万台自营电梯媒体设备，粗略计算，每台设备的均价约2000多元。"

他继续写道："分众传媒2000多元的显示屏单位价值较低，计入成本费用更符合稳健原则；如果非要计入固定资产的话，也完全符合财政部、国税总局的优惠政策，可以一次性提完折旧。"很多人在讨论2000元是否该计入固定资产，但几乎无人发现这个算法是有问题的。

分众传媒（002027.SZ）2018年年报的原话为："截至2018年末，公司自营电梯电视媒体由2017年末的30.8万台大幅提升至72.4万台，增幅134.6%。"也就是说，如果不考虑处置及报废，上市公司媒体资产在2018年的增加量仅为41.6万台，由此计算可得出其均价为3896

元，接近 4000 元矣。①

事实上，分众传媒于 2018 年购买媒体资产很可能是有必要的，因为其原有媒体资产面临大量淘汰危机。这里，我们还是使用"固定资产净值率"这个反映固定资产新旧程度的指标。

根据分众传媒 2017 年年报，媒体资产账面原值期初、期末余额分别为 14.17 亿元、14.86 亿元，期末账面价值则分别为 2.41 亿元、3.29 亿元，由此可知媒体资产净值率期初、期末分别为 17.00%、22.14%。若再结合 5 年折旧期，我们可大致推断这些旧有资产已不堪久用矣。

---

① 这里假定电梯海报的成本少到可忽略不计。

第九节

在建工程：警惕长期挂账的在建项目

对于在建工程，应尤为关注项目进度与转固情况。

项目进度缓慢、远未按预定日程完工，除正常的解释以外，还有可能与募集资金挪作他用有关，或是为了继续发挥在建工程利息资本化之优势，即以资本化利息的方式降低上市公司当期财务费用。若在此基础上毫不转固，那么就有可能是为了减少当期固定资产折旧。

事实上，上节固定资产内容中我们谈到的锦州港（600190.SH），财政部对其的检查共计发现4项问题，除收入、资产虚增之外，还有两项就与在建工程的"利息资本化""延迟转固"有关：

"财政部检查认为，公司2000年及以前年度将应计入财务费用的利息支出予以资本化，少计财务费用4945万元；公司由于工程完工转入固定资产不及时，折旧计提起始月份不准确及港口设施、设备资产分类不适当等导致2000年度少计提折旧780万元，相应的少计主营业务成本等780万元。"

一、在建工程的"进度缓慢"与"延迟转固"

在建工程是否"进度缓慢"？对于这一问题，我们可以参考上市公司早期募投公告中对于项目预计全部建成并投入生产的时间。假如上市公司在推迟预计完成时间后又不断推迟，那么我们会对在建工程项目产生很大担忧：究竟是钱被挪用了，还是说项目盈利前景出现了重大变故。

（一）延安必康：项目进展缓慢不及预期

财报显示：2015—2018 年，延安必康（002411.SZ）的在建工程期末余额分别为 24.35 亿元、48.15 亿元、66.51 亿元、82.23 亿元，占当期总资产的比例分别为 27.58%、26.66%、33.44%、39.91%。值得注意的是，这一比例在 2018 年高达四成，在 A 股可谓不多见。

我们根据 Wind 数据统计了截至 2019 年 5 月 10 日的全部 A 股，得知延安必康这一比例在 A 股中排名第六。可见，在建工程在延安必康资产构成中占比极高，我们不得不对此多加分析。尽管在建工程大增，上市公司固定资产却仅从 11.32 亿元增至 18.28 亿元。

以预算数最高（即 46.52 亿元）的"新沂开发区综合体工业厂房"为例，其 2014—2018 年的在建工程期末余额分别为 11.74 亿元、23.20 亿元、28.96 亿元、32.32 亿元、44.9 亿元，占当期在建工程的比例分别为 97.3%、95.32%、60.15%、48.59%、54.6%。

根据上市公司 2015 年发行股份报告书来看，"新沂开发区综合体工业厂房"项目与报告书中的"江苏开发区综合体工业厂房"项目预算数一致，均为 46.52 亿元。

报告书称："截至 2015 年 2 月 28 日，本项目厂区给排水管网、主要厂房的土建工程已接近完成，项目结算进度约为 25.25%；截至 2015 年 7 月 31 日，本项目厂区管网（给排水、消防、雨污水排放）基本完成，主要厂房的土建工程基本完成，正在准备主要厂房车间的设计、施工招标等工作，项目结算进度约为 38.00%。"

报告书对未来的预计为:"工程预计 2017 年 2 月底全部建成并投入生产,项目建成且全部达到设计产能后,预计可实现年营业收入 80 亿元,利润总额 22 亿元左右,税后利润 16 亿元左右,大幅提高上市公司未来的盈利能力。"

由此可见,延安必康在 2015 年底原本预计 2017 年 2 月底(两者间隔 14 个月)就可将工程全部建成并投产,然而 36 个月过去了,该项目的工程进度仍为 96.52%,且上市公司近三年并未对该项目转入固定资产分毫。

据上市公司财报披露,延安必康对"房屋建筑物及附属物""机器设备""运输工具""办公电子设备及其他"的折旧方法均使用年限平均法,残值率均为 5%,折旧年限分别为 20 年、10 年、5 年、5 年。

与固定资产处理不同的是,在建工程无须折旧,因此延迟转固可能较大地影响上市公司当期利润。据测算,假如延安必康将上述项目转固,即使以最低年折旧率 4.75% 来计算,该项目每年的折旧金额都将高达 2.21 亿元,占上市公司 2018 年净利润的比例高达 51.88%。

(二)友邦吊顶:扩建工程使原项目无须转固

友邦吊顶(002718.SZ)共有两次直接融资:2014 年 1 月 17 日,上市公司首发新股募集资金净额 1.6 亿元,资金用途为"百步工业区集成吊顶生产基地建设项目";2016 年 7 月 21 日,上市公司定向增发募集资金净额 3.28 亿元,资金用途为上述项目的扩建项目。

表 1-21 友邦吊顶募资项目资金使用情况

友邦吊顶募投项目	基地项目	基地扩建项目
新增营业收入(万元)	19,731	38,298
新增税后利润(万元)	5,912	10,057

续表

友邦吊顶募投项目	基地项目	基地扩建项目
财务净现值（税后）（万元）	13,566	41,663
项目财务内部收益率（税后）（%）	25.49	31.95
投资回收期（税后，含建设期）（年）	4.8	5.17
项目建设期（月）	18	—

友邦吊顶一共发过3次《关于部分募投项目延期的公告》：第一次发布于2015年7月18日，第二次发布于2018年4月3日，第三次发布于2019年6月29日。

友邦吊顶在"在建工程"科目中，将两个项目合二为一，预算数合计为4.58亿元。我们猜测，上市公司这样做可能有一个小心思，首发募投项目可以因此无须立即转固，而是与扩建工程同时留在在建工程科目中，这可以避免转固后产生折旧费用。

在实际操作中，友邦吊顶2014—2018年对基地及扩建项目均未予以转固，直到披露2019年半年报时，我们才得知上市公司当期对该项目转固4574万元，转固金额勉强达到预算金额的10%。但是这样是否合理？

根据公告：友邦吊顶基础模块原有产能约1200万片，功能模块原有产能约60万套；基地项目完全达产后，将新增基础模块产能1500万片、功能模块产能68万套；扩建项目投产后，将形成年产2100万片基础模块、80万套功能模块、50万平方米公装吊顶的生产能力。

换句话说，两个募投项目均达产后，上市公司基础模块、功能模块的产能将分别增至4800万片、208万套。而在2017年，友邦吊顶基础模块、功能模块的产量分别为5150万片、137万套，2018年则分别为5249万片、145万套。

显然，即使考虑到外协加工及生产设备的产能利用率略超过100%

等因素，友邦吊顶两个募投项目也已释放了相当一部分产能。上市公司在2018年年报中披露募集资金承诺项目情况时亦称，基础项目已产生4916万元效益。那么问题来了，直到2018年底，上市公司对该在建工程仍不转固，是否恰当呢？

招股书及定增公告显示，友邦吊顶两次募投项目的投资均以建筑物、设备为主：首发项目这两部分固定资产的投资金额分别为1.03亿元、1837万元；扩建项目这两部分固定资产的投资金额分别为2.44亿元、7173万元。

若分别按照友邦吊顶给定的4.75%、9.5%的折旧率来估算，即使上述建筑物、设备仅有一半转固，那么这部分固定资产在次年的折旧金额也有约1253万元，是一笔不小的数目。

二、在建工程利息资本化减少财务费用

一般而言，上市公司会在在建工程科目中披露各个重大在建工程项目当期及累计的利息资本化金额，这有助于我们了解到上市公司通过利息资本化减少了多少当期财务费用。尽管利息资本化是正常的财会操作，但作为投资者的我们还是更愿意将其从上市公司当期净利润中剔除。我们还是以延安必康为例。

根据Wind数据，延安必康2016—2018年的带息债务较高，分别为71.07亿元、74.51亿元、60.69亿元，按理说财务费用也应该不低才是。然而利润表显示，延安必康2016—2018年的利息支出分别为1.76亿元、9053万元（当期政府补助冲减利息支出8992万元）、2.42亿元，较其70亿元左右的带息债务而言并不高。

从现金流量表来看，上市公司2016—2018年分配股利、利润或偿付利息支付的现金分别为1.79亿元、5.12亿元、7.08亿元。尽管去掉

各年度发生的分红金额1.07亿元、1.23亿元、1.53亿元，延安必康各期偿付利息的现金仍分别有7188万元、3.89亿元、5.54亿元。

造成二者间较大差距的原因是什么？查看上市公司财报后我们发现，原来这与在建工程密切相关——2016—2018年，延安必康在建工程利息资本化金额分别为9935万元、1.68亿元、1.52亿元，占上市公司当期净利润的比例分别为10.33%、18.65%、35.63%。

如果在此基础上我们再考虑到上一小部分延安必康转固后的折旧金额，那么二者合计金额占延安必康2018年净利润的比例或将不低于87.51%，这是一个不容忽视的数字，因此，审视延安必康的投资者应时刻密切关注在建工程这一科目。

三、长期挂账的在建工程

2019年7月9日，一位金融行业的前辈给我发来微信消息，谈到大族激光（002008.SZ）在建工程中有一个"欧洲研发运营中心"项目，**历经近8年时间仍然挂账**，且预算金额陆续增长3次，着实令人疑惑。他已问过不少人了，但都不知道此为何物，因知我是调查记者出身，在检索方面比较擅长，所以让我帮忙查看一二。

根据年报，该项目最初出现于2011年，彼时的名称为"欧洲研发运营中心**改扩建工程**"，预算数为5000万元；到了2012年，预算数增至3000万美元；等到2014年，"改扩建工程"5个字被去掉，项目就叫"欧洲研发运营中心"；2016年，预算数增至5.5亿元；2018年，预算数增至10.5亿元。

至2018年，该项目期末余额为6.71亿元。这究竟是一个什么项目？年报中并未给出详细解答，难免引发投资者疑虑。说来也巧，深交所"互动易"平台也有若干投资者关心该项目，而董秘给出的答复为

(本书稍作精简)：

"公司自 2012 年 8 月开始筹备欧洲运营中心建设，2016 年在建工程开始正式施工，预计 2020 年投入使用；在进入正式施工之前，该项目部分设计方案又经历了重新调整，再加上国外各流程周期较长，导致 2016 年才开始正式施工。"

说实话，公告中的线索很少，我们一度要放弃了。直到 7 月 11 日，我在瑞士的朋友提供了如下信息：项目所在地，即瑞士的恩格尔贝格，是旅游胜地，但至于当地建设什么研发中心却是没有听说过的。这给我们打开了思路，便有了下面的大胆假设与猜想。

（一）突破口：子公司 Han's Europe AG

大族激光有一个在瑞士的孙公司，名为 Han's Europe AG（下称"大族欧洲股份公司"），因为该公司可能在本节中扮演一个很重要的角色，故此我们先对该公司做一个简要的分析。

上市公司分别于 2012 年 8 月 8 日、2013 年 8 月 25 日、2016 年 11 月 22 日、2017 年 7 月 3 日、2018 年 4 月 12 日、2019 年 4 月 22 日发布《关于增资大族欧洲股份公司的公告》，拟分别增资 2000 万美元、2000 万美元、3000 万美元、3000 万美元、3000 万美元、2000 万美元。

在增资公告中，大族激光还披露了大族欧洲股份公司的财务数据，表 1-22 是笔者整理的数据，其中货币计量单位为瑞士法郎，近期兑换人民币比例约为 1 瑞郎 ≈ 7 人民币。

表 1-22　大族欧洲股份公司相关财务数据

单位：万瑞郎

截止日期	总资产	总负债	净资产	营业收入	净利润
2011 年 12 月 31 日	964	984	-20	0	-30
2012 年 6 月 30 日	1037	1133	-96	6	-76
2012 年 12 月 31 日	3219	3364	-146	11	-126

财报背后的投资秘密:"韭菜"的自我修养

续表

截止日期	总资产	总负债	净资产	营业收入	净利润
2013年6月30日	3561	3772	-211	4	-66
2015年12月31日	4821	4830	-8	0	-148
2016年10月31日	5302	5259	43	0	51
2016年12月31日	6186	6167	19	0	27
2017年3月31日	6669	6629	41	0	22
2017年12月31日	8583	8991	-408	58	-294
2018年12月31日	10846	10186	660	96	-336

通过上述数据,我们似乎可以得出这样两个结论:其一,上市公司所谓的6次增资并没有完全落实,因为大族欧洲股份公司的净资产始终未超过1000万瑞郎;其二,大族欧洲股份公司的资产规模在持续增长,**至2018年已达到1.08亿瑞郎,相当于人民币约7.58亿元**(按汇率6.99计算)。

大族欧洲股份公司究竟是做啥的?每次增资公告都称增资目的是用于"大族欧洲公司基础设施、市场网络建设,及投资并购境外先进激光设备公司等",年报中亦提及其业务性质为"**设备及零部件的进出口贸易**"。

然而,"恩格尔贝格,是旅游胜地"却让我们对该子公司的业务性质产生了怀疑。根据moneyhouse网站[①]披露,Han's Europe AG的描述为"Sector: Operation of hotels, inns and B&B/guesthouses",翻译成中文即"**行业:酒店、旅店和B&B宾馆的运营**",这可就与上市公司的描述相差极大了。

Han's Europe AG到底是不是主业为酒店运营呢?其实,这并不令人感到惊奇。大族激光除陆股通以外的第一大股东大族控股集团有限公

---

① https://www.moneyhouse.ch/en/company/hans-europe-ag-20408097221。

司（下称"大族控股"）本就涉及房地产开发、酒店运营、物业管理等诸多领域，其官网更是表明在瑞士有两处资产，分别为 Luzern Palace（卢塞恩皇宫酒店）与 Hotel Frutt Lodge & Spa（富如特温泉酒店）。

（二）在修酒店却未见于在建工程

继续沿着"Han's Europe AG"这条线索来检索，我们就找到了一个 titlis-palace 网站，该网站是介绍一家在**瑞士恩格尔贝格正装修待开业的酒店**的施工进度。我们在网页最下方①找到了一些消息，翻译成中文即"高云峰生活的中心是位于广东省南部的深圳市。2011 年 6 月，他在深圳创立了深圳大族激光技术有限公司，并在恩格尔贝格成立了 Han's Europe AG。与 Hotel Europe Engelberg GmbH②一样，它也是 Han's Investment Holding AG 的子公司。这是为了执行高云峰在瑞士法律下的所有创业活动。Han's Investment Holding AG 及其子公司的总经理是**托马斯·迪特里奇**。"

有了 titlis-palace 以及 Thomas Dittrich 这些关键词，我们继续检索便又查到另一家网站 luzernerzeitung③。据其披露，Titlis Palace（提利斯皇宫）的工程进度为："提利斯皇宫豪华酒店**将不会按计划于 2019 年开门。施工阶段可能会延长 10 个月。大族欧洲股份公司首席执行官托马斯·迪特里奇**谈到了拖延的原因。"

文中还有这段话："中国投资者高云峰的酒店将包括 117 间客房、各种类型的餐厅、宴会厅、研讨会室、酒吧、商店和水疗中心，**投资金额约将达 1 亿法郎**。"

---

① http://www.titlis-palace.ch/hotelprojekt。
② 已注销。
③ https://www.luzernerzeitung.ch/zentralschweiz/obwalden/funf-sterne-hotel-muss-eroffnung-verschieben-ld.1025153。

那么问题来了，投资金额约将达 1 亿法郎的这家 Titlis Palace 酒店究竟是不是 Han's Europe AG 或 Han's Investment Holding AG 旗下的资产？假如是其资产，为何这样一个大额项目并没有在上市公司年报的在建工程科目中有明确记载？

以上关于"欧洲研发运营中心（改扩建工程）"与 Titlis Palace 酒店的描述中，加粗字体的文字不得不让我们陷入深思。

（三）后续发酵

上述研究分析，笔者曾公开发表于相关媒体，后续又有很多家媒体跟进报道，如某篇题为《建安成本一平米3.6万，大族激光是在欧洲建皇宫吗？》的报道，很是知名，但这篇文章的两个质疑并不一定在逻辑上站得住脚。

第一个质疑为："记者计算发现，大族激光欧洲研发中心除去土地之外的建安成本达到了3.6万一平米……上海某知名地产公司财务总监告诉记者，他们最近在上海建造的某高档住宅，建安、资金费用（资金来源为贷款）、配套费用等全部加起来，不超过1万元一平米。"

第二个质疑为："已发生的设计规划费即已占工程总预算18.57%……而同济大学一位不愿具名的建筑学博士告诉记者……一般规划设计费用占工程总费用的比例为10%～40%；几百万的小工程，可能设计费会接近总费用的40%。但十几亿的大工程，一般规划设计费用占比在10%～15%，极少超过15%；大族激光这一项目规划设计费用占比接近20%，的确非常罕见。"

第一个质疑的逻辑值得商榷之处在于，上海的建安成本是否与瑞士的恩格尔贝格可以直接类比？第二个质疑的逻辑值得商榷之处在于，"十几亿的大工程，一般规划设计费用占比在10%～15%，极少超过15%"这一归纳总结是否同样适用于恩格尔贝格？假如质疑未考虑地域差别，那么三段论中的大前提就难以立住脚了。

2019年8月1日，央视财经《交易时间》栏目致电大族激光董事长高云峰，后者回应为："你是什么角色？你有什么资格来质问我？这个是我们自己的资金，我当然有权利做任何经营决策，你管我那么多？"

当天晚上，大族激光就收到了深圳证监局行政监管措施决定书，深圳证监局认定上市公司在建工程欧洲研发运营中心项目存在重大购置财产项目未履行相关审议程序，且该重大购置财产项目信息披露不准确、不及时等两项问题。

与此同时，上市公司发布致歉公告，称："董事长近期在回应相关媒体过程中，因情绪激动发表了不当言论，本公司及相关当事人对此深表歉意！"至此，该事件尘埃落定。

四、募投项目之初判断

以上是我们考虑长时间存在的在建工程情况的思维方式，但我们是否可以在上市公司筹备在建工程的初始阶段即予以判断呢？笔者认为，投资者可以通过三个方面来判断上市公司有比较明确披露信息的募投项目。

如在2015年11月7日，和邦生物（603077.SH）发布非公开发行股票预案，拟将募集资金用于建设年产3000吨PAN基高性能碳纤维项目以及偿还银行贷款。2016年10月12日，上市公司募集到39.31亿元资金。

针对2016年12月27日收到的上交所《关于对四川和邦生物科技股份有限公司有关非公开发行碳纤维募投项目的问询函》，和邦生物在回复公告中坚称："公司正在按照计划正常推进碳纤维项目，不存在变更碳纤维募投项目投向的可能。"

然而两年后，和邦生物于 2019 年 1 月 17 日披露公告，称拟变更部分募集资金用途并永久补充流动资金。截至该公告日，3000 吨 PAN 基高性能碳纤维项目累计投入仅为 3438 万元，公司拟终止实施碳纤维项目，并将剩余募集资金 23.97 亿元永久补充流动资金。

碳纤维并非我们生活中所常见的物品，这也让非碳纤维专业的绝大多数投资者难以着手分析。那么，笔者于《证券市场周刊》任职时所写的《和邦生物碳纤维危局》一文是如何形成的呢？我的思路是，募投项目可以通过公司募投历史、项目同行盈利情况、访问专家等方式来判断。

何谓公司募投历史？即指上市公司过往募投项目是否存在项目停建、资金变更用途等黑历史。何谓项目同行盈利情况？如果同行业公司大多无法通过已正式投产的项目达到自己在募投公告中所展望的盈利能力，那么上市公司对项目的盈利预期就值得我们怀疑。何谓访问专家？即指咨询项目领域的权威人士，但我们在选择专家时必须注意一点，专家不可为上市公司的利益相关方（如上市公司募投项目的顾问或评定方等，当然也尽量不要是竞争对手）。

只要"募投黑历史""同行不赚钱""专家持否定态度"中的任何一项存在，我们都应该耐心等待项目真正开花结果后再去决定是否持仓。

第十节

无形资产：较难估值的科目

根据会计准则，"无形资产，是指企业拥有或者控制的没有实物形态的可辨认非货币性资产"。我们常见的无形资产一般有土地使用权、专利权、著作权、非专利技术、特许权、商标权等，不太常见的有采矿权、海域使用权、客户关系等。

一、土地使用权

涉嫌虚增土地使用权的知名案例是康美药业（600518.SH）。

根据年报，上市公司2007—2011年净利润分别为1.46亿元、2.95亿元、5.02亿元、7.16亿元、10.05亿元，经营性现金流净额分别为1.63亿元、302万元、1.19亿元、6.69亿元、5.75亿元。总体来看，康美药业经营现金流净额低于净利润，显得盈利质量不高。

不仅如此，上市公司同期投资现金流净额分别为-4.05亿元、-6.69亿元、-7.65亿元、-8.56亿元、-22.85亿元，几乎全部用于购建固定资产及无形资产。其中，无形资产以购置土地使用权为主，2008—2011年土地使用权的购置额分别为4.05亿元、3.67亿元、4.91亿元、6.42亿元。

固定资产比较难以辨识真假，但至于无形资产中的土地使用权，我们可以试着通过致电咨询各地的国土资源局来判别真假。当然，普通人拿到官方盖章证明是不可能的，只有媒体记者才有可能，如《证券市场周刊》2012年12月发布的题为《康美谎言》的文章即以此为突破口：

"康美药业历年公告所列示的有土地证号的主要土地使用权中，最大的两块地，一个土地证号已经作废，另一个土地证号根本不存在。还有一块地在公告中出现并进入无形资产，之后消失。这三块地共虚增资产6.86亿元。"文中附有广东省普宁市国土资源局盖章证明。

尽管后来康美药业对文章质疑内容均做了澄清说明并延续了数年股价涨势，但上市公司还是在2019年因财务舞弊倒下了。据公告，康美药业资产虚增项主要为货币资金与固定资产等项。

二、专利权

对于有一定科技含量需求的上市公司，专利及非专利技术是很重要的，尽管它们并不一定都在无形资产中以专利权、非专利技术等形式体现。但上市公司有时会花大价钱外购专利权，此时我们就要类似考察募投项目那样，仔细甄别其使用价值是否与购价匹配。

如在2015年5月13日，青山纸业（600103.SH）与安阳华森纸业有限责任公司（下称"华森纸业"）、刘洁签订了《专利技术转让协议》，以现金3亿元收购华森纸业和刘洁的28项超声波制浆专利技术。

为此技术站台的专家或金融圈人士还挺多，如果是初入股市的"菜鸟"，很可能就会被上面这些信息唬得一愣一愣的，信以为真。但是，在股海沉浮良久的投资者心中必须多加几个问号，如募投项目可以请教专家那样，我们可以去咨询是否有反方观点。

如笔者在《证券市场周刊》撰写《青山纸业涉超声波制浆技术引争议》时，曾或当面或以邮件方式咨询了多位专家和纸业公司，对方的答复均不乐观。那么后续情况发展如何呢？果不其然，根据青山纸业 2018 年年报：

2017 年 4 月，公司投入并开工建设超声波竹木制浆中试生产线……目前中试项目制浆、备料、洗筛浓缩工段已完工，并组织间断性单机带料联动试运行，但期间试生产的产品质量经检测结果尚未达到预期，经对相关设备、工艺调整改进后产品质量目前仍有差距……公司 50 万吨食品包装原纸技改项目总体建设进度因此滞后，募集资金暂时性闲置。

……

本期专利权计提减值准备 3000 万元，系公司迟延实施技改项目，导致该无形资产出现减值迹象。公司根据该项无形资产（"一种利用超声波制浆——漂白一体化工艺"专利权组合）2018 年 12 月 31 日的市场价值的评估咨询结果与账面价值的差额，计提减值准备。

三、特许经营权

特许经营权，是指企业在某一地区经营或销售某种特定商品的权利或是一家企业接受另一家企业使用其商标、商号、技术秘密等的权利。通常有两种形式：一种是由政府机构授权，准许企业使用或在一定地区享有经营某种业务的特权；另一种指企业间依照签订的合同，有限期或无限期使用另一家企业的某些权利。

不过，有些资产是否应归属于特许经营权尚不明确，如赣粤高速（600269.SH）董秘在回答投资者提问时，就称，"高速公路资产计入无形资产还是固定资产，目前没有明确地规定统一口径，但按车流量计提摊销和折旧的结果相同"。

四、商标使用权

商标是用来辨认特定商品或劳务的标记，商标权是指专门在某类特定的商品或产品上使用特定的名称或图案的权利。商标权在食品饮料类行业的上市公司比较常见。但商标权公允价值究竟几何,这个问题很可能让投资者"蒙圈"。我们比较保守,更倾向于将其统一归零看待。

(一)承德露露:商标使用许可合同纠纷

根据 2018 年年报,承德露露(000848.SZ)的无形资产分为"土地使用权""专利权""其他"三部分,账面原值期初余额分别为 1.13 亿元、3.01 亿元、707 万元,当期摊销金额分别为 227 万元、782 万元、2 万元,合计 1011 万元。"其他"项太小,此处不谈。

先看"土地使用权"。用 1.13 亿元除以 227 万元,承德露露的土地使用权摊销年限差不多是 50 年;而同行业上市公司养元饮品(603156.SH)2018 年年报显示,其对土地使用权摊销采用直线法,使用寿命就是 50 年。对比同行,此处没毛病。

再看"专利权"。其实这个名称有一定的误导性。根据承德露露 2015 年年报,彼时的"专利权"为 1.02 亿元,"其他"为 2.06 亿元,直到 2016 年起才变更为"专利权 3.01 亿元"。这是为何呢?原来上市公司年报中有这样一段话:"根据公司 2007 年第一次临时股东大会通过的《购买商标、专利等无形资产议案》,公司以 3.01 亿元受让露露集团有限责任公司的商标、专利等无形资产,具体包括:露露系列商标共 127 件;专利 73 项;各类域名共 74 个;企业及商品条形码 205 种。其中,受让之露露系列商标权评估价值为 1.99 亿元。"

若只看 2015 年(含)之前的专利权且将之视为一个整体,那么根据当时的年报,可大概计算出平均摊销年限为 13 年,略高于养元饮品的 10 年。即使采取相对保守的摊销年限,这对于承德露露每年的净利润影响也只有 200 多万元,影响并不大。

而至于价值近 2 亿元的商标权,这就很值得一提了。根据承德露露年报，由于"公司将露露系列商标作为使用寿命不确定的无形资产"且"经测试商标权的可收回金额高于其账面价值，不需计提资产减值准备"，因此这部分商标权始终未予摊销。

再看养元饮品，其无形资产项并无商标使用权。尽管商标使用权确有其无形的作用，但我们在考虑承德露露净资产时，仍更倾向于将其全部计提归零，这对于上市公司的净资产可能有约10%的削减（以2018年期末数据为基准）。

最后再提一下承德露露的商标权归属问题，这可谓是一个历史遗留的古老问题了，相关文章读者可自行去查询。笔者要提醒投资者注意，承德露露与汕头高新区露露南方有限公司存在商标使用许可合同纠纷，这已对上市公司及股东造成了持久伤害，而这种伤害还将持续多久仍未可知。

（二）老白干酒：标的公司商标使用权估值问题

老白干酒（600559.SH）于2018年3月27日将购买的丰联酒业控股集团有限公司（下称"丰联酒业"）100%股权完成资产过户。以2017年2月28日为评估基准日，丰联酒业股东全部权益价值的收益法评估值为13.99亿元，较丰联酒业母公司口径净资产账面值4.87亿元增值9.13亿元，增值率为187.59%。

在翻阅丰联酒业审计报告时，我们发现，标的公司最新一期的无形资产超过5亿元，这在白酒行业中不算多见。即使老白干酒自身，其2017年中报所示的无形资产也仅有1.24亿元，那么丰联酒业因何有如此高的无形资产呢？原来，这与土地使用权和商标使用权有关。

笔者分别查阅了酒业18家上市公司2017年半年报中的无形资产项，将各个分项的期末账面价值依次列出，见表1-23；而至于丰联酒业，审计报告只提供了2017年三季报的数据，因此标的公司与18家上市公司的数据略有一点时间差。

财报背后的投资秘密："韭菜"的自我修养

表1-23 18家酒业上市公司（2017年半年报）无形资产与丰联酒业（2017年三季报）对比

单位：万元

证券代码	证券简称	无形资产	土地使用权	专利权	非专利技术	软件	商标使用权	中药配方	采矿权	广告权	其他
000568.SZ	泸州老窖	23313	22524			747	38	3			
000596.SZ	古井贡酒	69486	51959	13		602	16912				
000799.SZ	酒鬼酒	9378	9378								
000858.SZ	五粮液	40211	39445			766					
000860.SZ	顺鑫农业	78205	78102								103
000995.SZ	皇台酒业	8913	8898			15	0.13				
002304.SZ	洋河股份	161768	154770			5720	1278				
600197.SH	伊力特	4039	4024			7			8		
600199.SH	金种子酒	29533	29533								
600519.SH	贵州茅台	348662	348243		118	419					
600559.SH	老白干酒	12392	12323			69					
600702.SH	舍得酒业	16196	15932			264					
600779.SH	水井坊	5405	4331	4		641	5				
600809.SH	山西汾酒	23026	20713			1039				1274	306
603198.SH	迎驾贡酒	12123	11544			579					
603369.SH	今世缘	11817	9726	68		1711	312				
603589.SH	口子窖	38444	38444			50					
603919.SH	金徽酒	16619	16569			170					
标的公司	丰联酒业	56447	29662				26567				48

106

可见，若不考虑三个月时间差的影响因素，丰联酒业的无形资产账面净值排至第五名，在贵州茅台、洋河股份、顺鑫农业、古井贡酒之后；而商标使用权则冠列全行业，是18家中第一名古井贡酒的1.57倍，而全行业仅1/3的上市公司有商标使用权，第二名的洋河股份尚不足1300万元。

笔者始终认为，商标权绝非毫无价值。行业中的贵州茅台、五粮液每年要额外支付母公司商标使用费，如2017年上半年的金额分别为2.99亿元、1.72亿元，计入管理费用中，不过其余上市公司管理费用中均无商标使用费这一科目。

但是一个疑问不禁产生，即：丰联酒业的商标使用权估值是如何确定的呢？事实上，这个问题在评估报告中可以找到答案。根据评估报告：

此次评估的商标包括在用和闲置的商标，对于闲置商标且未来无使用计划，无对外许可使用计划的商标，评估为零；对于在用商标，但不产生超额收益的商标也评估为零；此次评估主要对能产生超额收益的在用商标进行评估。

此次评估采用收益法，商标资产的预期收益应当是因商标的使用而额外带来的收益，可以通过增量收益、节省许可使用费、收益分成或者超额收益等方式估算。根据纳入评估范围的商标具体情况，采用商标节省许可使用费法。

商标节省许可使用费法是通过估算被评估商标寿命期内预期节省的费用并以适当的折现率折算成现值，以此确定委估商标资产价值的一种评估方法。

图1-7为该方法估算商标价值的公式，估计普通投资者没几个人能看得懂。

$$P = \frac{KR_0}{(1+r)^{10/24}} + \sum_{i=1}^{n} \frac{KR_i}{(1+r)^{(i-0.5+10/12)}} + \frac{KR_n}{r \times (1+r)^{(n-0.5+10/12)}}$$

其中：P – 评估基准日的委估商标的评估值；

K – 商标的许可费率；

R_0 – 为2017年3-12月使用商标的商品当年营业收入；

R_i – 企业未来第 i 年使用商标的商品当年营业收入；2018年为第1年，2019年为第2年，以此类推；

R_n – 永续期使用商标的商品年营业收入；

r – 折现率；

i – 收益期计算年；

n – 商标的收益期

图 1-7 商标价值估算公式

资料来源：来自收购公告。

无论我们是否可以看懂该公式的运算，有一点结论或许是显然的：倘若将标的公司的商标使用权这一项估值调低，此次收购的评估增值率或将大幅提升，而上市公司也相当于以更高的溢价完成了此次交易。

五、采矿权

采矿权，是指采矿企业或个人在开采矿产资源的活动中，依据法律规定对矿产资源所享有的开采、利用、收益和管理的权利。我国《矿产资源法》规定，开采矿产资源必须依法申请取得采矿权；采矿权不得买卖、出租，不得用作抵押。

众和股份（002070.SZ，现已退市）原主业为纺织印染，2012年转型后，子公司阿坝州众和新能源有限公司（下称"众和新能源"）、马尔康金鑫矿业有限公司（下称"金鑫矿业"）从事锂矿及相关业务。

然而，2016年众和股份实际只生产了2.16万吨锂精粉，远未达到2015年年报预期的6万~8万吨，因此我们对其采矿权产生怀疑。

事实上，众和股份并未将采矿权计入无形资产，而是自 2012 年并购金鑫矿业之后，将其归入了"其他非流动资产"，为"四川马尔康县党坝乡锂辉石矿矿业权价值"，金额为 5.56 亿元。

众和股份 2013 年年报显示，金鑫矿业采矿权许可的生产规模为 15 万吨/年。2015 年 11 月 30 日，众和股份收到深交所下发的重组问询函，上市公司在 12 月 5 日的回复公告中称，临时许可生产规模为 35 万吨/年。

这该如何求证呢？事实上，当时作为《证券市场周刊》的记者，笔者曾前往马尔康市国土局求证。当然，投资者也可以选择电话方式。虽然获得答复的可能性降低了，但却能省去川资路费。在最后一个章节中，笔者会介绍电话访问或实地调查的技巧，这里不再赘述。总之，我们得到的结果是，采矿权规模与上市公司信披不符。

此外，按相关法律法规，即便上市公司具有采矿许可证，环境评估没有过关也不能开采。关于这一点，我们既可以去当地环保部门直接询问，也可以打电话或通过浏览当地市政府网站、环保局网站去查询上市公司是否有环评信息。而以众和股份为例，我们的查询结果都指向了该公司采矿项目存在"未评先建"之嫌。

事件发展的结果为：2017 年 8 月 2 日，深交所对众和股份、董事长兼总经理许建成、财务总监黄燕琴等 3 名单位或个人给予公开谴责的处分；2019 年 7 月 9 日，公司股票被深交所决定终止上市，并于同日被摘牌。

六、海域使用权

獐子岛（002069.SZ）是 A 股极为知名的上市公司，笔者格外关注其无形资产中的海域使用权。上市后，獐子岛仅在 2010 年以 2.12 亿元购买过海域使用权，因此其 2009—2016 年海域使用权的账面价值均不高，均未超过 2.1 亿元。

财报背后的投资秘密:"韭菜"的自我修养

尽管其账面价值不高,獐子岛仍依靠抵押海域使用权取得了大量短期借款和长期借款。有趣的是,海域使用权抵押得来的借款金额还会随着自然灾害的发生而跳升。接下来,我们将历年情况整理出一个表格供大家浏览,见表1-24。

表1-24 2010—2019年獐子岛海域使用权抵押借款情况

年份	2010	2011	2012	2013	2014
抵押的海底产品评估价值(亿元)	14万亩①	未披露	0.63	未披露	未披露
抵押的海域使用权面积(万亩)	67	83	102	139	239
抵押的其他物资账面价值(亿元)	0.11	1.09	1.23	4.59	1.79
取得的短期借款(亿元)	1.9	5.5	4.2	6.29	22.93
取得的长期借款(亿元)	2.55	4.32	1.9	4.16	2.6
取得的借款总额(亿元)	4.45	9.82	6.1	10.45	25.53
年份	2015	2016	2017	2018	2019
抵押的海底产品评估价值(亿元)	约5.66	约7.98	7.53	7.53	1.04
抵押的海域使用权面积(万亩)	275	252	246	242	158
抵押的其他物资账面价值(亿元)	1.4	2.32	2.59	4.92	5.38
取得的短期借款(亿元)	15.8	10.2	13.26	15.15	21.48
取得的长期借款(亿元)	12.6	16.88	17.88	16.51	4.5
取得的借款总额(亿元)	28.4	27.08	31.14	31.66	25.98

注:①指14万亩海域的海底产品,当年年报中未披露具体的评估价值。

2011年的借款拉升:根据公告,2011年6月26日、8月7日,强热带风暴"米雷""梅花"均对公司位于山东省荣成市的荣成分公司造成养殖网箱及鲍鱼、海带等产品部分损失;后经上市公司确认,荣成公司受台风影响损失金额合计为1.06亿元。

2014年的借款拉升:根据年报,上市公司对43.02万亩账面价值为3.01亿元的底播虾夷扇贝存货计提跌价准备2.83亿元;并对105.64万亩账面价值为7.35亿元的底播虾夷扇贝存货放弃本轮采捕,进行核销处理。

2017年的借款拉升:根据年报,上市公司拟对107.16万亩海域成本为 5.78 亿元的底播虾夷扇贝存货进行核销处理，对 24.3 万亩海域成本为 1.26 亿元的底播虾夷扇贝存货计提跌价准备 5110 万元，上述两项合计影响净利润 6.29 亿元，全部计入 2017 年度损益。

唯一的例外出现在 2019 年，这一年借款并未拉升：根据年报，上市公司拟对 2017 年、2018 年投苗的 44 万亩底播虾夷扇贝存货成本 2.31 亿元进行核销处理；并对 2017 年、2018 年投苗的 12 万亩海域成本为 7032 万元的底播虾夷扇贝存货计提跌价准备 6055 万元。

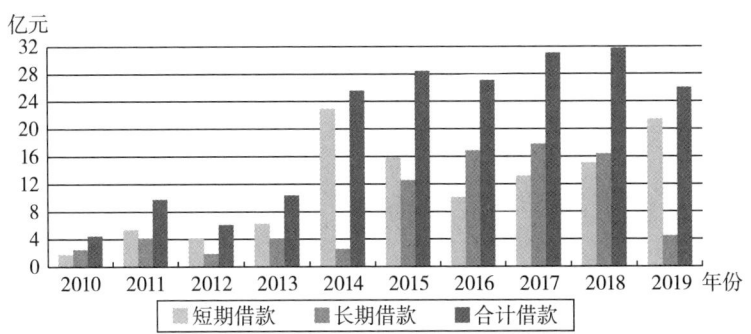

图 1-8　2010—2019 年獐子岛借款构成

我们认为，2019 年之所以成为例外，根本原因是抵押海域使用权的操作无法持续下去。于是我们能看到，獐子岛抵押的海域使用权面积以及抵押的海底产品评估值都有明显下滑。但这绝非指海域使用权无用了，而是獐子岛对海域使用权有了新的用法。

根据上市公司 2020 年 1 月 4 日公告，獐子岛拟分别转让位于长海县广鹿岛的 4 宗海域使用的租赁权暨海底存货，合计面积 1175 公顷（约合 1.76 万亩），账面价值 1760 万元，评估值 1.04 亿元，预计为公司增加净利润约 7100 万元。

看来，论及对海域使用权的操作应用，獐子岛可谓出神入化，恐怕无上市公司可出其右了。

七、客户关系

最后,我们介绍的是无形资产中比较罕见的一个科目,为客户关系。根据我国会计准则,"由于企业无法控制其带来的未来经济利益,不符合无形资产的定义(即不满足可辨认性),不应将客户关系确认为无形资产"。

可见,在正常情况下,我国上市公司的无形资产项中是不应该出现"客户关系"这一科目的。然而,凡事有例外,上市公司并购的标的公司若含有"客户关系",则合并报表后,上市公司报表即可顺势拥有"客户关系"。

(一)纳思达:客户关系、商标权

纳思达(002180.SZ)原主营业务产品包括集成电路芯片、通用打印耗材和再生打印耗材等。在 2016 年完成对 Lexmark International Inc.(下称"利盟国际")的收购之后,其主营业务扩展至激光打印机整机、原装耗材、打印管理服务和企业内容管理软件等。

根据 2016 年年报,收购利盟国际导致上市公司当期新增商誉 187.72 亿元,占上市公司当期总资产的比例高达 35.64%。而后在 2017 年,利盟国际出售 Kofax Limited 100% 股权,相应转出账面商誉,另有当期汇率波动导致的折算差异,合计导致商誉减少 52.03 亿元。

截至 2018 年 12 月 31 日,上市公司商誉合计金额为 128.19 亿元,占总资产的比例为 35.50%,也是上市公司当期净资产的 1.5 倍。这意味着,纳思达 2018 年期末可辨认净资产为负,仅有 -42.54 亿元;换句话说,若剔除商誉,上市公司资产负债率将高达 118.26%。

然而,纳思达在收购利盟国际时可不只是放大了自身商誉这一个科目。2016 年无形资产的资产占比从期初的 3.53% 亦激增至期末的

27.79%，其中金额最高的两项分别是商标权与客户关系，前者的账面价值从期初的 1189 万元增至期末的 35.58 亿元，后者则从 0 增至 61.18 亿元。

当然，随着 Kofax Limited 100% 股权在 2017 年出售等事件的发生，纳思达这两项资产于 2018 年期末的账面价值分别降至 29.6 亿元、28.71 亿元。若以我国现行会计准则重新计量，纳思达的客户关系应为 0；而若以我们较为审慎的眼光来审视，其商标权亦会被归零。如此一来，纳思达经处理后的资产负债率就更高了。

值得说明的是，在 2018 年实际摊销中，商标权、客户关系账面原值的期初余额分别为 28.22 亿元、32.49 亿元，期末余额分别为 29.64 亿元、33.43 亿元，当期新增摊销金额分别为 147 万元、2.31 亿元。这意味着二者的年度摊销比例分别约为 0.05%、6.91%~7.11%。

另外，根据年报中披露的无形资产摊销释义，纳思达预计"使用寿命有限的商标权""客户关系"的使用寿命分别为 2~20 年、2~15 年。若商标权的使用寿命均为有限的，那么商标权、客户关系的年摊销比例应分别为 5%~50%、6.67%~50%。

可见，纳思达认定商标权的使用寿命大都不是有限的，且客户关系的摊销比例亦接近下限。因此，我们或许可以认为上市公司的摊销策略倾向于激进。无论如何，我们在查看上市公司年报时却可以按照较为保守的方式来重议（或者干脆保守到底，全部归零）。

（二）蓝色光标：客户关系、品牌

蓝色光标（300058.SZ）是一家为企业提供品牌传播、产品推广、危机管理、活动管理等服务的企业，与纳思达有些类似的是，其亦有较多商誉。截至 2018 年 12 月 31 日，蓝色光标商誉合计金额为 48.3 亿元，占总资产的比例为 28.47%，也是当期上市公司净资产的 0.75 倍；

若剔除商誉，上市公司资产负债率将从61.95%升至86.61%。

不过，蓝色光标的无形资产占比却没有纳思达那么高：据2018年财报数据，上市公司当期无形资产占总资产的比例为8.97%。其中，金额最高的两项分别是"品牌"与"客户关系"，期末账面价值分别为9.66亿元、2.84亿元。根据年报，蓝色光标对品牌不做摊销，而客户关系的摊销年限为4~10年。

我们先看客户关系，以该摊销年限计算，其年摊销比例应位于10%~25%区间；而实际情况是，2018年客户关系账面原值的期初、期末余额分别为4.08亿元、4.71亿元，当期新增摊销金额为4354万元，以此计算出的年度摊销比例约在9.25%~10.67%区间，仍略显激进。

再说品牌，这个品牌究竟是什么呢？我们发现，上市公司无形资产在2014年有个量变：2013年期末无形资产仅有1389万元，而2014年期末就已经是17.06亿元了。因此，蓝色光标2014年年报很值得我们仔细品读。

通读年报后我们发现，原来这与上市公司2013年收购西藏山南东方博杰广告有限公司（下称"西藏博杰"）100%股权有关，蓝色光标于2014年重新评估了西藏博杰的可辨认资产和负债的公允价值，并以二者为基准重新确定商誉。

根据评估结果，上市公司2014年调增期初无形资产12.48亿元，调增期初递延所得税负债1.87亿元，调减期初商誉10.62亿元，调减期初未分配利润175万元。那么问题来了，我们是否可以这样理解，这部分"品牌"的本质就是商誉？

事实上，深交所对蓝色光标2017年、2018年年报的问询函中均询问了品牌减值测试的问题。我们通过上市公司2018年问询函回复公告可知，西藏博杰是蓝色光标"品牌"金额的主力，期末原值 12 亿元、净值为 5.9 亿元，占上市公司"品牌"全部金额的六成左右。

另据年报，此前在 2015 年、2016 年，蓝色光标对西藏博杰的品牌分别减值 6 亿元、1000 万元；2017 年年报问询函回复公告则披露，上市公司对西藏博杰的品牌是按照超额收益法进行估值的。也就是说，该"品牌"的价值估计与折现系数及"品牌"预计产生的未来现金流有关。

折现系数如何选取我们并不关心，未来现金流亦难判断。但如果我们假定西藏博杰的未来现金流走势与其净利润的走势大致趋同，那么我们可以查看西藏博杰近几年的营收情况，见表 1-25。

表 1-25 2013—2018 年西藏博杰营收情况

年份	2013	2014	2015	2016	2017	2018
营业收入（亿元）	5.13	11.6	5.29	5.74	7.42	2.84
净利润（亿元）	1.16	2.71	0.91	1.1	0.34	0.74
净利率（%）	22.55	23.38	17.14	19.24	4.54	26.02

显然，西藏博杰在 2017 年出现净利润下滑却没有品牌减值，2018 年营收大幅下滑却净利润上升。2018 年营收下滑我们可以理解，根据 Wind 数据，西藏博杰 2013—2018 年的从业人数分别为 32 人、13 人、37 人、30 人、3 人、3 人，但为何西藏博杰当期净利率创出并购后的新高呢？须知，26.02% 左右的净利率已经接近上市公司相关业务的毛利率数据了。

此外，值得投资者注意的是，上市公司与并购西藏博杰一事的原交易对方李芃等人曾存在纠纷，此案亦有些扑朔迷离①。因此，我们也仍倾向于将"品牌"归零后再考虑上市公司估值。

---

① 有媒体报道上市公司实控人赵文权与李芃有所谓的抽屉协议，等等。

第十一节

商誉与并购：论十大花样玩法

商誉与并购有关。通常来讲，在并购行为发生前，我们会看标的公司的评估增值率；而在并购行为发生后，我们会看上市公司新增商誉占净资产或总资产的比例。无论哪一种数值高于预期，都不是件好事。

笔者比较相信的一点是，并购的质地如何，上市公司的品性往往也如何。相对于标的公司而言，上市公司明显更注重自身形象的维护，因此会想尽一切办法隐藏自身的"猫腻"，而对于标的公司存在的问题，往往就不会特别下气力加以修饰了。[①] 2019 年初，很多上市公司就引爆了"商誉雷"。

因此，除三张表外，笔者格外重视的一个要点就是上市公司的并购情况，这可能是分析上市公司质地的一个捷径。接下来，我们将介绍考察并购行为的十个基本要点，以供投资者参考。

一、估值、盈利前景与收购资金来源

在浏览标的公司股权变更过程时，我们应该注意标的公司的估值是

---

① 即使上市公司是在不知情的情况下踩雷，也说明其管理存在问题。

怎样一步步抬升的。对于一些高科技含量较多、"护城河"较深的正处于上升期的公司，因为其有广阔的发展前景，这类公司从不缺乏融资方。因此，这类公司的估值是可以不断跳升的。

然而，有些公司本不属于朝阳行业，甚至其行业是行业内人士所共知的"凭关系""看天吃饭"类型。属于此类行业的公司极难有所谓的较深的"护城河"，若其估值不断拉升，就有可能是非理性市场行为了。这类案例太多，不再赘述。

而后我们应该去看标的公司过去几期的毛利率、期间费用率等指标。如果标的公司的盈利能力近期突然变好，或者并购前盈利能力还很差，却对并购后给出高增长的业绩承诺，这样的并购我们基本可以不看了。

除此之外，我们还要去看标的公司 PE 与毛利率的匹配情况，这里往往以同行业可比上市公司作为参考。如果标的公司毛利率比行业龙头还高不少，那么我们就要去判断造成这种现象的原因是否符合逻辑；如果标的公司毛利率比行业龙头低，相应地就应该调低标的公司的 PE。

举例来说。2018 年 9 月，鹏翎股份（300375.SZ）发布收购公告草案，拟收购河北新欧汽车零部件科技有限公司（下称"新欧科技"）。仅从标的资质等方面来看，这家标的公司似乎没什么大问题，但是我们会认为上市公司给定的估值可能存在过高的问题。

例如，新欧科技 2016 年、2017 年、2018 年上半年毛利率分别为 34.98%、33.90%、35.06%。然而，可比同行业的上市公司浙江仙通（603239.SH）相应的毛利率分别为 46.56%、43.69%、41.10%。

彼时浙江仙通的 PB 约为 3.14，PE 约为 18.3；而鹏翎股份给新欧科技的 PB 为 4.28，PE 为 18.37。很明显，新欧科技较行业内龙头的毛利率更低，但估值却偏高。尤其重要的是，草案中的交易价格为 12 亿元，其中60%即7.2亿元为现金支付。

另外，截至2018年6月30日，鹏翎股份货币资金与其他流动资产合计为3.71亿元，显然无法覆盖7.2亿元现金支付价格。这也意味着，假如鹏翎股份采取银行贷款等方式筹集资金，这将弱化其偿债能力，甚至弱化其周转能力。

那么，采用何种方式对于鹏翎股份更为有利呢？如果交易价格无法进一步下降，那么全股份支付可能是较为稳妥的办法。这样既可以把交易对方利益最大程度与鹏翎股份捆绑起来，又可以不加重上市公司负担，或能一箭双雕。

二、商誉与可辨认资产

商誉是大家都很熟悉的概念，但商誉究竟怎么计算呢？根据定义，商誉是指能在未来期间为企业经营带来超额利润的潜在经济价值，或一家企业预期的获利能力超过可辨认资产正常获利能力（如社会平均投资回报率）的资本化价值。

我们要注意一个词汇，即"可辨认资产"。什么是可辨认资产？通俗点说，就是资产减去商誉。也就是说，如果标的公司本身自带商誉，那么上市公司在收购完成后，标的公司的商誉就将由上市公司承接。

举例来说。神州数码（000034.SZ）曾筹划一起收购案，即拟通过发行股份及支付现金的方式购买广东启行教育科技有限公司（下称"启行教育"）79.45%的股权。

收购公告显示：经评估，启行教育截至2017年8月31日全部股东权益价值的评估结果为46.67亿元，启行教育合并口径归属于母公司股东净资产的账面价值46.58亿元，对应增值率为0.20%。

一家教育公司居然有如此高的净资产？带着疑问，我们浏览收购公告将会发现：启行教育曾收购启德教育集团，构成非同一控制下的企业合并，并于 2016 年 5 月 4 日收购日编制非同一控制下的企业合并报表，确认商誉为 45.35 亿元。

于是我们可以看到，神州数码若以评估值收购启行教育，实际增值率可能高达三十多倍！这在收购界都算罕见的高了。不过幸好，证监会并未核准此收购事项，并购双方的如意算盘没能打响。

事实上，收购也是可以分批次进行的，比如先收购 51% 股权形成控股，而后再购买 49% 股权。在此种方式下，仅第一次收购会形成商誉，第二次收购就不形成商誉了，而是以支付价格与账面净资产的差额先冲减收购方的资本公积，不足的部分再冲减盈余公积、未分配利润。

因这样做会降低净资产，故而实际操作中很少有上市公司会如此；反而是一些如钢铁、有色金属等行业的国有企业，因通常采用资产基础法评估标的资产，溢价率极低，却是大有可能采用这样的分批次收购方式。

三、业绩承诺方与补偿计算公式

在查看交易对方业绩承诺前，我们应该先确认该标的公司是否曾经被其他上市公司试图收购过。若此前确被收购过，我们可以对比两次收购所披露的数据，以及业绩承诺金额是否有较大差异；若有，就可以试着找出形成如此大差异的原因，并判断新承诺是否足够可信。

当然，业绩承诺还有一点内容是很多人会忽视的。一般来说，并购的业绩承诺方应为交易对方全体，且均在业绩承诺期内有效。然而，有些并购却非如此，或者是"缺斤少两"，或者是"移花接木"。下面我们看三个案例。

(一) 案例一：洪涛股份

2018年2月28日，洪涛股份（002325.SZ）发布收购公告，称全资子公司深圳市前海洪涛教育科技有限公司（下称"前海教育"）拟以5.1亿元收购四川新概念教育投资有限公司（下称"新概念公司"）51%股权。

其中：以2.36亿元收购山南市和瑞科技有限责任公司（下称"和瑞科技"）持有的新概念公司28%股权，以1.9亿元收购四川润生教育投资有限公司（下称"润生教育"）持有的新概念公司13%股权，以8415万元收购成都鸿威科技有限公司（下称"鸿威科技"）持有的新概念公司10%股权。

然而，承诺方却仅有润生教育这一个交易对方，鸿威科技与和瑞科技均无须对此次收购做出业绩承诺。这可能会导致业绩补偿收回风险大增。

这是因为，如果承诺方自身财务实力不足，那么上市公司的业绩补偿款可能面临无法追讨的风险。比如《中国经营报》曾报道过《新华医疗对赌之殇：9自然人股东无力补偿》，业绩承诺方的无力偿还给新华医疗（600587.SH）造成了很大损失。

(二) 案例二：威创股份

2017年8月9日，威创股份（002308.SZ）发布关联交易公告，以自有资金出资3.85亿元购买赣州高裕股权投资合伙企业（有限合伙）（下称"赣州高裕"，为上市公司关联方）持有的北京可儿教育科技有限公司（下称"可儿教育"）70%股权。

而赣州高裕是在不到一年前的2016年12月12日，从万载童心投资管理中心（有限合伙）（下称"万载童心"）处受让的可儿教育70%股权。根据收购公告，赣州高裕将《2016年股权收购协议》中的权利义务转移给威创股份。这就意味着，赣州高裕对于业绩补偿已不负有直接责任了。

除业绩承诺外，业绩补偿计算公式也是相当多人容易忽视的点。比较普遍的补偿公式应为：累计应补偿金额 =（标的公司承诺净利润总和 – 标的公司业绩承诺期内累计实现利润数）÷ 标的公司承诺净利润总和 × 上市公司购买相应标的资产的总对价。

但是有时我们会发现，某些收购公告会把公式中"上市公司购买相应标的资产的总对价"这一项替换为"标的公司承诺净利润总和"。由于标的公司承诺净利润总和往往明显小于并购总对价（甚至小于溢价，因增值率大多很高），这种做法难免会给人以不够实在之嫌。

（三）案例三：溢多利

2018年4月11日，溢多利（300381.SZ）发布收购公告，称上市公司拟以公开发行可转债募集资金8568万元收购曾建国、曾建忠、曾建湘、曾建明等4名自然人所持有的长沙世唯科技有限公司（下称"世唯科技"）51%股权。

本次收购公告显示：此次交易业绩承诺的承诺期为2018年、2019年和2020年。曾建国、曾建忠、曾建明和曾建湘向上市公司承诺：世唯科技2018—2020年实现的净利润分别为不低于1100万元、1400万元以及1700万元。

事实上，即使4名业绩承诺方并没有完成2018—2020年的业绩承诺，曾家四人也不会有过多的损失。收购公告显示，业绩补偿数额由如下公式确定：当期应补偿金额 = 截至当期期末累积承诺净利润数 – 截至当期期末累积实际净利润数 – 截至当期期末已补偿金额。

换句话说，即使标的公司在2018—2020年各个年度的净利润均为0元，业绩承诺方也仅需补偿4200万元，相较于51%股权转让款8568万元而言，前者尚不足后者的一半；若从8568万元中扣除4200万元，那么剩余金额还有4368万元。

而截至2017年12月31日，世唯科技归属于母公司股东的所有者权益为6183万元，51%股权对应的那部分权益仅为3153万元，仍较4368万元明显为低。

四、关联交易与业绩承诺

根据监管规定，若上市公司收购行为系关联交易，且目标的公司的估值评估方式并非资产基础法（其他两种方法为收益法、市场法），那么关联方必须为此交易行为做出业绩承诺。因此，关联并购有更多的动力去选择资产基础法的评估方式。

2017年9月21日，天成自控（603085.SH）发布一则《关于控股股东收购股权和解决潜在同业竞争措施》的公告。其中，控股股东指浙江天成科投有限公司（下称"天成科投"），其持有天成自控48.25%的股权。

该公告称，上市公司控股股东于2017年9月19日与交易对手方签署了《购买协议》，天成科投拟以5500万英镑收购Acro Aircraft Seating Limited（下称"AASL公司"）100%股权。

约8个月后，2018年5月23日，天成自控发布关联交易公告，称上市公司拟收购天成科投所持有的Acro Holdings Limited（下称"AHL公司"）100%股权。此番收购后已于7月12日完成股权过户变更登记。

据介绍，AHL公司所持有的主要资产为AASL公司的股权。AASL公司共有发行在外的股份303778股，其中，普通股股份302778股，均由AHL公司所有，另有A类普通股股份1000股。上市公司收购AHL公司后，将实现间接控制AASL公司。

根据公告，此番上市公司关联交易采用的是资产基础法进行评估，AHL 公司截至评估基准日 2017 年 12 月 31 日的股东全部权益的评估值为 4.81 亿元。因此，各方确定的交易价格为 4.8 亿元，较净资产 4.52 亿元仅增加 6.24%。

然而，上面所述的净资产 4.52 亿元我们要抽丝剥茧地看，其中包含控股股东天成科投购买 AASL 公司时形成的商誉 4725 万英镑，换言之就是人民币 4.4 亿元。也就是说，标的公司截至评估基准日可辨认净资产仅为 1138 万元，如此一来实际增值率就高达 41 倍。

这也导致天成自控在 2018 年三季报形成商誉 4.4 亿元，占上市公司当期总资产的比例高达 19.5%，占当期净资产的比例高达 44.14%。然而，高溢价的背后却是交易对方并无业绩承诺。

显然，此次交易为关联交易，那么上市公司选取资产基础法的评估方式是否为控股股东规避业绩承诺的一种手段呢？天成自控此番收购行为的长久利益能否得到有力保障呢？作为普通投资者，在面对此类收购时，应谨慎评估。

五、股权潜在关联性、关联方失信情况

有时上市公司董监高可能与标的公司存在历史纠葛，这部分信息需要我们自己仔细挖掘。一方面，我们可以通过工商资料或一些第三方软件查找标的公司的历史董监高，并在上市公司公告内容中检索；另一方面，还可以在上市公司历史公告内直接检索标的公司名称关键词。

（一）从历史纠葛中寻找端倪

2017 年 11 月 21 日，新国都（300130.SZ）发布收购公告，称上市公司拟以 7.1 亿元现金收购嘉联支付有限公司（下称"嘉联支付"）100% 股权。据公告透露，唯一的转让方为山南市敏思达技术有限公司，

系一个月前从注册地深圳迁出，原名为深圳敏思达。

须知，这种迁出注册地的公司，其过往信息尤其是股权变更等信息是很难再通过工商资料查到的。然而，上市公司招股说明书却在介绍公司实控人刘祥时称，"刘祥为深圳敏思达董事，并持有其40%的股权"，这就足够耐人寻味了。

（二）核查交易对手的信用情况

除查询交易对方与上市公司的股权历史纠葛之外，我们还要关注交易对方的信用状况。甚至在查询时，我们不仅要关注交易对方自身的信用情况，还要关注交易对方董监高人员乃至下属企业是否也存在失信情况。

汉鼎宇佑（300300.SZ）于2018年4月26日发布公告称，上市公司拟从医盛（杭州）投资管理有限公司（下称"医盛杭州"）处收购好医友医疗科技有限公司（下称"好医友"）30%股权；而后5月18日的公告则披露，上市公司将进一步收购好医友10%股权。

根据国家企业信用信息公示系统，医盛杭州有两名外资股东，分别为"Henry Ling Chao Huang"与"Yong Ping Huang"。显然，前者很可能就是后任汉鼎宇佑董事、副总经理的黄亨利（Henry L. Huang），那么后者这个"Yong Ping Huang"何许人也呢？两位"Huang"先生又有什么关系呢？

我们在网上检索到一位名为"黄永平"的美国华侨。据厦门商报《厦门市政协委员平均年龄48岁，80后被"围攻"》这篇报道，黄永平为美国永嘉有限公司董事长、美国心脏中心集团董事长。

另外，根据厦门市人民政府外事侨务办公室网站披露的"厦门市荣誉市民汇总表（更新至第九批）"① 显示，黄永平不仅为美国永嘉（美国）有限公司董事长，还是永嘉（厦门）工业有限公司总裁。

但是，根据信用中国网站，永嘉（厦门）工业有限公司为失信人，立案时间及发布时间分别为 2015 年 4 月、5 月，起因为借款合同纠纷，被执行人全部未履行，具体情形为"其他有履行能力而拒不履行生效法律文书确定义务"。

如果医盛杭州的股东"Yong Ping Huang"与永嘉（厦门）工业有限公司的总裁"黄永平"确为同一人，那么我们深深地为汉鼎宇佑的智慧医疗感到担忧。我们真诚地希望汉鼎宇佑在并购前谨慎尽调，不再重蹈 2017 年上海沃势文化传播有限公司收购案的覆辙。

后续事件发酵：2020 年 4 月 30 日，汉鼎宇佑发布关于前期会计差错更正及追溯调整的公告，称"公司对子公司好医友的财务报表进行了自查，经自查发现，好医友 2018 年通过远程医疗服务业务虚增主营业务收入 7534 万元、主营业务成本 3924 万元以及期间费用 3388 万元，影响 2018 年度归属于母公司股东的净利润 -34 万元"。

六、交易对方增持股票与大股东质押

在有些收购公告中，上市公司会要求交易对方在二级市场购入上市公司股票。一般来讲，此举多数对上市公司的股价形成利好。但假如上市公司在该类型收购公告推出的前后，实控人也同时推出减持计划或者质押计划，那么上市公司要求交易对方同时购入股票的行为就可能有维护股价的倾向。

举例来说。2017 年 1 月 12 日，华伍股份（300095.SZ）发布收购

---

① 发布日期为 2015 年 9 月。

公告，称上市公司与江苏环宇园林建设有限公司（下称"环宇园林"）的股东花再华、潘北河签署了股权转让协议，约定以3.75亿元收购环宇园林25%股权。

在收购公告发布之前，2016年12月24日，华伍股份发布控股股东、实控人减持公司股份计划的公告。该公告称，因个人资产或资金安排，聂景华将以大宗交易等方式于2016年12月28日至2017年6月27日期间减持不超过公司股份总股本的7%。

在收购公告发布之后，2017年1月18日，华伍股份发布了持股5%以上股东持股变动公告及控股股东、实际控制人减持股份公告。一方面，聂景华通过大宗交易方式减持1620万股，减持比例达4.28%；另一方面，其女儿聂璐璐受让了上市公司1020万股。

显然，聂璐璐受让的股份小于聂景华减持的股份，差额为600万股，而上述公告并未披露该600万股的受让方。值得投资者注意的是，收购公告显示，上市公司同时要求此次收购的交易对方在二级市场购入上市公司的股票。

具体为：花再华、潘北河承诺，在华伍股份支付完毕前两期股权转让款90日后的最后一日前，承诺方需购买华伍股份股票的金额不少于前两期股权转让款（税后所得）的总和，而第二期支付在标的股权完成工商变更登记后10个工作日内完成（2017年1月26日，环宇园林已完成工商变更登记手续）。另外，早在2016年12月8日华伍股份发布的关于签署股权收购框架协议的公告中早已披露了类似信息。

七、业绩承诺未完成

标的公司未完成业绩承诺必然是一种对上市公司中小股东的伤害，即使业绩承诺方给予了补偿。这是因为，标的公司的盈利前景很可能弱于预期,且上市公司存在商誉减值压力。这里我们姑且提一个增资而非并购的案例。

聚龙股份(300202.SZ)于2016年2月29日发布对外投资公告,称上市公司"拟使用1.25亿元对培高(北京)商业连锁有限公司(下称'培高商业')增资,公司持股占其增资后注册资本总额的26%"。换句话说,彼时的聚龙股份给培高商业以4.81亿元的估值。

那么,彼时的培高商业是个什么状况呢?根据公告,截至2015年底,培高商业的总资产、总负债分别为800万元、570万元,营业收入、净利润分别为8万元、-966万元。可见,这很可能还是一个处于初级阶段的公司,然而业绩承诺却不简单。

根据对外投资公告,原股东承诺,"自2016年1月1日起至2017年12月31日,培高商业的营业收入累计金额不低于300亿元、累计净利润不低于0元";然而根据2016年、2017年年报,培高商业的营业收入分别为36万元、3908万元,净利润分别为-2131万元、-2618万元。

可见,2016年、2017年两年,培高商业的累计营收尚不足4000万元、累计亏损超过4000万元,这与承诺的300亿元、0元相差极大。等到了2018年,培高商业的营业收入、净利润分别为3903万元、-9686万元,亏损进一步扩大。无论采用何种解释,上市公司似乎都难以完全撇清投资不够审慎的责任。

在2018年年报中,聚龙股份对培高商业的投资计提减值准备9020万元,计提减值准备后,该项投资账面价值4148万元。与此同时,上市公司还对培高商业的应收账款计提了6403万元的坏账损失。这两项资产减值损失是造成上市公司当期亏损的主要原因。

出于审慎的目的,在考虑上市公司估值时,我们更倾向于将聚龙股份对培高商业的长期股权投资的账面价值全部归零看待。若如此做，以2019年半年报数据（培高商业账面价值3310万元）为标准，上市公司净资产或缩水约2.01%。

八、业绩承诺完成的有效性：精准完成的秘密

何谓精准完成呢？比如某个标的公司的交易对方承诺2017—2019年分别完成净利润不低于1000万元、1500万元、2000万元，而实际情况为1012万元、1523万元、2002万元。每年实际完成净利润均仅略高于承诺金额，这就是精准完成。

如今，监管层越来越关注标的公司精准完成业绩承诺的情况。精准完成会让人产生一种担忧，即标的公司在承诺期内的业绩是否存在人为调控的情况，如提前确认收入或虚增利润、虚减成本，等等？一旦业绩承诺期过去，标的公司是否会立刻业绩变脸？这终究是损害了中小股东的利益。案例很多，这里不赘述。

此外，即使业绩承诺的完成并非精准模式，我们仍要对标的公司的财务数据多做分析，如并购前后的毛利率、期间费用率等变化情况，并判断这种变化是否符合行业特性或成长特性；此外，上市公司原有业务的一些指标尤其是期间费用率，也值得我们单独剥离出来密切关注。

顺利办（000606.SZ）原名青海明胶、神州易桥，其主要业务原本为明胶、硬胶囊、胶原蛋白肠衣的生产和销售。2016年，上市公司收购神州易桥（北京）财税科技有限公司（下称"易桥财税"）100%股权，即由传统医药制造业转变为"企业互联网服务业为主导，制造业为支撑"的双主业发展模式。

从主营业务角度来看，2011—2012年应该算是上市公司的一个分水岭，药品业务取得的收入从3亿多元陡降至不足千万元，而医药辅料

的业务仍持续展开；2016年又算是一个分水岭，上市公司拓展了企业互联网业务，并逐渐将其作为主营业务。表1-26是上市公司2012—2017年营业收入及期间费用的详细情况。

表1-26 2012—2017年顺利办营业收入及期间费用

单位：万元

年份	2012	2013	2014	2015	2016	2017
营业收入	31507	37640	35877	26890	41186	51593
销售费用	2299	1888	1801	1722	3184	15184
管理费用	4046	7594	4430	6465	6793	17253
财务费用	2540	2302	2270	1983	465	-341
期间费用合计	8885	11784	8501	10170	10442	32096

可见，顺利办在2012—2016年的期间费用基本在1亿元左右，然而在2017年飙升至3.21亿元，是上一年的3倍多。又加上营业收入增幅不明显，因此期间费用飙升的现象非常值得我们注意。

根据易桥财税审计报告，易桥财税2017年营业收入为2.82亿元，占上市公司互联网业务营业收入的88.74%；易桥财税的期间费用合计仅有5790万元。这或许意味着，上市公司原有业务在2017年的营业收入、期间费用分别有2.34亿元、2.63亿元。

那么问题来了，顺利办原有业务在2017年的期间费用是因何超过营业收入的呢？这让投资人不禁产生疑惑：这些费用究竟与易桥财税是否有关？若大部分有关，却又未计入易桥财税账上，上市公司是否在帮助易桥财税完成业绩承诺？[①]

九、业绩承诺完成的有效性：是否存在外援

此外，我们还应该考虑上市公司在标的业绩承诺期间是否对并购标

---

① 上市公司在后来的问询函回复公告中矢口否认。

财报背后的投资秘密："韭菜"的自我修养

的形成了某种"援助"，如增资、将募集资金交由标的公司使用并以募投项目盈利，等等。须知，增资是真金白银投入，很可能对标的公司的营运能力产生巨大的影响（至少也有利息收入吧）。

2017 年，世纪鼎利（300050.SZ）以 6.66 亿元的支付对价购买一芯智能科技股份有限公司（下称"一芯智能"），导致上市公司当期商誉新增 5.27 亿元。[①]

交易对方的业绩承诺为：2017—2019 年净利润分别不低于 5000 万元、6000 万元和 8000 万元。尽管一芯智能 2017 年、2018 年净利润分别为 5976 万元、6553 万元，完成了业绩承诺，但此前有自媒体指出，一芯智能 2017 年审计报告显示，其 2016 年、2017 年经营现金流分别为 93 万元、-924 万元，收益质量堪忧。

上述内容有很多人指出过，亦非本书要说的重点。我们注意到一个细节，世纪鼎利年报显示，一芯智能 2017 年、2018 年净资产分别为 1.6 亿元、3.27 亿元，增长了 1.67 亿元。然而，标的公司 2018 年净利润只有 6553 万元。净资产大幅增长是何原因呢？

答案在公告里。2018 年 2 月 13 日，世纪鼎利发布增资公告称，"为增强全资子公司一芯智能的运营实力，提升市场竞争力，公司拟以自有资金对一芯智能增资人民币 1 亿元，增资后一芯智能注册资本从人民币 5000 万元增加至 1.5 亿元"。即使仅将增资用于购买理财产品，亦可为标的公司带来数百万元收入。

除增资的笼统考虑外，如果增资用途有明细披露，我们还可以查看增资后的实际应用情况。还是以世纪鼎利为例：2014 年，世纪鼎利以 6.25 亿元的支付对价购买上海智翔信息科技股份有限公司（下称"上

[①] 截至 2019 年三季度，世纪鼎利商誉金额是净资产金额的 41.68%，这个比例让人有点"恐高"。

海智翔"),导致上市公司当期商誉增加3.16亿元。

2015年10月23日,世纪鼎利发布增资公告,称:"对全资子公司上海智翔增资人民币2.13亿元,用于鼎利职业教育学院的建设及运营工作,构建以鼎利学院为基础的职业教育生态圈。"那么,这2.13亿元怎么花的呢?

增资公告预计:"2015年投资总额为1.03亿元,主要用于对原有2所鼎利学院扩大投资、新设1所鼎利学院和1所政府就业型基地,其中,基础建设预计投入6000万元(其中,2000万元投资延续到2016年)、仿真实训设备预计投入3500万元、铺底流动资金投入800万元;2016年投资总额为1.1亿元,主要用于5所鼎利学院建设及运营,其中,基础建设预计投入6000万元、仿真实训设备预计投入4000万元、铺底流动资金预计投入1000万元。"

实际情况如何?让我们看看固定资产:根据世纪鼎利年报,2015年、2016年固定资产的增加额分别为1818万元、2221万元。这些增量合计也只有4039万元,连仿真实训设备预计合计投入金额7500万元的六成都没有。

再往后看,根据世纪鼎利年报,2017年、2018年固定资产的增加额(去除企业合并影响、投资性房地产等其他转入)分别为1250万元、314万元。合计金额1564万元,也就比仿真实训设备预计合计投入金额的两成多一点。

那么问题来了,增资的2.13亿元到底怎么花的?

十、处置并购(买而又卖)

最后,我们还要关注上市公司对并购资产的后续处置方式是否符合中小股东利益。如通过世纪鼎利2018年报表,我们观察到一个现象:

财报背后的投资秘密:"韭菜"的自我修养

"在建工程"中的"南通基地工程项目"(2017年工程进度98%)当期其他减少金额为1.47亿元。

检索年报后我们发现,世纪鼎利"在建工程期末数较年初数减少1.44亿元,下降97.36%,主要系报告期出售孙公司南通智翔影响所致",同样地有"无形资产期末数较年初数减少6537万元,下降45.61%,主要系报告期出售孙公司南通智翔影响所致"。

这也就意味着,世纪鼎利出售孙公司南通智翔的这一行为使上市公司"在建工程"中的"南通基地工程项目"以及无形资产中的"土地使用权"分别减少了1.47亿元、3846万元。尽管交易对价只有6920万元,但这样一场交易却没有单独的公告披露简易财务数据,仍让投资者心生疑惑。

这笔生意赚钱了吗?年报仅透露:"处置价款与处置投资对应的合并财务报表层面享有该子公司净资产份额的差为 –892万元"。这是否意味着,上市公司花三年多工夫卖力好不容易把工程项目建得差不多了,这工程和土地使用权却是折价出手?

出售的理由又是什么呢?年报称:"由于其经营业绩不佳,持续亏损,导致项目的投资回报未达预期,为优化公司资产结构,提高公司整体经营实力和竞争力,决定将其作价转让。"那么,南通智翔经营业绩怎么个不佳法呢?

在购买上海智翔的公告中,世纪鼎利披露南通智翔指的是"南通智翔信息科技有限公司",系上海智翔之全资子公司。截至评估基准日2014年5月31日,其账面价值为7500万元,评估值为8332万元。

也就是说,过了近四年时间[①],南通智翔亏损金额也才520万元

---

① 据2017年年报披露,世纪鼎利于2018年2月14日签订《股权转让协议书》,卖出南通智翔。

（8332－6920－892＝520）。更何况该工程 2017 年进度为 98%，还未全部投入使用。

既然上市公司已经是折价卖资产了，那么买资产的交易方付款是不是应该痛快些呢？实际情况却为：2019 年半年报显示，"根据原协议约定，应玉绳应将股权转让款 6920 万元分三期于 2018 年 12 月 31 日前支付给上海智翔"；但是截至本报告期末，应玉绳仅"向上海智翔支付第一期股权转让款 3520 万元。"

原来，"2018 年 12 月 30 日，上海智翔与应玉绳、胡美珍及南通智翔签署了《股权转让协议书之补充协议》，双方同意将第二期股权转让款 1700 万元支付时间在原定日期基础上延长 12 个月，最迟不超过 18 个月，即应玉绳最迟应在 2020 年 6 月 30 日前向上海智翔支付；第三期股权转让款 1700 万元支付时间在原定日期基础上延长 12 个月，即应玉绳最迟应在 2020 年 12 月 31 日前向上海智翔支付。"

更有意思的是，上市公司 2018 年年报还显示，"长期应收款期末数较年初数增加 1.33 亿元，增长 126.50%，主要系出售孙公司南通智翔应收的股权转让款及原内部往来款划转所致"。这也意味着，原孙公司南通智翔本身还欠着上市公司近 1 亿元，竟也成了长期应收款。

第十二节

其他非流动资产：容易被忽略的科目

我们尚未提到的其他资产项还有"其他流动资产"与"其他非流动资产"两类。前者一般为理财产品、结构性存款、增值税留抵税额、待抵扣进项税、待摊费用等；后者一般为长期待摊费用、长期预付款、长期应收款等。

关于理财产品等，舞弊案例较少，笔者推荐大家看两篇文章，一篇是叶银华、马军生所写的《台湾博达财务舞弊案剖析》，另一篇是林小驰在微信公众号发表的《一张图带你看懂九好财务舞弊过程》。本书中，我们只谈长期应收款与长期预付款。

一、长期应收款

部分上市公司可能有长期应收款。长期应收款是指企业融资租赁产生的应收款项和采用递延方式分期收款、实质上具有融资性质的销售商品和提供劳务等经营活动产生的应收款项。事实上，长期应收款单独为一个科目，但我们放在本章讲解它。

以万达信息（300168.SZ）为例：2015—2018 年，上市公司长期应收款金额分别为 8681 万元、5.55 亿元、6.06 亿元、8.22 亿元，占总资产的比例分别为 1.71%、9.20%、7.58%、10.51%。我们能通过公告了解公司长期应收款的部分构成。

2017 年 3 月 24 日，万达信息指定全资子公司四川浩特通信有限公司（下称"四川浩特""乙方"）作为项目公司，与雅安市公安局、雅安市经济和信息化委员会（二者合称"甲方"）签订了《雅安智慧公共安全系统政府与社会资本合作采购项目合同》，合作期限为 11 年，其中建设期 1 年，运营服务期 10 年。

具体合同金额为：基准运营期服务费总金额为 4.5 亿元；其中，可用性服务费（主要包括项目建设总投资、融资成本、税费及必要的合理回报）为 2.80 亿元，运营绩效服务费（主要包括项目范围内的运营维养成本、税费及必要的合理回报）为 1.69 亿元。

具体支付方法为：可用性服务费自项目竣工验收通过之日起，由甲方指定的雅安市公安局向乙方每月支付一次，金额为 234 万元；运营绩效服务费自项目竣工验收通过之日起，由雅安市公安局向乙方每月支付一次，金额为 141 万元。雅安市公安局应在每个月度结束后 5 个工作日内完成审核并支付该月度服务费。

另外，上市公司于 2017 年 12 月 15 日发布公开发行可转债募集说明书。可转债说明书介绍称，预计该项目将于 2018 年 1 月完成现场施工，并申请预验、初验，春节期间进入试运行阶段。

我们浏览万达信息 2017 年年报后发现，尽管雅安市公安局要在 2018 年才开始按月分期支付款项，但雅安市公安局已成为万达信息 2017 年第一大客户，当期销售额达 2.16 亿元，占年度销售总额的比例为 8.95%。

这是因为四川浩特建设施工环节的会计处理方式为：在工程完工前即确认合同的收入与成本。这就是上市公司长期应收款大幅增长的原因。当然，无论该收入确认方式是否合理，作为投资者，我们只需要知道上市公司现金流量表没有利润表好看就够了。

二、长期预付款

部分上市公司还会有长期预付款。与预付款不同的是，长期预付款的前五大对手方名单甚至前五名金额往往不披露，这就更加重了信息的不透明度，因此我们会格外关注大金额的这类款项。无论是长期应收款还是长期预付款，都会影响上市公司的现金流，这点需要我们注意。

第十三节

负债与所有者权益：负债有息与否很重要

上市公司通常不会选择负债科目造假，笔者认为主要原因为负债虚减的金额有限，不如虚增资产的行为更具有久续性。不过，我们也不能排除某些上市公司存在故意夸大预收款[①]，误导投资者认为其业绩优秀等行为。

除此之外，负债还有很多有趣的地方，如部分上市公司可能故意夸大除预收款之外的某些负债科目，以达到隐藏利润或调节利润的目的。忽视负债甚至所有者权益也可能对我们的投资有较大影响。本节，我们将对负债与所有者权益的一些要点做一个合并说明。

一、有息负债

有息负债，是指企业须偿还利息的负债，一般包括短期借款、一年内到期的非流动负债、长期借款、应付债券等科目，部分还会包括有息的应付票据等。通常来讲，我们将有息负债与上市公司总资产或货币资金做比较，以考察上市公司的偿债能力。

---

① 往往也导致现金流入并对应货币资金余额较高。

财报背后的投资秘密："韭菜"的自我修养

（一）泰禾集团：高有息负债易引发资金链危机

泰禾集团（000732.SZ）2016年、2017年、2018年上半年有息负债（指短期借款、长期借款与应付债券。下同）合计分别为753.26亿元、1354.94亿元、1470.18亿元，占当期总资产的比例分别为61.06%、65.64%、62.41%。

若我们拿万科A（000002.SZ）等大地产公司或非民企上市公司来对比泰禾集团，那可能有些说不过去。因此，我们在接下来的分析中，将以荣盛发展（002146.SZ）、华夏幸福（600340.SH）、新城控股（601155.SH）等三家上市公司作为泰禾集团的可比同行。

先看荣盛发展的情况：2016年、2017年、2018年上半年，荣盛发展的有息负债合计分别为509.18亿元、598.9亿元、599.47亿元，占当期总资产的比例分别为34.94%、31.24%、29.19%。

再看华夏幸福的情况：2016年、2017年、2018年上半年，华夏幸福的有息负债合计分别为686.16亿元、1016.36亿元、1086.75亿元，占当期总资产的比例分别为27.46%、27.04%、28.07%。

最后看新城控股的情况：2016年、2017年、2018年上半年，新城控股的有息负债合计分别为231.02亿元、394.69亿元、565.39亿元，占当期总资产的比例分别为22.39%、21.51%、22.96%。

由此可见，可比同行业三家上市公司的有息负债占总资产的比例在2年及一期内，均保持在20%~35%，而泰禾集团超过60%的比例无疑超出同行颇多。有息负债过高也导致泰禾集团财务费用占营业收入的比例较高。

如在2016年、2017年，泰禾集团财务费用占营业收入的比例分别为1.80%、2.91%，荣盛发展同期数据分别为0.21%、0.57%，华夏幸福分别为1.05%、1.64%，新城控股则分别为0.97%、1.10%。很明显，过高的财务费用会侵蚀上市公司较多利润，也就较易引发资金链危机。

（二）长江电力："肉烂在锅里"

长江电力（600900.SH）因较高的股利支付率，为投资者所津津乐道。如2015—2017年，上市公司股利支付率分别为76.39%、64.54%、67.20%，可在A股分别排名前200名、前300名、前300名。不过，高分红率可能对实控人更为有利。

以2018年为例，当期上市公司净利润为226.44亿元，经营现金流为397.37亿元。造成二者间较大差异的主要原因有两个，一个是固定资产折旧为122.1亿元，另一个是财务费用为59.29亿元。可见，财务费用吞噬了上市公司相当一部分利润。

造成财务费用较高的直接原因是上市公司较高的带息债务：根据Wind数据，长江电力2016—2018年带息债务分别为928.27亿元、981.76亿元、887.56亿元，这也导致上市公司当期利息支出分别为65.92亿元、61.41亿元、59.22亿元。

利息支出主要流向了哪里？在财报的"其他关联交易"中，长江电力披露，2016—2018年，上市公司向关联方收取利息分别为5505万元、4252万元、4328万元；向关联方支付利息分别为60亿元、46.44亿元、42.1亿元，占当期利息支出的比例分别为77.36%、75.62%、71.09%。

关联方中就有上市公司的控股股东"中国长江三峡集团有限公司"，2017年、2018年在关联方支付利息中占比超过90%。由此来看，高分红以及间接相关的较高的带息债务可能对关联方更为有利。毕竟，净利润与财务费用存在"此消彼长"的关系。

若以2017年、2018年年报决议的分派现金股利149.6亿元方案来看，假使上市公司并不分红，那么理论上，长江电力的带息债务可能在 6 年内归零，净利润也将至少增长 25 个百分点。当然，如果上市公司不分红却不是为了清偿带息债务，那还不如分红好。

二、预收款

笔者比较喜欢预收款较高（与营业收入相比）的上市公司，这往往意味着公司在行业内有较强势的地位，这也对公司现金流有益处。不过，我们也会结合上市公司所处行业仔细分析：较高的预收账款是否有其合理性？

以丸美股份（603983.SH）为例。在招股说明书中，丸美股份将上海家化（600315.SH）、拉芳家化（603630.SH）、珀莱雅（603605.SH）视作同行业可比公司[①]。表 1-27 是粗略计算的四家上市公司 2018 年的预收账款周转天数情况。

表 1-27　2018 年四家公司预收账款及周转天数

企业	上海家化	拉芳家化	珀莱雅	丸美股份
全年营业收入（亿元）	71.38	9.64	23.61	15.76
期初预收款金额（万元）	8506	3770	7692	20525
期末预收款金额（万元）	8725	6630	7959	18439
预收款周转天数（天）	4	20	12	45

由表 1-27 可知，丸美股份的预收款周转天数明显高于同行业上市公司，这可能意味着它相对于经销商是比较强势的（2015 年甚至高达 88 天）。那么进一步的问题来了，丸美股份对哪些经销商更强势呢？在招股说明书中，丸美股份披露了预收账款前五名信息，笔者统计计算如表 1-28 所示。

---

① 珀莱雅可能更具备可比性。

表 1-28　2017—2018 年丸美股份预收账款前五名（部分公司）

2018 年预收款方	期末余额（万元）	期初余额（万元）	销售金额（万元）	周转天数（天）
北京美妮美雅商贸有限公司	2292	2273	31148	27
河南丽莱化妆品有限公司	1328	1149	5369	84
石家庄博凯商贸有限公司	1274	1018	4278	98
云南愉美悦心贸易有限公司	865	971	<2339	>143
2017 年预收款方	期末余额（万元）	期初余额（万元）	销售金额（万元）	周转天数（天）
北京美妮美雅商贸有限公司	2273	1127	21949	28
武汉伊势丹化妆品有限公司	1812	2780	4971	169
郑州宏之达化妆品有限公司	1149	2013	6058	95
石家庄博凯商贸有限公司	1018	1149	3946	100

依照笔者有限的理解能力而言，国内化妆品企业的预收期为 27 天甚至 45 天尚可接受，但经销商为何会接受超过 100 天的预收期？须知，与丸美股份产品定位高度契合的主要目标客户是二、三线城市的"70后""80后"女性，产品亦非稀缺品、长周期定制品，较长的预收账期就显得有些"魔幻"了。

三、应付职工薪酬

职工薪酬主要分为五大类：生产人员薪酬计入生产成本中的人力成本，车间人员薪酬计入生产成本中的制造费用，研发人员薪酬计入研发费用中的人工薪酬，销售人员薪酬计入销售费用中的人工薪酬，行政、财务等人员薪酬计入管理费用中的人工薪酬。

尽管有些上市公司人均薪酬较同行过低看起来是可疑的，但我们不仅要考虑地域差异，还要将人均薪酬与上市公司实际经营所在地的当地最低工资去对比。另外，我们还可以通过"应付职工薪酬"科目的期初期末余额与当期增加金额来推算应付职工薪酬账期。

（一）应付职工薪酬账期

根据南通三建（838583.OC）公开转让说明书，其将龙元建设（600491.SH）以及中国建筑（601668.SH）、宁波建工（601789.SH）、上海建工（600170.SH）、四川路桥（600039.SH）等上市公司作为可比同行。

据财报，龙元建设的人均薪酬颇高，2017年为101万元，而4家同行上市公司最高者为上海建工的25万元，仅新三板挂牌公司南通三建与之相差无几，为108万元。但是，龙元建设应付职工薪酬的账期也最长。表1-29为6家公司2017年应付短期薪酬的详细情况。

表1-29 2017年六家公司应付短期薪酬

单位：亿元

企业	龙元建设	中国建筑	上海建工	四川路桥	宁波建工	南通三建
期初余额	44.18	68.93	4.08	2.36	0.33	9.93
本期增加	47.48	496.46	76.83	14.28	4.33	41.23
本期减少	43.64	490.6	76.27	13.55	4.22	38.48
期末余额	48.02	74.79	4.64	3.08	0.44	12.69

根据表1-29中的数据来计算，龙元建设等6家公司（按表1-29中排列顺序）的应付短期薪酬账期分别为11.7个月、1.7个月、0.7个月、2.3个月、1.1个月、3.3个月。很明显，龙元建设远超同行。[①] 这是为什么呢？

具体原因我们并不清楚。但针对部分上市公司应付职工薪酬账期明显较同行长的情况，有一种观点认为，此举或为上市公司平滑业绩或在未来释放业绩的一种手段，也就是将部分利润隐藏在应付职工薪酬中，

---

① 2018年数据显示,龙元建设应付职工薪酬账期增加至15.3个月。

并在有需要的时候释放出来。

(二)"护城河"与人均创收、人均薪酬

人均创收与人均薪酬是很值得关注的事项。一般而言,人均创收超出可比同行过多,要么是上市公司有较深的"护城河",要么是大量使用派遣工,使员工人数"大减"或收入有水分。而人均创收与人均薪酬过低,明显低于可比同行,又往往意味着上市公司"护城河"较浅,竞争力不足。

香山股份(002870.SZ)这样描述自己:"上市公司作为全球最大的家用衡器生产企业之一,从公司前身发展至今,在行业深耕数十年;据中国衡器协会统计,公司家用衡器产品的销售量、销售额及出口创汇额连续11年在国内同行业企业中保持第一,主营业务成熟稳定。"

衡器这个名字听起来"高大上",但它到底是个啥呢?根据香山股份2017年年报:上市公司主要产品包括人体健康秤、脂肪秤、厨房秤等家用健康产品,电子台(案)秤、计重计数秤、收银秤、追溯台(案)秤、弹簧度盘秤等商用称重产品,以及智能体脂秤、智能食品营养秤、智能手环(表)、智能婴儿秤、智能杯垫等智能测量产品。

从毛利率来看,智能测量产品毛利率较高,为31.86%;家用健康产品次之,为31.47%;商用称重产品最低,仅为24.78%。但是所谓的智能测量产品在营业收入的占比仅从2016年的4.27%增长至2017年的6.51%,且上市公司募集资金的主要去向也并非该类产品。

招股书显示,香山股份的家用衡器及健康智能测量产品项目计划投资2.45亿元。项目达产后,新增家用衡器及健康智能测量类产品1320万台/年,其中,电子健康秤550万台、电子厨房秤440万台、口袋秤66万台、行李秤66万台、其他健康智能测量类产品198万台。

而另一大项目,即商用衡器项目,上市公司计划投资2.06亿元。项

目达产后，新增中高端商用衡器产品193.1万台/年，其中，计价/重/数秤150万台、电子台秤24万台、称重仪表12万台、收银打印秤1.2万台、价格标签秤0.6万台、溯源收银秤5万台、溯源电子台秤0.3万台。

事实上，我们可以通过"员工人均创收"及"员工人均薪酬"来衡量上市公司的竞争力。表1-30为申万仪器仪表类的30家上市公司2016年的人均创收，以及人均短期薪酬中工资、奖金、津贴和补贴的详细情况。

表1-30　2016年仪器仪表类30家上市公司的人均创收和人均工资

单位：元

证券代码	证券简称	人均创收	人均工资	证券代码	证券简称	人均创收	人均工资
000901.SZ	航天科技	965,226	157,654	300341.SZ	麦迪电气	409,097	84,675
002338.SZ	奥普光电	282,294	75,408	300349.SZ	金卡智能	570,262	68,500
002658.SZ	雪迪龙	718,588	81,467	300354.SZ	东华测试	263,833	79,411
002819.SZ	东方中科	2,386,723	108,173	300371.SZ	汇中股份	563,751	89,119
002849.SZ	威星智能	622,911	67,676	300416.SZ	苏试试验	616,955	93,801
002857.SZ	三晖电气	395,276	61,679	300417.SZ	南华仪器	481,423	68,384
002870.SZ	香山股份	291,146	56,926	300445.SZ	康斯特	667,055	237,736
300007.SZ	汉威科技	634,796	91,719	300515.SZ	三德科技	475,645	91,579
300066.SZ	三川智慧	552,563	79,309	300553.SZ	集智股份	753,011	100,816
300112.SZ	万讯自控	600,989	106,563	300557.SZ	理工光科	780,825	91,635
300114.SZ	中航电测	379,476	60,493	300567.SZ	精测电子	686,779	140,465
300165.SZ	天瑞仪器	412,261	81,575	300572.SZ	安车检测	482,824	81,145
300259.SZ	新天科技	386,513	36,318	300648.SZ	星云股份	336,221	74,126
300306.SZ	远方信息	475,003	128,037	300720.SZ	海川智能	313,454	60,142
300338.SZ	开元股份	402,034	77,102	603556.SH	海兴电力	1,758,738	215,008

通过上述数据的排序可知，香山股份人均创收位列倒数第三、人均薪酬位列倒数第二，两项排名都不算高。由此，我们很难对香山股份的"护城河"产生足够的信心。

四、长期应付款

如果投资者细心观察大商股份（600694.SH）资产负债表中的长期应付款，就会发现这也是一笔有趣的款项。根据上市公司年报介绍，"长期应付款中的应付租赁费为公司租赁物业按直线法计入当期损益的租金与按合同支付租金的差额"，见表1-31。

表1-31 2008—2017年大商股份长期应付款中的应付租赁费

单位：亿元

年份	2008	2009	2010	2011	2012
长期应付款中的经营租赁费	0.82	1.67	2.53	3.61	4.29
年份	2013	2014	2015	2016	2017
长期应付款中的经营租赁费	5.26	6.08	6.8	7.85	7.76

那么，这个所谓的经营租赁费到底是什么呢？用通俗点的话说，就是上市公司把未来上涨的租金费用平摊到现在缴纳了，也就是说上市公司提前计入了将近8亿元的未来成本。或许，我们可以把这部分费用视作"甜蜜罐"。

五、应付账款与净营业周期

应收账款周转天数或存货周转天数大幅增长了，是否一定说明上市公司易陷入经营困境？这不见得，因为以经营现金流角度看上市公司，现金的流入流出不仅与应收账款、存货相关，还与应付账款等科目有关。

这里我们介绍一个简易指标，名为"净营业周期"，计算公式为：

净营业周期 = 存货周转天数 + 应收账款周转天数 - 应付账款周转天数

该数值越低，往往越说明上市公司善于利用供应商的资金为自身谋利。

不过我们认为，这种判断方法更加适用于低毛利率公司（尤其是低于20%），因为应付账款、存货的周转天数与营业成本有关，而应收账款周转天数与营业收入有关。若毛利率过高，则会影响三者周转天数的可比性。

六、销售返利：以格力电器为例

关于格力电器（000651.SZ）的话题讨论，若打印出来用牛搬运，不知要累死多少头。在诸多话题中，"销售返利"（被放在其他流动负债中）是被讨论最多的，有称之为"核按钮"的，还有称之为"销售艺术"的，等等。那么，销售返利究竟是什么呢？

（一）占款：经销商与供应商

讨论之前，我先举个例子。比如某天我到楼下正准备吃早点，突然发现之前常吃的3元一个的包子改变销价了，改为"一个包子4元钱，但每吃一个包子盖个章，集满三个章可兑换一个包子"。后来我发现，原来摊主换老板娘了。

实质上，无论在改变前还是改变后，每吃四个包子都是12元钱，这对于小区内常在该摊位吃早点的人来说变化不大。尽管这种销售在本质上还是一种"朝四暮三"变更为"朝三暮四"的把戏，但对于顾客而言，变更后的摊主在给第四个包子之前实质上占用了顾客1~3元钱。

当然，这种"占款"甚至要比预收款更能发挥优势，因为它有些类似于"合同负债"，即客户或经销商需要在接下来的采购环节中满足一定条件才可以行使"销售返利"的权利，客户或经销商无法仅随着时间的流逝即可获得商品。这种"黏性"可能会"套住"部分经销商，使其无法轻易改变经销品类。

回到上市公司的话题。我们在描述企业营运能力时，通常有一个指标,叫"净营业周期",这与公司的存货、应收款、应付款有关。不过,仅以"占款"的角度来看,我们不需要看存货,反而要把预收款、预付款这两项同时考虑进来。

我们将上市公司应付账款与预付账款之差视为对供应商的"占款",而把预收账款同应收账款之差与销售返利求和视为对经销商的"占款"。以此计算,就绘制出了格力电器 2007 年到 2019 年[1]第三季度的"占款"图,见图 1-9。

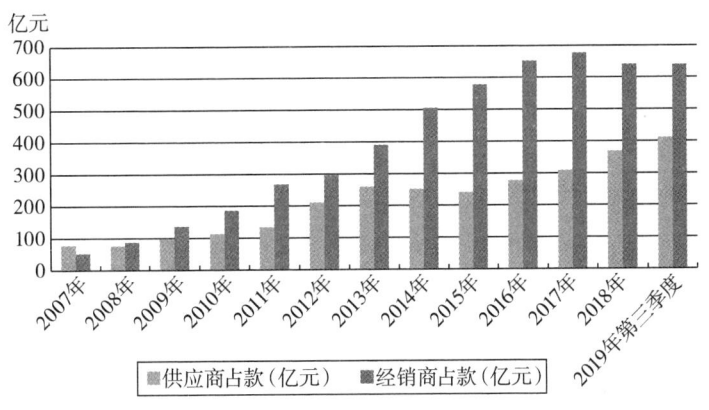

图 1-9 2007 年至 2019 年第三季度格力电器"占款"情况

可见,在 2007 年刚有销售返利时,格力电器对供应商的"占款"是要多于经销商的,此后 2008 年形势发生转变,直至 2019 年第三季度[2]。

或许从侧面我们也可以看得出来,经销商的日子可能不太好过。如《证券市场周刊》的袁京力先生在《格力电器的业绩隐忧:经销商大举进行的空调抵押借款》[3] 一文中就曾指出:"举报奥克斯空调或许是行

---

[1] 2007 年起适用现行会计准则,负债项才开始有销售返利。
[2] 2019 年第三季度其他流动负债为 623.90 亿元,我们假定销售返利金额为 608.90 亿元。
[3] 公开发布于 2019 年 6 月。

业竞争激烈化的外在表现，而格力电器部分下游客户这两年大举以格力空调作抵押与银行签订借款合同，则在一定程度上反映其经销商库存不低，一旦经销商库存逆转将对格力电器未来业绩造成重大冲击。"

接下来我们合并考虑。以下是格力电器对供应商与经销商的合计"占款"与营业收入的情况，以及二者的比值和各年度"占款"总金额的增速。可见，格力电器对供应商及经销商的"占款"总金额自2014年起有明显放缓迹象。

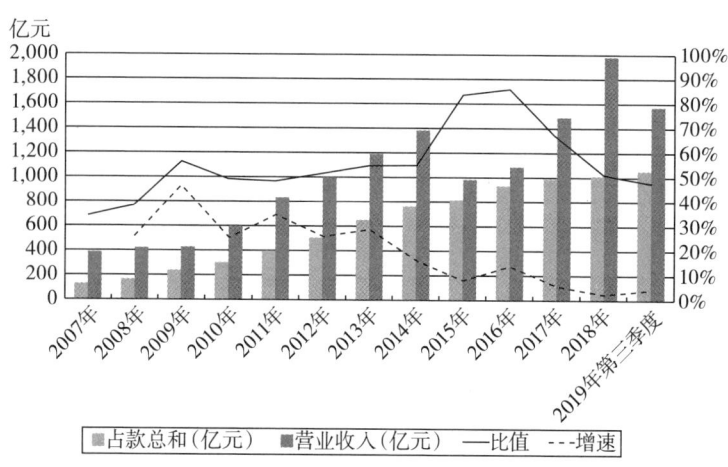

图1–10 2007年至2019年第三季度格力电器"占款"总和与营业收入

那么，"占款"到底意味着什么呢？我们认为，"占款"与现金流有关。上市公司对供应商与经销商"占款"的多寡不仅是自身地位强势与否的显现，更是自身现金流是否持续改善的明证。难道格力就没办法加大"占款"了吗？

（二）票据：2019年之变

非也。就连普通人都知道毛不能可着一只羊薅，上市公司自然也是如此。实际上，可能在近三年，也就是2017—2019年，变化就已经开始发生了。之所以上述两幅图没有给我们这样的印象，是因为我们考虑

"占款"时忽视了票据。

票据按照资产端与负债端分为应收票据与应付票据两类。根据2019年中报,格力电器将管理业务模式为收取合同现金流及出售转让兼有的应收票据划分为"以公允价值计量且其变动计入其他综合收益的金融资产"。即,应收款项融资为以前的应收票据。

先说应收票据。有时应收票据可以视作客户对上市公司的一种"占款",但这对于格力电器而言并不一定适用。根据格力电器历年年报披露的应收票据相关内容及经营现金流与主营业务收入、成本之间的差别,我们可以推断,大部分应收票据被用于背书转让。

如所周知,票据到期收取或贴现会产生现金流入,收到的钱再去支付货款又会产生现金流出;但背书转让则既不产生现金流入也不产生现金流出。而格力电器的经营现金流常年明显小于其利润表的收入和支出,这可能与其大量背书转让有关。因此,我们更倾向于将格力电器收到的大部分应收票据大致视同于库存现金,而非经销商对其的"占款"。

至于应付票据。无论供应商是选择到期收取现金,还是背书转让或贴息,都会导致上市公司最终的现金流出。但票据有6个月的兑付期限(电子票据的兑付期限为12个月),上市公司实质上还是对供应商等上游有6~12个月的占款期(尤其现在电子票据越来越流行)。

现在,我们将格力电器应付票据同应付账款之和与预付账款之差视为对供应商层级的"占款",而把预收账款同应收账款之差与销售返利求和视为对经销商层级的"占款"。图1-9和图1-10就更改为如下样子,见图1-11、图1-12。

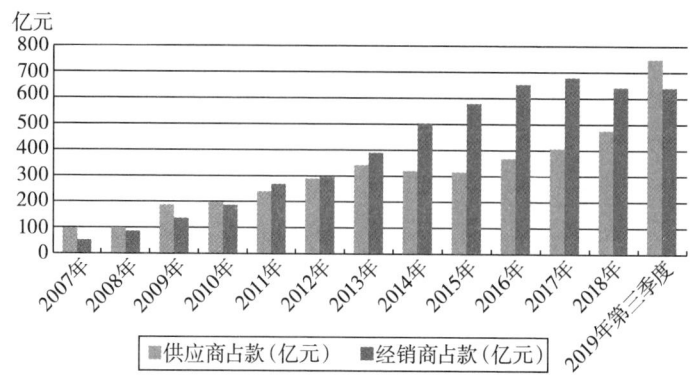

图1-11　2007年至2019年第三季度格力电器"占款"情况（考虑票据因素）

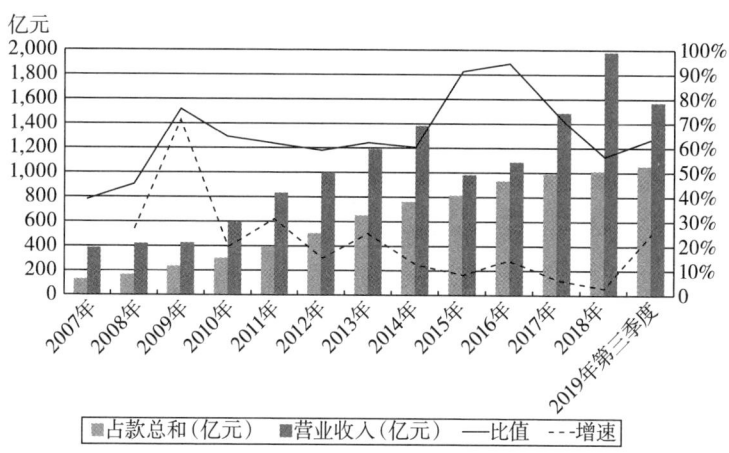

图1-12　2007年至2019年第三季度格力电器"占款"总和与营业收入（考虑票据因素）

可见，实际上2007—2010年，格力电器对供应商的"占款"多于经销商；后者超越前者是2011年才有的事，并于2013年开始发力、2018年衰减。而后，格力电器对供应商的"占款"又于2016年发力，极盛于2019年（至少三季度）并终于再度超过经销商。至此，"占款"增速也终于重回2013年的水平。或许，又轮到格力电器的供应商来多吃苦了。

总结：笔者认为，销售返利就是一种另类的"占款"（效果甚至好于应付款或预收款）。它与其他科目的配合可能使上市公司对于经销商与供应商的"占款"呈现交替性。而在一些人眼中，这样的预计负债可能还会给他们"上市公司多计提销售返利"[1]等"隐藏利润"的"幻想"。

七、净负债率与少数股东权益占比

房地产企业比较重要的两个指标是"净负债率"与"少数股东权益占比"。

净负债率 =（有息负债 - 货币资金）/净资产

少数股东权益占比 = 少数股东权益/所有者权益

亿翰智库于 2018 年 5 月推出了上市房企净负债率 TOP 100 名单。该智库选取了在中国香港和内地上市且业务集中分布在中国内地的 105 家地产公司进行筛选和排序。根据该名单：2017 年，上市房企整体平均净负债率达到 79.43%，中位值为 57.23%。

该名单并无融信中国（3301. HK）。不过，我们类似地采用该计算公式可计算得出融信中国的净负债率为 159.09%，该数值介于名单中房地产企业第 9 ~ 10 名之间。

另外，2017 年，融信中国少数股东权益为 205.37 亿元，所有者权益合计为 307.61 亿元，由此可计算出少数股东权益占所有者权益的比例为 66.76%，在港股地产发展商中排名第一；而第二名至第四名分别为招商局置地（0978. HK）、中国奥园（3883. HK）、中国恒大（3333. HK），比例分别为 65.94%、62.56%、52.61%。

以下是港股与 A 股地产开发公司在 2017 年这一比例的均值与中位

---

[1] 不考虑可能存在的"对不再有业务往来的客户的销售返利不予冲销"等情况。

数统计数据：140家港股地产发展商的平均值为14.07%，中位数为6.33%；119家A股地产开发上市公司的平均值为12.51%，中位数为8.55%；最高值为华发股份（600325.SH）的50.31%，亦低于融信中国。

可见，即使融信中国已经将"通过并表少数股东权益增加总权益来降低净负债率"这一方法用到比较极致的地步了，但净负债率仍位于较高水平，这或许意味着融信中国已经将融资方式用到很高的程度。

第二章
利润表

第一节

营业收入：来自"客户"的破绽

很多人都熟悉收入确认的原则：企业应当在履行了合同中的履约义务，即在客户取得相关商品控制权时确认收入；取得相关商品控制权，是指能够主导该商品的使用并从中获得几乎全部的经济利益，也包括有能力阻止其他方主导该商品的使用并从中获得经济利益。

上市公司年报描述的收入确认方法可能更通俗易懂，如："公司已将商品所有权上的主要风险和报酬转移给购货方；公司既没有保留通常与所有权相联系的继续管理权，也没有对已售出的商品实施控制；与交易相关的经济利益能够流入公司；相关的收入和成本能够可靠地计量。"

一、营业收入与现金流的巨大差异

在看商超百货、电子商务平台、供应链企业等上市公司利润表时，我们应该考虑公司确认收入究竟是采用总额法还是净额法[①]，以确定同行间营业收入的可比性。

---

① 可能会严重影响毛利率、期间费用率等盈利指标。

按照会计准则，企业应当根据其在向客户转让商品前是否拥有对该商品的控制权，来判断其从事交易时的身份是主要责任人还是代理人。

企业在向客户转让商品前能够控制该商品的，该企业为主要责任人，应当按照已收或应收对价从而确认收入；否则，该企业为代理人，应当按照预期有权收取的租金或手续费的金额确认收入，该金额应当按照已收或应收对价总额扣除应支付给其他相关方的价款后的净额，或者按照既定的佣金金额或比例等确定。

有时，我们会发现上市公司现金流量表中"经营活动产生的现金流入"与营业收入存在巨大差异。若前者持续地大幅超过后者，那可能与上市公司采取净额法确认收入有关；若前者持续地小于后者且与应收预收类款项无关，那我们要考虑上市公司是否存在"票据背书""以物易物"等现象。

（一）合众思壮：总额法变更为净额法

合众思壮（002383.SZ）2014—2018年营业收入分别为4.9亿元、7.57亿元、11.7亿元、22.88亿元、23亿元；现金流量表中销售商品、提供劳务收到的现金分别为6.04亿元、7.09亿元、10.09亿元、19.32亿元、58.52亿元。2018年，后者明显超过前者。

先看应收预收类款项：2018年应收账款减少1.77亿元、预收款增加8.16亿元。显然，2018年营业收入与现金流入有巨大差异，无法用应收预收类款项解释。我们又看了2018年中报数据，收入、销售商品或提供劳务收到的现金分别为24.08亿元、22.71亿元。

因此，我们就会怀疑合众思壮是将收入确认方式从总额法变更为净额法，而上市公司2018年年报内容也证实了这一点。"通导一体化业务自2018年起按照净额法核算收入成本，即收入＝不含税销售额－硬件采购成本，通导一体化业务2018年不含税销售额为22.58亿元，按照净额法确认收入为 2.31 亿元。"

(二) 洛阳玻璃：票据背书转让

洛阳玻璃 (600876.SH) 2016—2018 年营业收入分别为 3.92 亿元、3.67 亿元、14.03 亿元；现金流量表中销售商品、提供劳务收到的现金分别为 1.37 亿元、1.81 亿元、9.61 亿元。这三年，前者均明显超过后者。

先看应收预收类款项：应收账款 2016—2018 年分别增长 0.3 亿元、0.03 亿元、3.87 亿元；预收款则分别增长 -0.06 亿元、-0.03 亿元、-0.11 亿元。显然，上市公司 2016—2017 年营业收入与现金流入有差异，并非完全由应收预收类款项导致。

因此我们会考虑上市公司是否存在"票据背书转让"情况。根据财报，洛阳玻璃 2016 年、2017 年用于背书或贴现的银行承兑汇票分别为 2.18 亿元、1.1 亿元，可见差异很可能也有"票据背书转让"的贡献。

(三) 润邦股份：以物易物

在浏览润邦股份 (002483.SZ) 前五大客户与供应商时，我们发现公司自上市以来就与关联方 Cargotec 公司（下称"卡哥特科公司"）有极高金额的贸易往来。如在招股说明书中，润邦股份就披露上市公司 2009 年对卡哥特科公司的销售收入占当期总营业收入的 93.55%。

Cargotec 公司，是指芬兰卡哥特科集团，系芬兰赫尔辛基上市公司，为全球领先的货物运输解决方案的提供者，旗下有 MacGregor（麦基嘉）、Kalmar（卡尔玛）、Hiab（希尔博）等三个知名的业务品牌。

直到 2017 年，上市公司对卡哥特科公司的"依赖"才有所减轻。2015 年，润邦股份对卡哥特科公司的销售、采购金额分别为 13.02 亿元、6.09 亿元，占年度销售总额、采购总额的比例分别为 68.24%、

42.04%；2016年销售、采购金额分别为17.68亿元、3.87亿元，占比分别为62.58%、27.26%；2017年销售、采购金额分别为4.31亿元、7298万元，占比分别为23.37%、9.07%。

不过，2017年前五大（客户或供应商）的关联交易额却显得更多。2017年，润邦股份前五大客户合计销售金额占销售总额的59.29%，其中关联方销售额占销售总额的31.28%；前五名供应商合计采购金额占采购总额的31.29%，其中关联方采购额占采购总额的12.82%。

深交所分别在2015年、2017年两度给润邦股份下发年报问询函，均要求润邦股份"请结合公司经营特点说明与卡哥特科公司同时发生采购和销售的原因，以及关联方销售、采购占比较高的原因；并说明公司是否对关联方存在重大依赖以及为防范过度依赖风险已采取的措施；并对比关联方和其他第三方采购价格或产品售价情况，说明关联采购、销售价格定价的公允性和合理性"。

在回复公告中，润邦股份称：上市公司向卡哥特科公司销售的产品主要为舱口盖、卸船机、轮胎吊、集装箱桥吊等；采购的商品主要为产品零部件等原材料。不过，润邦股份却也透露，2017年上市公司对卡哥特科公司的关联销售、关联采购占比分别为31.28%、12.82%。

因卡哥特科公司是芬兰赫尔辛基上市公司，故此我们可以查阅到该公司公开披露的年报。在浏览Cargotec年报后，我们发现，润邦股份所披露的关联交易收入及支出的数据，或与卡哥特科公司所披露的数据有较大出入。

例如，以下是卡哥特科公司2017年年报中，与联营公司及合资企业的交易金额截图，见图2-1。

```
Transactions with associated companies and joint ventures
1 Jan-31 Dec 2017
MEUR                              Associated companies    Joint ventures    Total
Sale of products and services              7.0                 5.1          12.0
Purchase of products and services         19.6                78.0          97.6
```

图 2-1　卡哥特科公司与联营公司及合资企业的交易金额

资料来源：卡哥特科公司 2017 年年报，该截图内容取自合并报表。

表 2-1 是笔者根据润邦股份年报与卡哥特科公司年报数据整理所得，数据均来自合并报表。

表 2-1　2014—2015 年润邦股份与卡哥特科公司交易关联情况

	2014 年关联情况		2015 年关联情况	
润邦股份 （亿人民币）	销售收入 12.19	采购金额 4.27	销售收入 13.02	采购金额 6.09
卡哥特科 （万欧元）	采购金额 12200	销售收入 1850	采购金额 17500	销售收入 1610
卡哥特科 （亿人民币）	9.12~10.6	1.39~1.61	11.37~13.12	1.05~1.21
	2016 年关联情况		2017 年关联情况	
润邦股份 （亿人民币）	销售收入 17.68	采购金额 3.87	销售收入 9.22	采购金额 1.74
卡哥特科 （万欧元）	采购金额 15900	销售收入 1610	采购金额 9760	销售收入 1200
卡哥特科 （亿人民币）	11.12~12.17	1.12~1.23	7.02~7.81	0.86~0.96

注：中国和芬兰会计年度均采用历年制。

欧元与人民币的汇率区间：2014 年为 7.5019~8.7174；2015 年为 6.5133~7.5155；2016 年为 6.9748~7.6356；2017 年为 7.1957~8.0010。

由表 2-1 可知，2014—2017 年，润邦股份的采购金额与卡哥特科公司的销售收入有较大出入；2014 年、2016 年、2017 年，润邦股份的销售收入与卡哥特科公司的采购金额也有较大出入。那么，造成如此差距的原因是什么？

在澄清公告中润邦股份称："公司借助国外客户的供应商资源，委托客户统一采购机电配套设备等原材料，进行货款互抵，减轻了合同双方的资金划拨成本；公司依据业务性质及《企业会计准则》等相关制度的要求，采用总额法核算相关物资的采购成本及项目的整体销售收入。"

这个解释可能是符合事实的，如润邦股份的现金流量表与利润表有一定痕迹：2014—2017 年营业收入分别为 22.12 亿元、19.08 亿元、28.24 亿元、18.43 亿元，销售商品提供劳务收到的现金分别为 17.53 亿元、16.86 亿元、20.68 亿元、14.01 亿元，后者持续较前者为低。

同样的痕迹还有：营业成本分别为 17.22 亿元、17.93 亿元、21.77 亿元、13.38 亿元，购买商品接受劳务支付的现金分别为 16.83 亿元、13.36 亿元、14.88 亿元、10.26 亿元，后者亦持续较前者为低。

这里再多说个题外话：根据税法规定，以物易物双方都应做购销处理并分别计算进项税与销项税，因此采用以物易物方式销售的公司较容易在缴税方面出现纰漏。

二、收入计算方式

收入计算方式有个有趣的案例。天合光能（688599.SH）曾于 2006 年 12 月在纽交所上市（TSL.N），后于 2017 年 3 月完成私有化退市，2019 年则转战科创板。根据招股书，天合光能 2018 年营收出现下滑，因为其最主要的业务即光伏组件业务收入大幅下滑，幅度达 33.82%。

与光伏组件销售收入明显下滑形成鲜明对比的是，天合光能电站业务在 2018 年出现大幅增长，这也是其当期销售收入仅小幅下滑 4.22% 的直接原因。因此，我们有必要多关注公司该业务的客户情况。

据招股书披露：天合光能 2018 年第二大客户为国投电力（600886.SH），主要销售类型也是"电站销售"，销售金额 17.4 亿元，占天合光能当期营业收入的比例为 6.94%，占天合光能电站销售业务的比例达 23.71%。

那么，天合光能是国投电力的供应商吗？根据国投电力 2018 年年报，其前五大供应商均与天合光能无关，且国投电力对第五大供应商中煤京闽（莆田）工贸有限公司的当期采购额为 9.16 亿元，小于 17.4 亿元。是否国投电力从天合光能处受让光伏电站并不算采购呢？

我们继续翻阅国投电力 2018 年财报，发现在"重大的股权投资"中有这样一段话："公司第十届董事会第二十九次会议审议，同意公司以 5.4 亿元的股权对价收购天合光能对于云南冶金新能源股份有限公司（下称'云南冶金新能源'）90% 股权"。然而，5.4 亿元仍与 17.4 亿元有不小的差距，难道国投电力还从天合光能处买了其他光伏电站吗？

一方面，国投电力 2018 年年报还有这样一句话：光伏实现收入 3.46 亿元，较 2017 年增加 1.48 亿元，增长 74.74%，主要原因为 2018 年 6 月公司收购云南冶金新能源 30 万千瓦光伏电站，装机容量增加；区域电力市场消纳条件改善，光伏电站弃光率有所下降。

另一方面，在业务性质为"光伏发电"的子公司中，除云南冶金新能源以外，国投敦煌光伏发电有限公司、国投石嘴山光伏发电有限公司、国投格尔木光伏发电有限公司、国投大理光伏发电有限公司、会理中电建大桥新能源有限责任公司、冕宁中电建大桥新能源有限责任公司、国投阿克塞新能源有限公司等 7 家公司均非国投电力 2018 年从天合光能处取得。

由此看来，二者间数据存在的巨大差异（达 12 亿元）尚无法从国投电力财报中取得合理解释。那么，我们能否从天合光能的招股说明书中找到更多信息呢？

实际上，天合光能 2018 年第三大客户天津富欢企业管理咨询有限公司（下称"天津富欢"）也存在披露的数据与天合光能"不吻合"的情况，但是二者的合同名称为"项目转让及承债清偿协议"。因此，偿债也可能被天合光能算在对天津富欢的销售收入内。然而，天合光能与国投电力的合同名称为"股份购买协议"，并未提及"承债清偿"。

另外，在浏览招股书时我们发现，天合光能在披露报告期内处置子公司时，除注销以外，处置子公司的方式还有电站业务销售以及股权转让两个方式。我们先来看股权转让的子公司，接盘方都有谁呢？

表 2-2　2018 年天合光能以股权转让方式处置子公司一览

时间	子公司	接盘方
2018 年 1 月	钦州市清源光伏发电系统有限公司	广西南宁晶绿能源有限公司、翁昌霞
2018 年 11 月	嘉祥新合光伏电力有限公司	青岛贝丰清洁能源有限公司
2018 年 12 月	常州永天新材料科技有限公司	常州神六管业有限公司、龙阳

表 2-2 中接盘方穿透后的实控人均为自然人，因此，与国投电力是不相干的。接下来我们再来看以电站销售方式处置的子公司，这些的转让方都有谁呢？

表 2-3　2018 年天合光能以电站销售方式处置的子公司

时间	子公司	接盘方
2018 年 3 月	Sirius Solar Japan 12 G. K.	未知
2018 年 3 月	Sirius Solar Japan 13 G. K.	未知
2018 年 3 月	Sirius Solar Japan 22 G. K.	未知
2018 年 4 月	盐城乾能太阳能发电有限公司	江苏银宝创业投资有限公司
2018 年 5 月	常州天如新能源开发有限公司	远晟投资
2018 年 5 月	淮安中创能源开发有限公司	常州能创新能源开发有限公司
2018 年 5 月	淮安黄码天合太阳能发电有限公司	常州能创新能源开发有限公司
2018 年 5 月	淮安益恒太阳能发电有限公司	常州能创新能源开发有限公司
2018 年 5 月	淮安天丰太阳能发电有限公司	常州能创新能源开发有限公司
2018 年 5 月	焉耆县华光发电有限责任公司	常州能创新能源开发有限公司
2018 年 5 月	吐鲁番中富旺光伏发电有限公司	常州能创新能源开发有限公司
2018 年 5 月	鄯善安培琪有限公司	常州能创新能源开发有限公司

续表

时间	子公司	接盘方
2018年5月	合肥源景光伏电力有限公司	常州能创新能源开发有限公司
2018年5月	沽源县光辉新能源发电有限公司	常州能创新能源开发有限公司
2018年5月	吐鲁番市华光发电有限公司	常州能创新能源开发有限公司
2018年5月	中电电气（乌兰浩特）光伏发电有限公司	常州能创新能源开发有限公司
2018年5月	常州合源光伏电力有限公司	常州能创新能源开发有限公司
2018年5月	右玉县华光发电有限责任公司	常州能创新能源开发有限公司
2018年5月	哈密宏华太阳能科技有限公司	常州能创新能源开发有限公司
2018年5月	黄冈源景太阳能电力开发有限公司	常州天如新能源开发有限公司
2018年5月	赣州华电新能源有限公司	常州天如新能源开发有限公司
2018年5月	荣成市源成太阳能电力有限公司	常州能创新能源开发有限公司
2018年5月	武威益能太阳能发电有限公司	常州能创新能源开发有限公司
2018年5月	健生现代农业（常州）有限公司	常州合源光伏电力有限公司
2018年5月	常州能创新能源开发有限公司	常州天如新能源开发有限公司
2018年5月	响水恒能太阳能发电有限公司	天津富欢企业管理咨询有限公司
2018年5月	响水永能太阳能发电有限公司	天津富欢企业管理咨询有限公司
2018年6月	Sirius Solar Japan 18 G. K.	未知
2018年6月	云南冶金新能源股份有限公司	国投电力
2018年8月	上海志节新能源科技有限公司	中广核风电有限公司
2018年10月	上海炫合光伏电力有限公司	中广核风电有限公司
2018年12月	杭州光顺电力科技有限公司	浙江福斯特新能源开发有限公司

注：表中方框圈出的为"远晟投资"系。

可见，除4个Sirius Solar Japan之外，仅云南冶金新能源是明确销售给国投电力的。那么，这四个Sirius Solar Japan是否与国投电力有关呢？

正是因为笔者率先在网上发出这方面疑问，交易所在第一轮审核问询函中要求："国投电力披露以5.4亿元的股权对价收购发行人子公司云南冶金新能源90.00%的股权与发行人披露的信息存在显著差异，请发行人说明差异原因及合理性"。在回复问询函时，天合光能称公司对国投电力的销售收入的计算过程如下，见表2-4。

163

表2-4 天合光能以电站销售方式处置的子公司

项目	金额	过程
电站项目公司股权标的对价	54,000	A
电站项目公司对应债务（包括应付账款、应交税费、长期借款等）	212,578.85	B
电站项目公司除固定资产外剩余资产（包括货币资金、应收账款、待抵扣增值税等）	77,647.01	C
其他调节项	1,470.21	D
转让股权比例	90%	E
电站销售收入	173,968.46	$F = A + B \times E - C \times E - D$

这种收入计算方式是否合理，我们持有极大保留意见。我们要强调的是，投资者在观看任何一家上市公司财报之前，都需要搞清楚其收入计算方式。

三、不同方式推断收入

在研判投资标的时，笔者格外关注上市公司或并购标的公司的收入或成本中的分类明细及各自占比情况。通过分类明细及占比，我们可以反向推测总销售金额或总采购金额，再与上市公司实际披露金额相印证，以判断其财务数据的可信度或信息披露的认真程度。

（一）神农基因：非税原因

一方面，神农基因（300189.SZ，现更名为"神农科技"）2016年年报披露："H优518"种子、"兆优5431"种子在2016年销售额分别为5635万元、903万元，占上市公司当年种子营业收入的比例分别为18.61%、2.98%，以此计算可知神农基因2016年种子营业收入为3.03亿元。

但另一方面，神农基因2016年年报在第23页却显示，杂交水稻种子、玉米种子、棉花种子、蔬菜及其他种子在 2016 年的营业收入分别为 2.48 亿元、3138 万元、229 万元、4070 万元，以此可计算出合计金额为 3.23 亿元。

显然，从两方面计算上市公司的种子营业收入会得出迥异的结果：3.23 亿元与 3.03 亿元相差几乎达 2000 万元。那么问题来了，如此大的差距究竟是什么原因导致的呢？①

事实上，神农基因种子数据出现矛盾是 2016 年所独有的，若以相同的算法应用于 2015 年种子数据，上市公司两方面数据是自洽的，推算出的 2015 年种子营业收入均为 2.61 亿元。②

（二）天音控股：可能因为增值税

除增值税免征或为零税率的行业，我们在发现这类异常时就要考虑增值税因素。正常情况下，上市公司财务报表中的营业收入应为不含增值税的销售收入，但有时上市公司在披露客户收入时，可能加入了销项增值税。

根据上市公司 2017 年年报，天音控股（000829.SZ）当期营业收入为 396.28 亿元。自 2014 年起，上市公司不再披露前五大客户的详细名称，不过这也无妨，我们可以通过各个客户的销售额以及占比推算出天音控股当期的销售收入。表 2-5 是天音控股 2017 年前五大客户的销售数据。

表 2-5　2017 年天音控股前五大客户的销售情况

客户编号	销售额（亿元）	年度销售占比（%）	推算的年度销售总额（亿元）
客户 1	82.48	17.95	459.50

---

① 不太可能是因为增值税，即一者为含税收入,另一者为不含税收入,因为制种企业生产销售自行繁育或委托农户繁育并收回的种子,是免征增值税的。

② 详见应收账款章节（第一章第三节），上市公司后被证监会认定为财务造假。

续表

客户编号	销售额（亿元）	年度销售占比（%）	推算的年度销售总额（亿元）
客户2	10.41	2.27	458.60
客户3	7.8	1.70	458.69
客户4	5.8	1.26	460.46
客户5	5.76	1.25	460.78
合计	112.25	24.43	459.48

如表2-5所示，根据前五大客户推算出的上市公司销售总额基本在458亿~461亿元，竟与2017年披露的收入相差约60亿元！造成这种现象的原因是什么呢？天音控股在2015年、2016年是否也存在这类现象呢？

表2-6是天音控股2015年前五大客户的销售数据，计算出的销售总额基本在422亿~426亿元之间，基本与年报中披露的营业收入（430.3亿元）相差不大。

表2-6 2015年天音控股前五大客户的销售情况

客户编号	销售额（亿元）	年度销售占比（%）	推算的年度销售总额（亿元）
客户1	20.64	4.88	422.90
客户2	7.61	1.80	422.53
客户3	6.15	1.45	424.43
客户4	7.76	1.83	423.94
客户5	3.83	0.90	425.41
合计	45.98	10.87	423.03

表2-7是天音控股2016年前五大客户的销售数据，计算出的销售总额基本在336亿~339亿元，同样地，基本与年报中披露的营业收入（338.45亿元）相差不大。

表 2-7　2016 年天音控股前五大客户的销售情况

客户编号	销售额（亿元）	年度销售占比（%）	推算的年度销售总额（亿元）
客户 1	45.46	13.43	338.53
客户 2	8.74	2.58	338.82
客户 3	4.12	1.22	337.39
客户 4	3.28	0.97	338.63
客户 5	3.13	0.93	336.76
合计	64.74	19.13	338.41

因此，我们可以判定，天音控股仅在 2017 年发生了不同口径下的销售收入互相矛盾的现象。如果两种数据都没问题的话，我们只能想到一种解释，即上市公司在 2017 年计算前五大客户销售占比时，采用的销售总额是尚未内部抵销或含增值税的数据。加上增值税的影响，即 $396.28 \times (1+17\%) \approx 463.65$ 亿元，逼近 458 亿~461 亿元。

四、收入与其他上市、挂牌公司对比

有时，我们可以通过将上市公司营业收入与其他上市公司、新三板挂牌公司所披露的采购额对比，以判断上市公司营业收入的真实性。如果差距较小，则可能为收入确认时间的差异性所致；如果差距较大，则要考虑合并报表影响[①]。

（一）销售商品与提供劳务

我们先以金鸿控股（000669.SZ）为例。在深交所对于金鸿控股 2014 年年报问询函中，问题七为：

"截至 2014 年 12 月 31 日，你公司应收账款余额第一名单位为中节

---

① 如上市公司将客户的子公司单列为另一个客户。

能六合天融环保科技有限公司（下称'六合天融'），应收账款余额为5460万元，账龄1年以内；你公司年报披露的前五大客户并无六合天融，你公司对第五大客户的销售额为3821万元，请你公司说明前五大客户披露是否有误。"

对此，上市公司在回复公告中称："六合天融2014年度实现收入1.02亿元，为公司第四大客户，由于统计上的疏漏，没有在公司前五大客户列表中列示出来。"这让人不禁好奇，金鸿控股何以出现如此重大疏漏呢？

在2016年，中环装备（300140.SZ）发布了收购公告，拟发行股份购买六合天融100%股权。在该交易报告书中，中环装备披露了六合天融2014年前五大供应商，具体情况如表2-8所示。

表2-8 2014年六合天融前五大供应商

序号	供应商名称	采购内容	采购金额（万元）	占采购总金额比例
1	北京正实同创环境工程科技有限公司	施工	6,464.41	6.13%
2	江苏汉皇安装集团有限公司	施工	3,663.75	3.48%
3	山东澳普信建设有限公司	施工	2,852.39	2.71%
4	山东省显通安装有限公司	施工	2,660.19	2.52%
5	山东胜越石化工程建设有限公司	施工	2,624.19	2.49%
	合计		18,264.93	17.33%

第一名的北京正实同创环境工程科技有限公司[①]（下称"正实同创"）恰是金鸿控股子公司，如在回复深交所2017年年报问询函的回复公告中，金鸿控股称，公司的环保业务由下属的北京正实同创及其子公司实施。

不过，交易报告书中的6464万元与金鸿控股所披露的1.02亿元相

---

① 根据信用中国网站，正实同创在2019年11月、12月各有一条失信信息。

差近3700万元；除非中环装备的供应商还单列正实同创的子公司，否则数据的确让人疑惑。

（二）销售生产设备

此外，我们还要注意的一点是，有些上市公司的收入并不总是对应客户的采购额，因为部分客户所披露的采购额可能仅指劳务、原材料等商品，而不包含生产设备等固定资产的购买。

如在2018年7月，有光伏领域自媒体在《造假？这两家上市光伏企业数据互相矛盾！谁在说谎？》一文中质疑芯能科技（603105.SH）业绩造假，文章主要内容为：

"2016年京运通向前五大客户共采购1.73亿元，但是芯能（科技）的招股书却显示其向京运通供应了4.18亿元，是京运通五大客户采购量的2.4倍；2017年京运通向前五大客户共采购1.22亿元，但是芯能（科技）的招股书却显示其向京运通供应了1.35亿元，是京运通五大客户采购量的1.1倍。"

但我们发现，芯能科技招股书称，"公司为京运通提供分布式光伏开发及服务，如组件"。而京运通每年确实花费大量资金购建固定资产、无形资产和其他长期资产，购置金额在2016年、2017年分别为15.74亿元、20.68亿元。

五、客户与上市公司的"关系"

假如上市公司披露了前五大客户名单，我们就可以借助工商资料（仍是使用"国家企业信用信息公示系统"进行检索）查询上市公司披露名称的客户，并查询其股权结构及董监高名单，再在上市公司公告中依次检索其名字。这类似于前文谈及应收账款时介绍的内容，是一个累活，但很可能会有意外收获。

财报背后的投资秘密："韭菜"的自我修养

（一）天合光能：客户与上市公司股东

根据招股说明书，天合光能 2018 年第一大客户为宁波梅山保税港区远晟投资管理有限公司（下称"远晟投资"），主要销售类型为"电站销售"，销售金额为 28.28 亿元，占天合光能当期营业收入的比例为 11.29%，占天合光能电站销售业务的比例为 38.53%。

工商资料显示：远晟投资为兴业国际信托有限公司全资孙公司，**兴业国际信托**股东结构为兴业银行（持股 73%；601166.SH）、**福建省能源集团有限责任公司**（持股 8.42%）、厦门国贸（持股 8.42%；600755.SH）、**福建华投投资有限公司**（持股 4.81%）、**福建省华兴集团有限责任公司**（持股 4.52%）和南平市投资担保中心（持股 0.83%）。

接下来，我们再了解一下天合光能的股东情况：兴银成长资本管理有限公司（下称"兴银成长"）为天合光能（股份有限公司）的发起人之一；截至招股书发布日，兴银成长及其控股子公司上海兴璟投资管理有限公司分别为第三大、第十大股东，合计拥有天合光能 19.99% 股权。

工商资料显示：兴银成长是华福证券全资子公司，华福证券旗下兴银投资有限公司董事长张开亮自 2017 年 12 月至今担任天合光能董事。此外，华福证券有七大股东，**兴业国际信托**为其中之一（持股 4.35%）。

另外，华福证券还有三大股东，分别是**福建省能源集团有限责任公司**（持股 36%）、**福建省投资开发集团有限责任公司**（持股 33.71%，**福建华投投资有限公司**为其全资子公司）、**福建省华兴集团有限责任公司**（持股 1%），同为兴业国际信托的股东。

让我们再梳理一遍：上述 3 家与兴业国际信托合计持有华福证券 75.06% 股份，而后者是天合光能第三大股东兴银成长的母公司；这 3

家公司又与天合光能 2018 年第一大客户远晟投资的母公司兴业国际信托密切相关。那么问题来了，我们该如何定义远晟投资与兴银成长两者间的关系？

根据财政部 2006 年颁布的《企业会计准则第 36 号——关联方披露》的规定，在企业财务和经营决策中，如果一方控制、共同控制另一方或对另一方施加重大影响，以及两方或两方以上同受一方控制、共同控制或重大影响的，构成关联方。

而重大影响，是指对一个企业的财务和经营政策有参与决策的权力，但并不能够控制或者与其他方一起共同控制这些政策的制定。《企业会计准则第 36 号——关联方披露》第四条称下列各方构成企业的关联方：其中就包括"对该企业实施共同控制的投资方"。

尽管天合光能在招股书中披露远晟投资与天合光能并无关联关系，但我们仍要进一步发问，兴业国际信托或上述四家福建公司是否能对远晟投资与兴银成长或天合光能同时施加重大影响？

在回复交易所问询函时，天合光能坚称，"发行人电站销售客户与发行人不存在关联关系、其他资金往来或其他利益安排"。

（二）双星新材：客户原实控人与上市公司高管亲属重名

根据 Wind 数据，双星新材（002585.SZ）2014—2018 年应收账款周转天数分别为 13 天、50 天、86 天、92 天、85 天。据我们判断，这与双星新材《2016 年面向合格投资者公开发行公司债券（第一期）2017 年跟踪信用评级报告》中所提到的"上市公司于 2016 年提升深圳海天①信用期限至 6 个月"存在关系。

那么，双星新材的这名客户资质如何呢？根据国家企业信用信息公

---

① 深圳海天，即"深圳市海天塑材有限公司"，在 2018 年是上市公司第一大客户。

财报背后的投资秘密："韭菜"的自我修养

示系统，这家成立于 2011 年 3 月的企业，其注册资本仅有 100 万元，且根据 2018 年年报，其两名股东许统史、许美庚的实缴出资额均为 0 元。注册资本过低的企业会给人以更少的安全感，因为这意味着在特殊情况发生时，该企业会承担较低的清偿责任。那么问题来了，双星新材为何对深圳海天给予较高的信任？上市公司对深圳海天 2017 年的销售金额占比 14.08%，而应收账款占比却高达 31.26%，这样是否审慎呢？

我们还查询了上市公司的另一个客户青州市富润包装材料有限公司（下称"青州富润"，系 2018 年第四大客户），对于其与双星新材的关系亦有疑惑。工商资料显示，青州富润在 2016 年 2 月 4 日之前的第一大股东（持股 90%）、监事是一个叫"陈宝军"的人。

我们关联检索了"陈宝军"与"双星新材"后发现，上市公司招股说明书中曾介绍双星新材实控人吴培服之妹吴培红之夫也叫陈宝军，即吴培服之妹夫名为"陈宝军"。我们好奇的是，此"陈宝军"与彼"陈宝军"是否为同一人呢？

别着急，我们还能继续检索。根据工商资料，青州富润在 2015 年、2016 年年报中所披露的企业联系电话均为"189××××9688"，经查询，这是一个江苏宿迁的号码。值得注意的是，双星新材的办公地址就在"江苏省宿迁市宿豫区彩塑工业园区井头街 1 号"。

而后，我们打开微信，使用"添加朋友"功能并输入"189××××9688"这个号码，弹出来的微信昵称为"双星新材－陈宝军"。尽管如此，直到此时我们仍无法确定双星新材的"陈宝军"与青州富润的"陈宝军"为同一人。这个问题，恐怕只有上市公司能为我们释疑了。①

---

① 本部分内容写于 2019 年 9 月。

六、"神奇"的客户

有时,我们浏览上市公司财报还会见识到一些很"神奇"的客户。

(一) 工商部门无法取得联系

根据招股说明书,濮阳惠成(300481.SZ)2012 年、2013 年第一大客户均为仪征市锦泰能源有限公司(下称"锦泰能源"),而到了 2014 年该公司为第五大客户,各个年份分别为上市公司贡献收入 4232 万元、4542 万元、1193 万元。

根据国家企业信用信息公示系统,锦泰能源是一家注册资本仅有 50 万元的企业。而在企业唯一披露的 2013 年年报中,工商资料显示其唯一股东杜丽珠的实缴出资额一项为空,且通信地址为"新城马庄三将村马庄组"。

这样一家注册资本较少、通信地址地处江苏乡村的企业,为何能成为濮阳惠成的大客户?该问题值得我们深思[①]。在浏览工商资料之时,我们发现,仪征市市场监督管理局于 2018 年 6 月 25 日对锦泰能源开具了行政处罚决定书,称"锦泰能源未依法参加 2013、2014 年度年报公示,且通过登记的住所(经营场所)无法取得联系;在我局发布提示性公告期限内,当事人仍未依法履行法定义务","根据相关规定,我局决定吊销当事人(指锦泰能源)营业执照"。

(二) 经营范围、特殊商品许可证有效期

除此之外,笔者还发现锦泰能源的一处疑点。工商资料披露其经营范围为:"许可经营范围:危险化学品批发(按《危险化学品经营许可

---

① 但若仅是如此,我们就不会多费笔墨了。

证》所列项目经营，许可证有效期至 2013 年 5 月 24 日）；一般经营范围：石油沥青、石蜡、重油、软麻油、抽余油、燃料油（不含成品油）销售。"

据招股说明书透露，濮阳惠成主要从事顺酐酸酐衍生物等精细化学品的研发、生产和销售，主要产品包括四氢苯酐、六氢苯酐、甲基四氢苯酐、甲基六氢苯酐、纳迪克酸酐等。

上述产品应不包含在"石油沥青、石蜡、重油、软麻油、抽余油、燃料油（不含成品油）"内；换句话说，上述产品大概率属于危险化学品范畴。那么问题来了，《危险化学品经营许可证》有效期仅至 2013 年 5 月 24 日的锦泰能源是如何在 2014 年仍成为濮阳惠成前五大客户的呢？

七、海外收入真实性判据

以海外收入为主的上市公司，其海外收入的真实性该如何判断？我们关注到，这类上市公司可能有出口退税并在现金流量表中留痕，即被计入"收到的税费返还"中，该项可能成为一种推敲凭据。

（一）海外收入与收到的税费返还

对于生产型企业的出口业务，我国税收优惠由"免、抵、退"组成。其中，免税指的是对出口销售环节的增值部分予以免税；抵税指的是进项税额准予抵扣的部分在内销的应纳税额中抵扣；而退税指的是对进项税未抵扣完的部分实行退税。

根据税法中企业当期应退税额的计算公式，当期应退税额为"当期期末留抵税额"与"当期'免、抵、退'税额"二者孰低数值。如果不考虑免税购进的原材料，则当期应纳税额 = 当期销项税额 − 当期进项税额 + 当期出口货物价格 × （出口货物适用税率 − 出口货物退税率），当期

"免、抵、退"税额 = 当期出口货物价格 × 出口货物退税率。

因此，若要当期期末留抵税额为正数，则需要上市公司营业成本（这里我们假定当期采购额与营业成本基本一致）明显高于国内收入（这是为了当期进项税额超过当期销项税额）。又由于上市公司年度营业收入通常高于营业成本，因此公司年度"免、抵、退"税额也常常大于期末留抵税额。在此种情况下，我们可计算出：

$$\frac{理论上退税额}{营业成本和境内营业收入之差值} = 出口货物退税率 - \Delta 退税率$$

$$\Delta 退税率 = (出口货物税率 - 出口货物退税率) \times \frac{营业收入 - 营业成本}{营业成本 - 境内营业收入}$$

故而，在考量存在海外业务的上市公司时，该退税判别法的应用范围仅限于货物税率及退税率较为单一且营业成本明显高于境内营业收入者。随后将"当年及次年上半年收到的税费返还之和"与"当年营业成本与境内营业收入之差"比较，若比值明显低于"出口货物退税率 - Δ退税率"，则该公司出口业务需要我们警惕。

之所以税费返还使用两个时期之和，是因为出口退税一般要求企业在报关出口后三个月内申报，申报后，快则一个月内、慢则两三个月左右，基本可完成退税（可见，退税相较收入有一定的滞后性）。不过，在对比之前，投资者应先明确三个要点。

其一，上市公司是否有境外子公司。若有境外子公司，其收入是否详细披露，与合并报表境外收入的差距是否明显。如果上市公司境外收入主要由境外子公司完成，那么出口退税就无从谈起了。

其二，即便上市公司没有境外子公司，其海外业务是否主要在境外完成，因为劳务类出口很可能没有出口退税。

其三，在上两个条件皆不满足后，上市公司境外收入是否主要发生在境内保税区。以恒铭达（002947.SZ）为例，其境内保税区、境外销售的占比分别为54.24%、4.10%。据悉，销售至保税区的货物，只有在离境后方可享受退免税，因此这也是一个判断盲点。

总而言之，通过现金流量表中"收到的税费返还"来判断上市公司海外收入或许是一个有用的小技巧，但其限制性条件极其多，难以大范围推广使用（如上市公司还可以解释为现金流量表编制不规范等）。即便如此，若能起到"存疑则不碰"的作用，该方法也算难能可贵。

（二）公式应用案例1：林海股份

接下来，我们尝试着解构一下林海股份（600099.SH）。2003—2008年，林海股份海外收入占比超过60%；2009—2011年，海外收入占比降至30%左右；2012年升至43.99%；2013—2016年又降至20%左右；2017年微升至26.89%；2018年又跳升至47.74%。

可见，在2018年，海外收入几乎占据了林海股份总收入的半壁江山，且主营业务成本亦明显大于国内收入。因2019年半年报已出，我们就以2018年为例，按照上文所提出的三个问题的顺序来依次推演。

第一步，林海股份是否有境外子公司？根据2018年年报，上市公司共有三家控股参股公司，分别为江苏福马高新动力机械有限公司、福马振发（北京）新能源科技有限公司、江苏联海动力机械有限公司。前两个为内地企业；后一个为中外合资企业，但持股比例仅为17.5%，并不合并报表。

第二步，林海股份海外业务是否主要在境外完成？从年报所披露的上市公司主营业务为"摩托车、特种车、消防机械及农业机械"等来看，林海股份似乎并无劳务类业务，也就不太可能有境外完成的业务。

第三步，林海股份境外产品的销售是否主要发生在境内保税区？我们用Wind全文检索"保税"关键词，并未查到相关公告。因此，在三个步骤后，我们或许真的可以通过"收到的税费返还"来判断。

一方面，根据公告，林海股份 2018 年、2019 年上半年"收到的税费返还"均为 0 元。另一方面，2018 年营业成本、国内收入分别为 4.64 亿元、2.39 亿元，差额为 2.25 亿元（为近十年之最）；2018 年营业收入与营业成本之差为 6224 万元，Δ 退税率影响不大。那么问题来了，林海股份"收到的税费返还"项为何为 0 呢？

我们再换个思路，造成上述现象的原因，会不会是主营业务成本是以人工等不发生进项税的费用为主呢？但以 2018 年为例，特种车辆、摩托车、农业机械、消防机械的原材料成本占比分别为 90.36%、92.20%、96.58%、96.58%，均超过 9 成。如此看来，猜测并不成立。

此外，若在 Wind 以"退税"二字全文检索林海股份公告，近几年的相关信息仅有如下内容："2015 年 1 月 1 日起，摩托车、全地形车的出口退税率由 15% 上调至 17%，有利于全行业实现出口形势好转，进一步增强国际市场的竞争力"。

综上来看，林海股份的出口业务令人不得不为之担忧。

（三）公式应用案例 2：濮阳惠成

濮阳惠成（300481.SZ）的海外收入占比也不容忽视：2015—2018 年，其海外收入占比分别为 46.68%、41.48%、34.19%、32.89%。而濮阳惠成部分年份营业成本高于国内收入，因此其大概率也应收到出口退税。事实上，招股说明书亦披露：

报告期内，公司部分出口货物适用 9%、13% 的出口退税率，出口产品中的六氢苯酐、甲基四氢苯酐、甲基六氢苯酐、纳迪克酸酐等产品在《中华人民共和国进出口税则》中无直接对应的商品编码，公司将上述产品归类为"29.32 仅含有氧杂原子的杂环化合物"（增值税出口退税率 13%）进行报关，均顺利通关，且一直正常退税。

为避免可能存在的税收风险，降低后续经营风险，经公司 2014 年

财报背后的投资秘密："韭菜"的自我修养

11月17日召开的2014年第四次临时股东大会批准，公司决定将相关产品归类为"29.17多元羧酸及其酸酐、酰卤化物、过氧化物和过氧酸以及它们的卤化、磺化、硝化或亚硝化衍生物"（增值税出口退税率9%）进行报关，并缴纳之前由于退税率差异可能形成的多退税款。①

据检索，濮阳惠成无海外子公司、无自贸区交易，亦非劳务出口型企业，因此大概率适用退税研判法。事实上，在上市之前，濮阳惠成的退税并无明显异样。如2012—2014年，其海外收入分别为1.26亿元、1.36亿元、1.4亿元；现金流量表中，收到的税费返还分别为437万元、544万元、824万元。

然而，上市之后，情况就发生了变化。2015—2018年，濮阳惠成海外收入分别为1.63亿元、1.56亿元、1.85亿元、2.09亿元；收到的税费返还分别为19万元、28万元、346万元、22万元。诚然，退税率有所下降（部分产品下降了4个百分点），但税费返还的巨大变化是否都与此有关？

让我们好好计算一番。2015年，濮阳惠成的营业成本、国内收入分别为2.4亿元、1.87亿元，二者差额为5299万元；营业收入与营业成本的差额为11049万元，可知Δ退税率约为出口货物税率与出口货物退税率之差的2.085倍。

即使出口货物税率以13%而非17%为主，由于出口货物税率与出口货物退税率之差高达4%（13% - 9%），因此Δ退税率将高达4% × 2.085 = 8.34%，进而导致出口货物退税率 - Δ退税率 = 0.66%，为一个相当低的数值。这样看来，濮阳惠成2015年收到的税费返还出现断崖式下降，或许还真可能与此有关。

---

① 根据财报，濮阳惠成2014年现金流量表显示，公司当期支付的各项税费为3054万元，较2011—2013年的1132万元、1349万元、951万元有明显增长。该增长或与公司缴纳多退税款有关。

第二章　利润表

附录：亿联网络业绩亮丽之分析
——来一场苏格拉底式的思辨[①]

我们曾多次应用"收到的税费返还"这一指标来分析上市公司海外收入情况，这也引发数名投资者对其他类似上市公司的兴趣，如某位投资者就直接点名亿联网络（300628.SZ），称该公司海外业务有很多人质疑。

不得不说，一旦上市公司业务涉及海外，其业务真实性就相当难以判断。但若以"业绩亮丽难以接受"等主观感受为主要判断依据，却又难免有些武断。在我们中和明略研究团队内部商议之后，决定用"设问—回答"的方式来一次头脑风暴，以下为思辨内容。

格劳孔：苏格拉你来了，这真是太好了！A股有一家名叫亿联网络的上市公司，业绩实在是太亮丽了，但营业收入主要来源于海外，会不会是造假呢？希望你给我们判断一下。

苏格拉："收入主要来自于海外""业绩亮丽"，单独一个或两个结合来看，都还不足以论定一家上市公司可能造假，严谨的判断还要依靠对其财务报表及各类公开资料的分析才行。格劳孔啊，在你看来，如果一家上市公司造假，它的财报会有什么异常呢？

[①] 本文作于2019年10月31日。本文内容既不认定亿联网络可能有财务问题，也不认定亿联网络完全没有问题，仅供投资者参考。文字有调整。

格劳孔：这个问题太基本了，虚增利润必然带来虚增资产，资产负债表里的资产项最有可能出现问题。

苏格拉：那么，你觉得亿联网络哪个资产项最可能有问题呢？

格劳孔：这个难不倒我。2018年，亿联网络存货、应收账款的周转天数分别为99天、48天；流动资产占总资产的比例为96%，其中，货币资金、应收账款、存货、银行理财产品的占比分别为9.93%、8.25%、5.26%、72.13%。从这些数据来看，理财产品最值得怀疑。

苏格拉：好，那么上市公司有没有披露理财产品的详细情况呢？

格劳孔：年报倒没有披露详细情况，但是在对《关于对厦门亿联网络技术股份有限公司的半年报问询函》的回函中，亿联网络披露了截至2019年9月20日公司持有的理财产品明细。这也是令我疑惑的地方。按理说，如果上市公司没有理财产品，金融机构也不会配合公司进行这种造假啊；但如果上市公司有理财产品，配合造假的资金量投入又起码要30多亿元。

苏格拉：我倒是有一种造假办法可以避开你的疑惑。如果某家上市公司果真是用理财产品作为虚增收入的主要方式，那么这种造假方法是可以既让理财产品真实，又让配合造假的资金投入量很少的。

格劳孔：什么方法？真有这样神奇的方式吗？

苏格拉：说起来，这个方法还似乎是遥远的东方国度首创的呢。简单举例来说，A公司把1亿元采购款打给上市公司，上市公司用这1亿元购买理财产品。B公司为A公司开一张1亿元的银行票据，由上市公司用该理财产品抵押担保，A公司拿这张银行票据贴现，再添加点与贴息金额相同的钱，就又可以补足1亿元。如此一来，A公司又可以为上市公司提供1亿元的采购款了。一个完整过程可能只需要几天时间，既方便又快捷。循环下来，造假的资金成本没那么高的。

第二章 利润表

格劳孔：你说得我有点晕，没想到票据和理财产品相结合可以有如此神奇的效果。难道金融机构就愿意配合吗？

苏格拉：金融机构为何要去主动揭露呢？毕竟票据、理财产品都是真实的，理财产品更是在他们那里，即使上市公司事情败露，他们又会损失什么呢？

格劳孔：你说的似乎也有道理。这么说，亿联网络就是采用这种方式了？

苏格拉：你有证据吗？这些都是以最大的恶意揣测上市公司罢了，根本就说明不了什么。此外，亿联网络的现金流量表也基本与资产负债表相匹配，与其揪着理财产品不放，我们倒不如顺着"业绩亮丽""海外收入"这类思路查看上市公司的利润表。

格劳孔：我最擅长"扒"客户了，但是这些客户都是海外的，怎么查看啊？

苏格拉：有一些网站可以帮到我们，比如英国企业用 http://www.endole.co.uk/ 这个网站查询，美国的公司可以通过 https://www.secstates.com/ 来查询。不过能否起作用也要靠运气。你想先看哪家客户呢？

格劳孔：不妨先看 American Technologies LLC 这家客户？招股书披露，此为亿联网络2014年、2015年第一大经销商，2016年第二大经销商；2019年半年报问询函回复公告披露，此为亿联网络2019年上半年第一大经销商。

苏格拉：通过 Panjiva 这个网站我们能看到该公司一共从中国运货162次，且近三次运货时间分别为2019年8月8日、13日、13日，供应商皆为亿联网络。看起来很正常，不是吗？

格劳孔：但以前A股也有过皮包公司的案例，货物运到海外皮包公司处，然后经过中国香港再运回来。我查了一下，这家客户的网址是https://www.888voip.com/，这个"888"看起来就很像是中国人注册的。

苏格拉：格劳孔啊，说这话之前你应该查一下美国的"888"是何意思，这与我们熟知的"400"开头电话号码相似。而且网站首页也有Polycom（宝利通）等其他商家的产品，还有很多这类产品的展会宣传，等等。你还认为这是一个"野鸡"网站吗？

格劳孔：看起来似乎不能。那我们再看看英国的那家经销商"YEALINK（UK）LTD."，根据http://www.endole.co.uk/这个网站披露的年报信息，成员才10多个人，2015年、2016年的净利率分别才8%左右、1%左右。公司人太少、太不赚钱了吧！

苏格拉：不然呢？你认为经销商应该有多少人？净利率如果能二三十的话，上市公司干吗还要找经销商呢？

格劳孔：好吧，从海外客户这里找突破貌似不是那么容易，但有没有这样一种可能，上市公司给我们看的十大客户都是真实的，但是剩下的客户都是虚假的。毕竟，"七分真三分假"才最能骗住人。

苏格拉：亲爱的格劳孔，你总算说到最关键的地方了。如果前五大客户是真实的，而其余客户大多是虚假的，这样做确实有可能让读财报的投资者无从下手。但这样的财报也并非完全无懈可击。

格劳孔：怎样去看呢？

苏格拉：当我们单独去考察某一项财务指标已经不能给我们足够信息的时候，就可以通过两项能够关联起来的财务指标合成一项财务指标来判断。通常来说，营业收入和应收账款可以组成应收账款周转天数，而营业成本可以和存货组成存货周转天数。

格劳孔：这么说来，我们要看应收账款周转天数这指标了？这倒是容易，根据 Wind 数据，亿联网络 2015—2018 年的应收账款周转天数分别为 46 天、45 天、41 天、48 天。但是我们找不到同行数据去对比，而且应收账款周转天数一般是用于判断应收账款是否虚增的，你怎么判断起营业收入了？

苏格拉：因为上市公司同时披露了"国内收入"这一项。显然，投资者相对容易忽视亿联网络国内部分的收入，而我们正要查看对比，判断国内经销商账期的合理性。

格劳孔：2018 年年报中，亿联网络没有单独披露大陆地区的营业收入，所以我们还是看 2017 年。根据 2017 年年报，中国大陆地区的营业收入为 6869 万元（2016 年为 4102 万元），而应收账款中的外币均为美元，折合人民币 1.86 亿元，仅比上市公司应收账款总额的账面余额少 14 万元。这说明大陆经销商的账期仅有不到 1 天。这肯定不合理啊，为什么国内账期这么短！

苏格拉：如果你同意大经销商的账期可以长一些，那么你也应该同意小经销商的账期可以短一些。对于一些很小型的经销商来说，上市公司在无法保证其信用的情况下，选择先收款后交货的交易方式也是有可能的。比如我们来看这家新三板挂牌公司，欣含宇通（870323.OC），你看看它在 2016 年 12 月发布的公开转让说明书中，哪些话与亿联有关？

格劳孔：我找找看……哦，看到了！欣含宇通在说明书中称："对于公司代理的通信办公设备，在采购时，部分供应商要求先缴纳相应的购货款金额，对方收到款后再发货给公司，如亿联，公司是亿联在北京地区的核心独家代理商，享受亿联对外保密的价格、技术等信息。"

苏格拉：这就是了，这家新三板挂牌公司是亿联在北京的经销商，不仅不是一手交钱一手交货，甚至要先交预付款呢！

财报背后的投资秘密:"韭菜"的自我修养

格劳孔:好吧,账期这个话题我们不提了。但是你说得再好,亿联网络净利率那么高,远超宝利通,我还是不能接受。也别说是因为经销商模式,如果采用经销商模式这么赚钱,宝利通干脆也采用经销商模式好了,何必自己搞直销。

苏格拉:格劳孔啊,你还是要继续看欣含宇通的说明书啊!下面还有这样一句话,"2016年公司更大规模的代理亿联、中兴和华为等毛利率相对较高的视频会议及电话产品,因此公司整体毛利率有一定提升。"经销商代理宝利通的产品,毛利率不如亿联等的产品,这也是经销商的自主选择呀!

格劳孔:我没太明白你的意思。

苏格拉:如果想采用经销商模式,宝利通就需要降低给经销商的出厂价。欣含宇通有这样一句话:"2015年宝利通产品市场销售价格越来越透明,售价降低,导致利润空间逐步下降,如:销售宝利通HDX8000,2015年中国精密机械进出口有限公司售价60,000元/台;另一方面,2015年虽然公司采购该类产品单价下降,但根据存货期末加权平均法核算办法,在进行2015年度产品成本结算时需要消化期初单价较高的库存,进一步缩小了当期产品的利润空间,造成公司总体毛利率下降,如:采购宝利通HDX8000,2014年神州数码(中国)有限公司采购价58,200元/台,2015年为55,290元/台。"

格劳孔:这样一计算,经销商的毛利率只能有3%~7.85%了,这和2016年1—4月视频会议及电话的毛利率22.99%相比,确实差距极大啊。

苏格拉:是的,我们就按照7.85%的毛利率估算好了(虽然这只是视频会议系统这一单项产品的情况,但我们不妨就认为IP话机、SIP话机也是如此)。如果把Polycom在2015年的营业收入计为100元,那么营业成本就是41.7元，销售费用就是27.6元。如果Polycom想让经销商取得相同毛利率的话，它就需要把出厂价从100元降至83.57元[计算公式为：100÷（1-7.85%）×（1-22.99%）]。这意味着，收入减少16.43元；而销售费用降至亿联网络7.43元的话，销售费用可以下降20.17元。但是，如果你考虑到国外的人工成本，就会知道，宝利通即使采用经销商模式，销售费用降到7.43元也是很难的。如此看来，你还真的认为销售模式会有很大的影响吗？

格劳孔：即使销售费用不是个问题，管理费用差距也是很大的。

苏格拉：没错，还是以2015年为例，仍以100元计收入的话，宝利通的管理费用为22.1元，而亿联网络的管理费用为11.24元。但就像很多投资者所说的那样，亿联的这些产品需要很高精尖的技术吗？

格劳孔：嗯，确实不需要投入过多的研发费用，而美国的人力成本又高，研发人员的平均薪酬更高一些，似乎也是说得通的。但是你这些假设都是基于欣舍宇通所披露的内容为真实的，难道欣舍宇通就不能是与亿联网络一伙的吗？

苏格拉：我们确实可以查查，看欣舍宇通和亿联网络的管理层之间是否有交集。我们用Wind把欣舍宇通现任管理层及离任高管的名字都在亿联网络公告全文中进行检索，可以发现欣舍宇通的董事之一"李英"与亿联网络公司实控人之一卢荣富的配偶"李英"重名。

格劳孔：你瞧，这不就露出马脚了！

苏格拉：且慢，不要这么轻易下结论，李英不是一个罕见姓名，我们先看看介绍。欣舍宇通这样介绍李英："李英，女，1972年12月出生；1994年7月毕业于西南大学中文系汉语言文学专业，本科学历。1994年9月至1997年7月，在平昌县坦溪镇初级中学担任初中语文教师；1997年8月至2007年8月，在中国人寿股份有限公司平昌县支公

财报背后的投资秘密:"韭菜"的自我修养

司担任经理;2007年9月至今,在平昌县信义小学担任初中语文老师;2016年3月至今,担任欣含宇通董事,任期三年。"而亿联网络这样介绍卢荣富:"卢荣富先生,1971年生,本科学历,工程师,毕业于复旦大学电子工程系。1992年至2001年先后任职于厦华电子公司研究所、厦门中科大辰信通讯产业有限公司;2002年至2012年5月任亿联有限公司副总经理;2012年6月至今任本公司董事、副总经理。"

格劳孔:出生仅相差1年。

苏格拉:我知道你在怀疑什么,不过二者的工作轨迹有很大区别,前者主要在平昌县,也就是四川省的一个县城;后者一直在厦门工作。当然,调查记者倒是可以把这点作为一个线索,比如去那个小学问问看是否有一位李英教师在那里工作。如果两家公司果真是一伙的,那我也只能说声佩服了。

格劳孔:看来我们已经挖得差不多了。等等,我发现了你这样解释的重大漏洞!我们姑且都让两家公司采用相同的销售模式,也就是经销商模式,那么Polycom的营业收入、营业成本分别为83.57元、41.7元,毛利率就是50.1%;Yealink的营业收入、营业成本分别为100元、41.37元,毛利率就是58.63%!毛利率居然差了8.53%,凭什么?

苏格拉:亿联网络在问询函回复公告中提到:"Polycom的外协加工模式为整体外包加工,而公司的外协加工为来料加工模式,即公司自行采购所有原材料,提供生产工艺流程文件及作业指导书,委托第三方外协厂商按照公司的技术标准和质量要求进行生产加工,并最终进行成品检验、测试;由公司负责采购及生产工艺控制,使得公司可以有效地降低采购成本及有效控制不良品率,提升公司毛利率水平。"

格劳孔:打住!这能影响2~3个点的毛利率我可以相信,但若说能影响8~9个点的毛利率我可不信。

苏格拉：别着急，我还没说完呢。很多投资者一直质疑的是"海外收入过高"，那么海外收入必然导致什么呢？

格劳孔：出口退税。

苏格拉：太对了，格劳孔。还是拿2015年举例，亿联网络海外收入为6.27亿元，现金流量表中收到的税费返还为4501万元。增值税退税并没有计入其他收益或营业外收入中，那么这些退税就只有一种可能，即抵销上市公司营业成本。亿联网络招股书也提到："如果未来国家下调跟公司产品相关的出口退税率，公司主营业务成本将相应上升；短期内出口退税率下降将会导致公司产品毛利率下降，进而影响公司的盈利能力。"瞧，将近7个点的毛利率这不就多出来了吗？

格劳孔：嘿！好吧。但我还是想不明白，既然这个行业这么赚钱，为什么没有其他进入者来复制这一成功的商业模式呢？

苏格拉：这可能跟行业"天花板"较低有关系。2018年，亿联网络以18.15亿元的收入，就能在IP话机终端市场、SIP话机市场的市占率分别达到14.5%、27.3%，可想而知，这个细分领域并非一个大蛋糕。大型企业看不上，小型企业又有一定的市场进入壁垒。再加上亿联网络对网上质疑比较放任的态度，恐怕不少潜在竞争者还都认为亿联网络所在的这个行业其实不赚钱吧！我倒是建议，你可以逛逛亚马逊网站，看看亿联网络以及宝利通的产品评价，也许对你形成两家产品的初步印象有较好的帮助。

格劳孔：好吧，也许你是对的。不过"时间会检验一切的"，如果明年3月，亿联网络的几大股东在解禁后就大量减持，那我仍然坚定认为造假的可能性大增。

苏格拉：市场上的确有些人会这么想，那我们不妨设身处地想一下。如果你是亿联网络大股东，在行业增长有限的情况下，PB超过

10、PE 超过 35，你会不会减持呢？

格劳孔：那我肯定减持，不减持才是傻。

苏格拉：是啊，不减持才是傻。我们无法百分之百确定一家上市公司是优秀还是糟糕，不过，只要我们能坚持不去投资估值过高的股票，那么就已经成功一半了。

半年后的 2020 年 4 月 21 日，笔者参与了雪球直播（话题即为亿联网络），在直播期间，亿联网络发布了对深交所 2019 年报问询函的回复公告。当晚，我写了一篇题为《亿联网络的回复，我比较失望》的文章，文章内容如下：

在雪球直播时我就说，亿联网络关于问询函的回复公告我会重点看两方面，一个是经销商情况，另一个是理财产品情况。等我开始看公告时，对上市公司回应理财产品权利是否存在权利受限这一点的内容并不满意。

9 家银行和 4 家券商共计 13 家机构，对于理财产品的回函内容几乎完全相同，均称："贵公司存入本行/本公司用于购买上述理财产品的资金，均按照与贵公司产品说明书投资于合规的金融资产项目，不存在被贵公司大股东及其关联方占用的情况；不存在由贵公司大股东及其关联方指定理财资金投向的情况；也未发现贵公司大股东及其关联方从上述理财产品购买交易中直接获取利益的行为，贵公司大股东及其关联方清单详见附件。"

在这 13 家机构中，只有华夏银行一家指出："以上理财产品不存在资金受限情况，未进行质押、担保或是被冻结；上述大股东及其关联方名单由贵公司提供。"

是的，我就想看到全部 13 家机构都信誓旦旦地告诉我们，"以上理财产品不存在资金受限情况,未进行质押、担保或是被冻结"。然而并没有,我比较失望。

我为什么这么说呢?在直播中我推荐大家看两篇文章,一篇是叶银华、马军生所写的《台湾博达财务舞弊案剖析》,另一篇就是林小驰写的《一张图带你看懂九好财务舞弊过程》。

当年九好就是利用理财产品担保换来了银行票据用于贴现,所以,12家机构没有声明"以上理财产品不存在资金受限情况,未进行质押、担保或是被冻结",就无法打消我对于理财产品的担忧,我比较失望。

第二节

营业成本：供应商可能决定公司产品质量

假如上市公司的多个供应商相互间存在地址类似、电话相同、联络员（联络员不是董监高）名称相同等情况，是否就如同客户存在类似情况一样，让我们对其生疑呢？

这不一定。根据笔者过往多次实地调查经验来看，某些行业（如建材、化工等）的公司会在某个城市有专门的聚集地，这些公司可能选择了同一家代理记账中介，就可能造成它们地址接近甚至有电话、联络员名称相同等情况。

假如一家上市公司属于化工行业，却不直接从中石油、中石化采买石油，反而是通过一些小企业购买石油（采购价更高），这是否意味着采购有猫腻呢？

也不一定，因为小企业相对于"两桶油"这样的"巨无霸"而言，虽要价更高一些，但允许企业有更长的赊账期，小企业所赚得的差价实际类似于借款利息。

类似的还有很多，但都是可以解释得通的。由此可见，通过供应商（假如没有大额预付款）来判断上市公司存在采购异常是比较困难的。在实际应用中，我们无法像分析客户那样，用很多手段来分析供应商。

一、不同方式推断成本

类似于收入，我们格外关注上市公司或并购标的公司的成本中的分类明细及各自占比情况。通过分类明细及占比，我们可以反向推测总采购金额，再与上市公司实际披露金额相印证，判断其财务数据的可信度。

丸美股份（603983.SH）的招股说明书写道："报告期内，发行人主要向供应商采购瓶子、盖子、纸盒、纸箱等包装材料，添加剂、水溶保湿剂、表面活性剂等原材料以及柜台等用于产品销售的各种物料。"

招股说明书第190页则进一步显示，"公司采购的主要包装材料为瓶子、软管、盖子、喷头、纸盒、纸箱等"，主要包装材料[①]的采购金额及占比情况见表2-9所示。

表2-9　2016—2018年丸美股份主要包装材料的采购金额及占比

采购品种	2018年		2017年		2016年	
	采购金额（万元）	比例（%）	采购金额（万元）	比例（%）	采购金额（万元）	比例（%）
瓶子	10,001.49	32.23	8,691.48	30.27	7,243.65	31.63
软管	1,525.61	4.92	1,541.47	5.37	1,199.42	5.24
盖子	6,154.46	19.83	6,059.42	21.10	4,207.64	18.37
喷头	1,644.72	5.30	1,478.79	5.15	1,493.56	6.52
纸盒	7,729.53	24.91	8,020.71	27.93	4,114.14	17.96
其他	3,979.03	12.82	2,920.98	10.17	4,642.51	20.27
合计	31,034.83	100.00	28,712.85	100.00	22,900.92	100.00

然而，我们根据丸美股份招股说明书第209页披露的"报告期内公司前五名包装材料供应商采购情况"整理如下，见表2-10。

[①] 其他包装材料主要包括说明书、纸箱等。

表2-10 2016—2018年丸美股份前五名包装材料供应商采购情况

年份	序号	包装材料供应商名称	采购产品	采购金额（不含税）（万元）	占包装采购额比例（%）	占总采购比例（%）
2018	1	浙江欣昱科技有限公司	玻瓶、塑瓶、盖子、喷头等	9,270.38	27.64	16.24
	2	深圳市添亿彩盒包装有限公司	纸盒、纸箱类	5,180.86	15.45	9.08
	3	广州市恒远彩印有限公司	纸盒、宣传彩页等	3,793.42	11.31	6.65
	4	浙江申达化妆品包装有限公司	玻瓶、盖子、喷头等	3,045.54	9.08	5.33
	5	广东金冠科技股份有限公司	纸盒、纸标、彩报等	1,550.35	4.62	2.72
	合计			22,840.55	68.10	40.01
2017	1	浙江欣昱科技有限公司	玻瓶、塑瓶、盖子、喷头等	9,207.56	32.07	18.45
	2	深圳市添亿彩盒包装有限公司	纸盒、纸箱类	5,169.81	18.01	10.36
	3	广州市恒远彩印有限公司	纸盒、宣传彩页等	2,557.87	8.91	5.13
	4	上海高雅玻璃有限公司	玻瓶	1,955.17	6.81	3.92
	5	浙江申达化妆品包装有限公司	玻瓶、盖子、喷头等	1,805.61	6.29	3.62
	合计			20,696.02	72.08	41.48
2016	1	浙江欣昱科技有限公司	玻瓶、塑瓶、盖子、喷头等	6,781.84	29.61	15.77
	2	深圳市添亿彩盒包装有限公司	纸盒、纸箱类	3,605.19	15.74	8.38
	3	上海高雅玻璃有限公司	玻瓶	2,208.62	9.64	5.14
	4	广州市恒远彩印有限公司	纸盒、宣传彩页等	1,610.05	7.03	3.74
	5	广东金冠科技股份有限公司	纸盒、纸标、彩报等	1,134.08	4.95	2.64
	合计	—	—	15,339.78	66.98	35.67

根据表 2-10 采购金额（不含税）及占包装采购额比例可知（前者除以后者），2018 年、2017 年和 2016 年包装采购总额分别为 33540 万元、28713 万元、22902 万元，与表 2-9 所披露的 31035 万元、28713 万元、22901 万元分别相差 2505 万元、0 万元、1 万元。

显然，根据两种方式计算的包装采购额在 2016 年、2017 年是基本一致的，但在 2018 年却有无法忽视的差距，这种差距究竟是何种原因导致的？这就需要投资者警惕了。

二、供应商的"卡位存在"

有时，卡着时间注册、注销的供应商也很值得怀疑。这类供应商会不会只是为了配合客户参与上市公司的资金循环呢？我们先看一下天广中茂（002509.SZ）在 2017 年报问询函的回复公告中披露的 2017 年前五大供应商名称，见表 2-11。

表 2-11 2017 年天广中茂前五大供应商采购情况

供应商名称	采购额（元）	采购内容	与 2016 年的变化情况
广州天庆建筑劳务有限公司	179,298,081.43	劳务分包	2016 年无采购
吴川市鑫业建材有限公司	84,051,562.10	材料	2016 年无采购
广州誉特建筑劳务分包有限公司	65,799,287.57	劳务分包	2016 年采购总额 2,673 万元
广州晋东商贸有限公司	63,099,280.44	钢材等材料	2016 年为第四大供应商
吴川市振文陈波建筑材料经营部	54,656,563.30	材料及其他	2016 年无采购
前五大供应商采购合计	446,904,774.84		

工商资料显示，第二大供应商吴川市鑫业建材有限公司，成立于 2017 年 8 月 3 日，却于 2018 年 3 月 21 日注销；第五大供应商吴川市振文陈波建筑材料经营部，成立于 2016 年 7 月 26 日，后于 2019 年 7 月 30 日注销。

无独有偶，2015 年上市公司收购广州中茂园林建设工程有限公司

（下称"中茂园林"）的公告显示，中茂园林 2015 年 1—6 月的第一大与第三大供应商分别为吴川市吴阳扩展建材经营部、吴川市吴阳八方建材经营服务部，采购额分别为 3982 万元、2746 万元，占采购总额的比例分别为 13.96%、9.63%。

然而，工商资料显示：吴川市吴阳扩展建材经营部、吴川市吴阳八方建材经营服务部分别成立于 2014 年 10 月 13 日、2015 年 3 月 16 日，却又分别注销于 2015 年 9 月 23 日、2015 年 7 月 7 日。

巧合的是，这几家吴川市的供应商似乎大多在完成"历史使命"之后注销掉，莫非这才是真正的"事了拂衣去，深藏身与名"？虽然我们还无法断言这些供应商一定有问题，但我们的怀疑无法打消。

三、通过供应商判断上市公司的产品质量

对于食品类或制造业上市公司，查看其供应商可能有助于间接辨别上市公司产品品质。以零食类上市公司为例，我们选取三只松鼠（300783.SZ）、来伊份（603777.SH）、盐津铺子（002847.SZ）、良品铺子（603719.SH）等 4 家公司，考察它们的供应商情况。

（一）三只松鼠

根据招股说明书，我们对跻身三只松鼠 2016—2018 年各年度前五大供应商的 11 家公司做了统一摸排，发现至少有两家供应商曾被监管部门处罚过，而处罚品类与上市公司采购品类有重叠。

其一，根据信用中国网站，2018 年的第二大供应商含羞草（江苏）食品有限公司[①]曾于 2018 年 5 月 7 日、2018 年 7 月 13 日分别因销售不

---

① 三只松鼠对该公司主要采购内容为：芒果干、菠萝干、草莓干、猪肉脯、蛋糕、3 次方礼盒、每日坚果。

合格的菠萝干、销售不合格的鱼皮花生，而被南京市溧水区市场监督管理局处以罚款。其中菠萝干为三只松鼠的采购内容之一。

其二，根据国家企业信用信息公示系统，2018年第四大供应商杭州鸿远食品有限公司①于2018年12月10日因生产、销售不合格的松子，而被杭州市萧山区市场监督管理局处以罚款。其中松子为三只松鼠的采购内容之一。

（二）来伊份

因2017—2018年上市公司未披露供应商名单，我们只好根据招股说明书，对跻身来伊份2014年、2015年、2016年上半年前十大供应商的14家公司做了统一摸排，发现至少有两家供应商曾被监管部门处罚过。

其一，根据国家企业信用信息公示系统，上述两年及一期均位列第一大供应商的上海天弩食品有限公司，于2019年10月16日因生产经营标签、说明书不符合法律法规规定的食品、食品添加剂，而被青浦区市场监督管理局处以罚款。

其二，根据信用中国网站，上述两年及一期均位列第八大供应商的杭州灵鑫食品有限公司，曾于2017年8月16日被杭州市市场监督管理局抽检所生产的西梅和加州西梅。经检测，当事人生产的西梅和加州西梅所检项目中菌落总数项目不符合GB14884-2016要求，检验结论为不合格。

2017年9月29日，监管局告知当事人检测结果，当事人表示对检验结果无异议，并同时向上海来伊份股份有限公司发出产品召回通知，于11月5日将此前发出的西梅495千克、加州西梅195千克全部召回并销毁。

（三）良品铺子

根据招股说明书，我们对跻身良品铺子2015—2017年、2018年上

---

① 三只松鼠对该公司主要采购内容为：松子、开心果、琥珀核桃仁、腰果。

半年前五大供应商的 13 家公司做了统一摸排，发现至少有三家供应商曾被监管部门处罚过。

其一，根据国家企业信用信息公示系统，2018 年上半年第二大供应商福建爱乡亲食品股份有限公司已被行政处罚 5 次。如：2016 年 7 月 12 日因"违反生产经营超限量使用食品添加剂的食品"被晋江市市场监管局处罚；2018 年 3 月 26 日因"违反生产经营菌落总数不符合食品安全国家标准的蒸蛋糕"而被东石镇市场监管所处罚。

其二，根据国家企业信用信息公示系统，2017 年第一大、2016 年第三大、2015 年第四大供应商上海顶誉食品有限公司，分别于 2015 年 9 月 7 日和 2016 年 8 月 16 日，均因食品案件遭受处罚，行政处罚内容为：没收违法所得和违法生产经营的食品、食品添加剂，并没收用于违法生产经营的工具、设备、原料等物品。

其三，根据信用中国网站，2018 年上半年第五大、2017 年第二大、2016 年第一大、2015 年第二大供应商杭州森宝食品有限公司，于 2018 年 3 月 26 日因存在其他食品安全违法行为，受到萧山区市场监管局处罚。

（四）盐津铺子

根据招股说明书及年报，我们对跻身盐津铺子 2013—2015 年、2016 年上半年前五大原料、辅料供应商，及 2017—2018 年前五大供应商的 21 家公司做了统一摸排，未发现处罚信息。

由此可见，仅就"大供应商没有过食品安全处罚"这一点，三只松鼠、来伊份、良品铺子的产品都让我们有些担忧。

四、毛利率

毛利率异常是很多财务舞弊识别人员津津乐道的财务指标：与同行相比，毛利率过高，若上市公司并没有强技术壁垒、品牌效应且无合理解释，那么很可能有虚增收入等嫌疑；与同行相比，毛利率过低，则可能说明上市公司产品偏低端，竞争力稍显不足。

（一）毛利率显著高于同行

2015 年，天广中茂（002509.SZ）还收购了电白中茂生物科技有限公司（下称"中茂生物"）100%股权，与中茂园林共计形成商誉 12.97 亿元，占上市公司当期总资产的 25.40%。

通过收购公告书以及天广中茂财报，我们可以将中茂生物的盈利数据列示出来。与之一同列示的还有上市公司可比同行雪榕生物（300511.SZ）与众兴菌业（002772.SZ）的盈利数据，见表 2-12。

表 2-12　2013 年至 2018 年上半年三家公司盈利情况

	时间	2013 年	2014 年	2015 年上半年	2016 年	2017 年	2018 年上半年
中茂生物	营业收入（万元）	7511	12071	4954	28840	36981	16474
	净利润（万元）	2208	3982	1112	12872	14963	3724
	净利率（%）	29.40	32.99	22.44	44.63	40.46	22.60
	时间	2013 年	2014 年	2015 年上半年	2016 年	2017 年	2018 年上半年
雪榕生物	营业收入（万元）	77302	88838	39541	99868	133028	80729
	净利润（万元）	7894	9726	-1185	10642	12209	2127
	净利率（%）	10.21	10.95	-3.00	10.66	9.18	2.63
	时间	2013 年	2014 年	2015 年上半年	2016 年	2017 年	2018 年上半年
众兴菌业	营业收入（万元）	26394	38350	20548	58502	73979	41465
	净利润（万元）	5470	9081	3876	16134	14278	3675
	净利率（%）	20.72	23.68	18.86	27.58	19.30	8.86

净利率用柱状图也许可以看得更直观一些，其中 2015 年、2018 年指的是当年上半年，见图 2-2。

很明显，雪榕生物净利率最低，不过它相对于众兴菌业净利率更低

财报背后的投资秘密:"韭菜"的自我修养

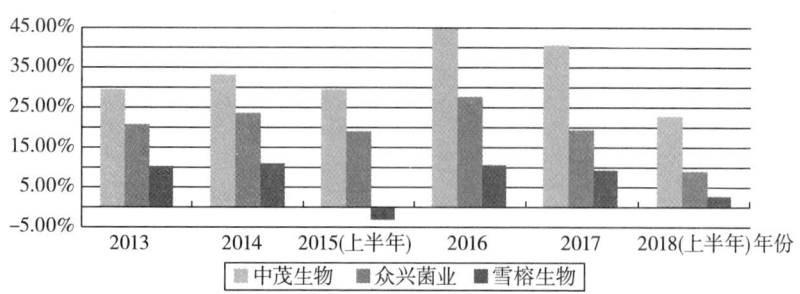

图 2-2 2013—2018 年三家公司净利率

的原因是其财务费用与理财产品收益等方面的劣势。那么,同样以金针菇销售为主的中茂生物何以有如此高的净利率呢?

仅以财务费用等来看,中茂生物 2013 年、2014 年、2015 年上半年财务费用占营业收入的比例介于二者之间,若中茂生物在 2016 年之后仍保持之前的财务费用与营业收入的比例,则无法解释上述现象。

另外根据财报,天广中茂 2016 年、2017 年、2018 年上半年非经常性损益分别为 1325 万元、1755 万元、442 万元,即使这些都算在中茂生物处并从净利润中扣除,亦不会损其过多。因此,中茂生物的高净利率也不会与此有关。

如此看来,中茂生物这几年的高净利率大概率与高毛利率有关,比如在收购公告中,天广中茂披露了标的公司与同行业可比公司毛利率的对比,见表 2-13。

表 2-13 2013—2014 年三家公司毛利率

公司	2013 年			2014 年		
	单位价格(元)	单位成本(元)	毛利率(%)	单位价格(元)	单位成本(元)	毛利率(%)
中茂生物	8.8	4.97	43.55	7.88	4.33	45.10
雪榕生物	7.52	5.39	28.39	6.66	4.68	29.71

续表

公司	2013年			2014年		
	单位价格（元）	单位成本（元）	毛利率（%）	单位价格（元）	单位成本（元）	毛利率（%）
众兴菌业	5.77	4.31	25.30	5.52	3.9	29.42

注：众兴菌业的毛利率扣除了销售费用中的包装费用。

对于高毛利率，天广中茂仅分析了主打产品金针菇，其认为针对标的公司高毛利率的分析可从两方面入手，一者为销售价格，一者为销售成本。下面我们将逐一分析其解释的合理性。

1. 销售价格对比分析

天广中茂认为，中茂生物金针菇产品价格高于同行业可比上市公司主要有以下三方面的原因。

第一，产品规格差异。"一般而言，切根会造成最终产品约13%的重量损失，切根工序也增加了人工成本，因此切根金针菇的销售单价普遍高于不切根；中茂生物的大部分金针菇切根后销售，约分别占2013年、2014年销量总额的98.21%和95.08%，高于雪榕生物的54%、66.37%。"

疑问：假设我们按照切根率都是13%计算，那么100个单位的金针菇在按照各自切根占比计算后，中茂生物在2013年、2014年分别收获金针菇87.23个单位、87.64个单位，雪榕生物分别收获92.98个单位、91.37个单位，众兴菌业则均收获100个单位。

如果单位与价格成严格反比例关系，那么中茂生物的单价应该在2013年分别比雪榕生物、众兴菌业高出6.59%、14.64%，2014年则分别高出4.26%、14.10%。然而实际结果却是，中茂生物2013年单价分别高出雪榕生物、众兴菌业17.02%、52.51%，2014年分别高出18.32%、42.75%。切根真的是主要原因吗？

第二，区域性差异。"农产品在不同区域的销售价格存在很大的差异；中茂生物销售区域主要集中在华南，占比高于同行业可比上市公司；华南区域整体物价水平较高，居民消费能力较强，包含食用菌在内的整体农产品价格也高于内陆地区。"

疑问：众兴菌业销售金针菇以西北地区为主，消费能力或许偏低，但雪榕生物销售地区以华东、华南、东北、西南为主，而消费能力偏低的东北地区、西南地区并不见得金针菇价格就低。

如根据易菇网数据，以2013年8月29日为例，全国批发市场金针菇价格行情显示，广东汕头、陕西西部欣桥、辽宁阜新蔬菜、江苏扬州联谊、浙江义乌、四川绵阳高水的均价分别为5.8元/公斤、6元/公斤、8元/公斤、7元/公斤、9.5元/公斤、14元/公斤。如此看来，以地区消费能力论价格之高低也难说得通。

第三，产品品质差异。"中茂生物注重对食用菌菌种及其培养基配方的研究和优化，在工厂化种植过程中对食用菌的生长环境进行严格的调控，使得培育出的金针菇菇帽均匀、菇体洁白度高、菇条较粗，食用起来口感甜脆，更受消费者青睐，良好的产品品质使得中茂生物在产品定价方面更具竞争优势。"

疑问：谈产品品质，恐怕另两家上市公司只能笑而不语了。在收购审计报告中，中茂生物的管理费用并没有列出研发费用，仅有一个"其他"项，这部分费用在2013年、2014年、2015年上半年分别为28.32万元、42.34万元、23.77万元。

然而，雪榕生物同期研发支出分别为374万元、345万元、142万元；众兴菌业同期研发支出也分别达到195万元、323万元、193万元。为何中茂生物远不如同行研发费用高，产品品质却更具优势呢？

第二章　利润表

2. 销售成本对比分析

天广中茂认为，中茂生物的生产工艺较为先进，单位成本产出率较高。中茂生物的生产工艺领先优势体现在以下三个方面。

第一，栽培周期较可比公司短。"中茂生物使用液体菌种生产金针菇，具有栽培周期短的优势；以2014年为例，中茂生物栽培周期为43～46天，明显低于雪榕生物的48～51天，众兴菌业的53天。"

疑问：天广中茂仅披露了中茂生物的食用菌栽培周期，但是从菌种生产到食用菌栽培出菇合计周期还包括一个菌种生产周期，比如雪榕生物采用液体菌种生产，菌种生产周期是23～32天，远低于固体菌种的79～92天，那么中茂生物的菌种生产周期有多少天呢？

第二，主要产品金针菇杂菌污染率较低。"报告期内平均杂菌污染率为0.13%，远低于同行业平均水平；以2014年为例，雪榕生物金针菇杂菌污染率为0.89%，众兴菌业平均杂菌污染率为0.18%。"

疑问：雪榕生物2013—2015年污染率分别为1.17%、0.89%、0.25%，呈下降趋势。那么污染率对于2016年、2017年成本的影响是否已经没那么大了？

第三，生物转化率和单瓶产量较可比公司高。"以2013年为例，中茂生物金针菇产品的生物转化率和单瓶产量分别为136.50%、430克，雪榕生物分别为132.96%、412.3克，众兴菌业分别为125.07%、388克。"

疑问：还是研发费用的问题，为何中茂生物远不如同行研发费用高，但污染率、生物转化率均好于同行呢？

综上所述，上市公司给出的6点解释并不足以打消我们的疑虑，我们仍对中茂生物高毛利率与高净利率持高度谨慎态度。[①]

[①] 2020年5月11日，天广中茂触发面值退市。

(二) 毛利率变化趋势

有时,我们还会考虑上市公司毛利率变化趋势与同行是否一致。顾地科技（002694.SZ）与永高股份（002641.SZ）、伟星新材（002372.SZ）为同行业可比上市公司,均主要从事塑料管道的生产销售。图2-3是三家上市公司2009—2016年毛利率对比。

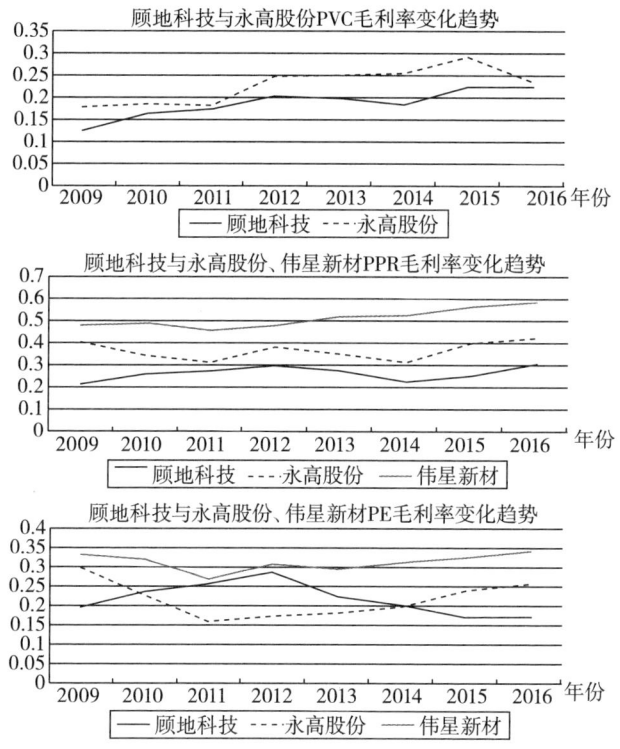

图2-3 2009—2016年三家上市公司毛利率对比

可见,顾地科技PE塑料管道①毛利率变化趋势与同行有明显的差异,这一点让我们十分疑惑。

---

① 顾地科技PE塑料管道营业收入占总收入的三成左右。

第三节

税金及附加：应用范围较窄的科目

税金及附加，主要反映消费税、城建税、教育费附加、土地使用税、房产税、印花税、其他税种，等等。我们认为，虽然通过该科目来判断上市公司是否存在舞弊现象有极高难度，但该科目对于我们推测上市公司资产或业务构成的占比可能有帮助。以下用三类案例说明。

一、通过房产税来判断上市公司房屋的真实情况是否有效

有观点认为，过低的房产税可能意味着虚增房屋。那么我们来讨论一下，通过房产税来判断上市公司房屋的真实情况是否有效。

以往，这个指标是计入管理费用且大多不单独列项的，常被放入"费用性税金"或"其他费用"这个"万能筐"之中。不过，到了2016年，很多上市公司当年年报都会有类似的一段话：

"根据财政部《增值税会计处理规定》（财会〔2016〕22号文）以及《关于〈增值税会计处理规定〉有关问题的解读》，公司将2016年5—12月房产税、印花税、土地使用税、车船税的发生额列报于'税金及附加'项目，2016年5月之前发生额仍列报于'管理费用'项目。"

当然，也有的上市公司选择将2016年全年房产税等税额均列报于

"税金及附加"科目,不过这些并不影响随后的2017年等年。在本节中,我们先讨论房产税的基本情况,再来讨论该科目在财务评判中的应用范围。

(一) 房产税的基本介绍

根据税法,"现行房产税法的基本规范,是1986年9月15日国务院颁布的《房产税暂行条例》,而在2011年1月8日,该暂行条例得到修订。"房产税以房屋为征税对象,以在征税范围内的房屋产权所有人为纳税人。"该定义不过多解释,接下来谈税率。

"我国现行房产税采用的是比例税率;房产税的税率有两种:一种是按房产原值一次减除10%~30%后的余值计征的,税率为1.2%(从价计征);另一种是按房产出租的租金收入计征的,税率为12%(从租计征)。"

通过上述税率及计税依据可知,若从价计征房产税,那么房产税的应纳税额为征税范围房屋的房产原值(即"账面原值",非"账面价值"或"公允价值")的1.08%~0.84%。接下来,我们将从三个方面来谈应用。

第一个方面,房产税的征税范围是什么?根据《房产税暂行条例》,"房产税的征税范围为城市、县城、建制镇和工矿区(开征房产税的工矿区须经省、自治区、市批准)"。所以我们看到,"房产税的征税范围不包括农村"。

因此,我们在应用房产税之前,需明确上市公司新增房产的具体位置。如鹏欣资源(600490.SH)房屋及建筑物主要在刚果(金);此外,农村情况就以"种猪和商品猪的养殖与销售为主营业务"的牧原股份(002714.SZ)为例。

根据年报数据,牧原股份2017年、2018年固定资产中房屋及建筑物原值分别为56.2亿元、90.82亿元。即使其房屋及建筑物均为房屋，其2017年、2018年仅分别有410万元、478万元的房产税金额亦是合理的。

第二个方面，哪些房产税可以得到税收优惠？"因房产税属于地方税，因此给予地方一定的减免权限，有利于地方因地制宜地处理问题。"目前，房产税的税收优惠政策（免征）主要有以下几类：

"①国家机关、人民团体、军队自用的房产；②由国家财政部门拨付事业经费的单位（如学校、医疗卫生单位等）自用的房产；③宗教寺庙、公园、名胜古迹自用的房产；④个人所有非营业用的房产；⑤经财政部批准免税的其他房产。"

第三个方面，纳税义务何时发生？从价计征情况下，"纳税人将原有房产用于生产经营，从生产经营之月起缴纳房产税"。此外，纳税人取得房产的方式还可分为"购置"及"自建或委托建设"来分别论述。

"购置"情况分为两种。"纳税人购置新建商品房，自房屋交付使用之次月起缴纳房产税；纳税人购置存量房，自办理房屋权属转移、变更登记手续，房地产权属登记机关签发房屋权属证书之次月起，缴纳房产税。"

"自建或委托建设"也分为两种。"纳税人自行新建房屋用于生产经营，从建成之次月起缴纳房产税；纳税人委托施工企业建设的房屋，从办理验收手续之次月起缴纳房产税。"

因此，购置类情况可能需要结合房屋权属证书来判断（甚至可能存在出租之用途），而自建或委托建设类情况则仅须考察自在建工程转入固定资产或投资性房地产的房屋。但由于固定资产项披露的是房屋及建筑物，不仅仅包括房屋，这又给判断增加了难度。

而在从租计征情况下，"纳税人出租、出借房产，自交付出租、出借房产之次月起，缴纳房产税"，"房地产开发企业出租、出借本企业建造的商品房，自房屋使用或交付之次月起，缴纳房产税"。

因而我们猜测，对于某类公司可能有分析捷径，即新建大楼或具有投资性房地产并取得租金收入的那些上市公司：若有新建大楼，则以转固的房产账面原值与缴纳的房产税作对比；若有投资性房地产且用于出租，则以租金与缴纳的房产税作对比。

（二）大楼与国民技术

笔者考察了很多新建大楼的上市公司，但最终均未发现其房产税存在明显异常。

如以安全芯片和通信芯片为主要产品的国民技术（300077.SZ），其研发及办公大楼即国民技术大厦，自 2015 年起建设，直至 2018 年 9 月全面完工并投入使用，当期转入固定资产或投资性房地产的金额为 3.95 亿元。

其中，国民技术大厦 1、2、8~17 层被上市公司转入投资性房地产，转换日为 2018 年 9 月 30 日，转换日账面金额为 1.83 亿元。这也就意味着，转入固定资产的国民技术大厦其余层的账面金额应为 2.13 亿元。

在 2018 年年报的"投资性房地产主要项目情况"中，国民技术披露称，深圳软件园 3 栋 301、302 及国民技术大厦 1、2、8~17 层在当期产生的租金收入合计为 716 万元。以 12% 税率计征房产出租的租金收入，这部分租金应缴纳房产税 86 万元。

至于转固的国民技术大厦金额，按照"房产原值的 70% 为纳税基准、适用税率 1.2%"计算，这部分应纳房产税税额亦应不低于 45 万元。若将从租计征与从价计征的房产税合计，国民技术当期应纳房产税应不低于 131 万元。但实际情况果真如此吗？

根据国民技术 2018 年年报，利润表中的税金及附加之房产税一项仅有 11 万元，明显小于 131 万元。但我们调研后发现这是正常的，因为《深圳经济特区房产税实施办法》规定，"纳税单位新建或购置的新建房屋（不包括违章建造的房屋），自建成或购置之次月起免纳房产税三年"。①

（三）租金与浦东金桥

再说个出租的。浦东金桥（600639.SH）主营业务集中在房地产业，公司采取租售结合、以租为主的经营模式。2018 年年报称："经过二十多年的经营发展，公司拥有厂房、办公楼、住宅、商铺以及教育、休闲配套等各类投资性物业约 235.4 万平米。"

根据资产负债表，浦东金桥投资性房地产的账面原值从 2011 年的 59.42 亿元增长至 2018 年的 110.58 亿元，其中大部分为房屋及建筑物。根据利润表，房地产租赁取得的收入从 2011 年的 8.04 亿元增长至 2018 年的 13.94 亿元。

在"报告期内主要经营情况"中，浦东金桥披露了在营重要项目一览表。这些项目应该不在境外，但哪些在"城市、县城、建制镇和工矿区"范围以外，我们无法确定；而且既然以出租为主，那么范围以内的地产按理就不在免税之内。

然而，浏览财报之后我们发现一个有趣的现象：2011—2018 年，浦东金桥缴纳的房产税金额均为 4561206 元。另外值得一提的是，2016—2018 年资产负债表中应交税费之房产税也都是 2280603 元②，甚是神奇。

---

① 据咨询 12366 服务电话，深圳还有个特殊之处，无论自用还是出租，均从价计征房产税，因此出租也在免税范围内。

② 2011 年也是这个数值。

即使上市公司缴税范围以内的房产出租取得的租金收入仅占一成，浦东金桥应缴纳的房产税也应在千万元左右，且每一年的房产税金额按常理推断也不该保持一致。这究竟是什么原因导致的呢？据我们电话咨询了解，浦东金桥称公司从租计征的房屋均不缴纳房产税，456万元房产税完全由从价计征的房产产生。

（四）房产税可作为识别方法吗？

由此，我们不得不考虑一个问题，即"通过房产税过低的现象来推测上市公司可能存在虚增房屋等非流动资产"是否为一个恰当的逻辑。事实上，我们猜测，或许正是因为有房产税的缘故，上市公司在虚增资产时才不大可能愿意选择虚增房屋（这与其他按收入计征的税不一样）。

须知，税务部门有更强的威慑力，假如上市公司果然虚增房屋，其是否敢于不缴房产税？况且，房产税每年都要缴纳，即使从价计征，每年也有房屋原值接近1%的成本，显然虚增房屋是不划算的，远不如无须缴纳房产税的构筑物等资产划算。

另外，房产税为地方税，在征收过程中各地有不同的细则且有较大自主权。因此，在实际操作过程中，必然会出现类似于上面案例所提到的"深圳新房免税三年""浦东金桥租金免税"等各种各样的情况，这也使得房产税的金额难以单纯依据理论计算。

最后多说一点。2019年8月16日，证监会向康美药业（600518.SH）出示《行政处罚及市场禁入事先告知书》，查明上市公司涉嫌存在的违法事实第三条为"《2018年年度报告》中存在虚假记载，虚增固定资产、在建工程、投资性房地产"：

经查，康美药业在《2018年年度报告》调整纳入表内的6个工程项目（亳州华佗国际中药城、普宁中药城、普宁中药城中医馆、亳州新世界、甘肃陇西中药城、玉林中药产业园）不满足会计确认和计量条件，虚增固定资产11.89亿元，虚增在建工程4.01亿元，虚增投资性房地产20.15亿元。

不过，康美药业2018年年报发布于2019年4月30日，彼时公司已处于"暴雷"状态，此时对报表漏洞的弥补已经无法前后兼顾了，因此不具有代表性意义。

二、文化事业建设费与营收性质

接下来，我们谈谈"文化事业建设费"，这是在我国境内提供广告服务的广告媒介单位和户外广告经营单位所必须缴纳的一项费用。我们以热门股分众传媒（002027.SZ）为例。

据报道，2019年4月3日，国务院常务会议推出当年降低政府性收费的减负措施。会议决定，从当年7月1日起至2024年底，明确授权各省（区、市）政府对地方企业事业单位和个人在50%幅度内减征文化事业建设费。

这种减免已经在上市公司2019年三季报中有所体现，如2019年第三季度（注意，不是前三季度），分众传媒的营业收入下滑15.33%，但文化事业建设费所在的科目"税金及附加"，其金额却下滑更多，为43.33%。不过，这种减免对上市公司的净利润之影响并不大，或只有10%左右幅度。

显然，寄希望于该费用的减征来大幅增厚上市公司净利润是不大现实的。不过，文化事业建设费或许可以给我们提供一种新的观察角度。根据《有关文化事业建设费政策及征收管理问题的通知》可知："缴纳文化事业建设费的单位（下称'缴纳义务人'）应按照提供广告服务取得的计费销售额和3%的费率计算应缴费额；计费销售额，为缴纳义务人提供广告服务取得的全部含税价款和价外费用，减除支付给其他广告公司或广告发布者的含税广告发布费后的余额。"

分产品来看上市公司业务，分众传媒的业务分别为楼宇媒体、影院媒体、其他媒体。2014—2018年，总营业收入分别为74.97亿元、86.27亿元、102.13亿元、120.14亿元、145.51亿元；文化事业建设费分别为2.25亿元、2.6亿元、2.9亿元、3.33亿元、3.65亿元。

如果我们用文化事业建设费去除以营业收入，则可得出这五年的比率分别为3.00%、3.01%、2.84%、2.77%、2.51%。可见，分众传媒在借壳前的比率基本维持在3%，而借壳后却持续下降。以2018年为例，若比率仍为3%，则3.65亿元文化事业建设费匹配的营收为121.51亿元，较145.51亿元少24亿元。那么，24亿元的差距究竟是如何产生的呢？

前文房产税部分提过，境外地产是不适用的。因此第一个疑问为，分众传媒是否有较多的收入来源于海外呢？如2018年年报称："公司已在韩国和印度尼西亚设立控股子公司，在新加坡设立联营公司拓展海外媒体资源。"

我们不妨来看主营业务分析的"营业收入构成"栏。上市公司在"分地区"中披露了华北、华东、华南、西南、华中、其他等6个区域的收入情况，可能包含境外收入的"其他"地区收入仅为7.1亿元。即使这些收入都为境外收入，7.1亿元亦与24亿元差距较大。

那么，会不会类似于房产税有免征条款，造成该差距的原因也是免征条款呢？根据《关于营业税改征增值税试点有关文化事业建设费政策及征收管理问题的通知》，免征文化事业建设费有两种可能："①增值税小规模纳税人中月销售额不超过2万元（按季纳税6万元）的企业和非企业性单位提供的应税服务，免征文化事业建设费；②自2015年

1月1日起至2017年12月31日，对按月纳税的月销售额不超过3万元（含3万元），以及按季纳税的季度销售额不超过9万元（含9万元）的缴纳义务人，免征文化事业建设费。"

也就是说，即使按照"2018年年报所披露的168家参股或控股公司全部达到免征文化事业建设费的标准"来计算，其影响的年销售额也仅为 $3 \times 12 \times 168 = 6048$（万元），仍较24亿元差距极大。

如果境外与免征无法完全解释这个24亿元的差距，那么我们不妨回过头来看文化事业建设费中"计费销售额"的定义：计费销售额，为缴纳义务人提供广告服务取得的全部含税价款和价外费用，减除支付给其他广告公司或广告发布者的含税广告发布费后的余额。

因此，我们推测上市公司可能有部分业务是由其他广告公司或广告发布者代为完成的。财报也可能有这方面迹象：此前，分众传媒2015—2017年，前五大供应商采购金额最高者为1.04亿元（即2017年第一大供应商采购金额），而2018年第一大供应商采购额却高达10.54亿元。

2018年第一大供应商为何方神圣呢？不完全排除是媒体资产供应商的这种可能性，毕竟分众传媒当期采购了16.21亿元的媒体资产，尽管一般来说，上市公司采购固定资产的供应方并不出现在供应商列表中。

就算这个供应商提供的是媒体资产，但年报显示上市公司2016—2018年的总采购额分别为22.75亿元、26.78亿元、61.91亿元，2018年剔除16.21亿元之后的采购额亦有45.7亿元，增速仍较营收更为明显。若这种增速与采购广告服务有关，也许分众传媒文化事业建设费的问题就解释得通了。

三、消费税与酒企

从征收实践来看,消费税主要是指对特定消费品或特定消费行为等课税。根据我国《消费税暂行条例》及相关法规规定,目前消费税税目包括烟、酒、高档化妆品、成品油、小汽车、摩托车等15种商品。本节决定聊一聊酒行业的消费税。

计征消费税的酒,指的是酒精度在1度以上的各种酒类饮料,包括白酒、黄酒、啤酒和其他酒。按照不同类别,酒类饮料消费税应纳税额的计算分为从价计征、从量计征、从价从量复合计征三种方法。

在申万行业分类标准中,饮料制造行业包括"黄酒""啤酒""葡萄酒""白酒""其他酒类"等5大酒类。我们按照复杂程度分别就这5大类酒企上市公司做一次消费税分析,查看这一科目是否有一些有趣的地方。

(一)黄酒

黄酒的消费税应纳税额的计算采用的是从量计征,现行税率为240元/吨。但因为在实际销售过程中,部分上市公司对外披露的计量单位为"升"而非"吨",所以我们需要做一次计量单位的换算,其换算标准为1吨黄酒约为962升。

表2-14是古越龙山、会稽山、金枫酒业等3家黄酒上市公司近6年的消费税情况。

表2-14 2014—2019年3家黄酒上市公司消费税

年份		2014	2015	2016	2017	2018	2019
古越龙山	消费税(亿元)	0.32	0.34	0.37	0.39	0.37	0.40
	销售量(千升)	121286	130758	139123	148678	138753	146434
	换算为吨的销售量	126077	135923	144618	154551	144233	152218
	消费税/销售量(元/吨)	255	250	254	250	256	261

续表

	年份	2014	2015	2016	2017	2018	2019
会稽山	消费税（亿元）	0.23	0.23	0.27	0.32	0.28	0.25
	销售量（千升）	91862	88243	98283	123014	111037	108602
	换算为吨的销售量	95491	91728	102165	127873	115423	112891
	消费税/销售量（元/吨）	245	251	268	253	246	221

	年份	2014	2015	2016	2017	2018	2019
金枫酒业	消费税（亿元）	0.23	0.26	0.28	0.26	0.22	0.21
	销售量（千升）	按吨披露	按吨披露	113621	105503	92048	88925
	换算为吨的销售量	96581	110353	118109	109670	95684	92438
	消费税/销售量（元/吨）	240	235	239	240	229	227

理论上来讲，各期消费税金额与销售量的比值应接近240元/吨（略有差异也正常，考虑"吨""升"之间的换算），而实际情况也基本如此，除金枫酒业的比值有些偏低之外，古越龙山和会稽山的比值均略高于240元/吨。

后两者较高的原因会是什么呢？观察年报后我们发现，古越龙山与会稽山均有说明自身也生产黄酒以外的酒类。

如古越龙山披露，公司除生产黄酒原酒、黄酒瓶装酒以外，还生产少量果酒、白酒（如糟烧）等；会稽山也在2018年年报指出，公司的主营业务突出，主营业务收入占全部业务收入的98.74%，其他业务收入主要是公司销售黄酒生产的少量的白酒等副产品。

（二）啤酒

啤酒的消费税应纳税额的计算同样采用的是从量计征，但稍比黄酒复杂些，因为计税标准分甲类啤酒与乙类啤酒两类。

啤酒每吨出厂价（含包装物及包装物押金）在3000元（含3000元，不含增值税）以上的是甲类啤酒，现行税率为250元/吨；每吨出厂价（含包装物及包装物押金）在3000元（不含增值税）以下的是乙类啤酒,现行税率为220元/吨。包装物押金不包括重复使用的塑料周转箱的押金。

类似地,因为在实际销售过程中,部分上市公司对外披露的计量单位为"升"而非"吨",所以我们也需要做一次计量单位的换算,其换算标准为1吨啤酒约为988升。

表2–15是青岛啤酒、重庆啤酒、燕京啤酒等7家啤酒上市公司近六年的消费税情况。

表2–15 2014—2019年7家啤酒上市公司消费税

	年份	2014	2015	2016	2017	2018	2019
青岛啤酒	消费税(亿元)	17.41	16.12	16.74	17.07	17.34	17.42
	销售量(千升)	9154000	8480000	7920000	7970000	8030000	8050000
	换算为吨的销售量	9265182	8582996	8016194	8066802	8127530	8147773
	消费税/销售量(元/吨)	188	188	209	212	213	214
	年份	2014	2015	2016	2017	2018	2019
重庆啤酒	消费税(亿元)	2.31	2.16	1.98	1.89	2.02	2.03
	销售量(千升)	1069792	1027000	946180	887526	944309	943486
	换算为吨的销售量	1082785	1039474	957672	898306	955779	954945
	消费税/销售量(元/吨)	213	208	206	210	211	212
	年份	2014	2015	2016	2017	2018	2019
燕京啤酒	消费税(亿元)	11.66	10.46	10.03	9.24	8.32	8.19
	销售量(千升)	5321100	4830000	4503600	4160200	3920000	3811600
	换算为吨的销售量	5385729	4888664	4558300	4210729	3967611	3857895
	消费税/销售量(元/吨)	217	214	220	219	210	212
	年份	2014	2015	2016	2017	2018	2019
珠江啤酒	消费税(亿元)	2.72	2.76	2.72	2.86	2.95	3.05
	销售量(吨)	1169900	1159800	1162000	1209900	1239600	1257900
	消费税/销售量(元/吨)	232	238	234	236	238	242

续表

	年份	2014	2015	2016	2017	2018	2019
惠泉啤酒	消费税（亿元）	0.69	0.62	0.52	0.52	0.48	0.47
	销售量（千升）	304715	281100	234749	235002	215747	202628
	换算为吨的销售量	308416	284514	237600	237856	218368	205089
	消费税/销售量（元/吨）	225	217	217	219	219	230

	年份	2014	2015	2016	2017	2018	2019
兰州黄河	消费税（亿元）	0.49	0.40	0.37	0.34	0.29	0.23
	销售量（千升）	239218	194029	180136	163029	141608	115359
	换算为吨的销售量	242123	196386	182324	165009	143328	116760
	消费税/销售量（元/吨）	202	205	201	208	201	197

	年份	2014	2015	2016	2017	2018	2019
*ST 西发	消费税（亿元）	0	0	0	0	0	0
	销售量（吨）	92229	88769	81242	80371	69164	66989
	消费税/销售量（元/吨）	0	0	0	0	0	0

理论上来讲，各期消费税金额与销售量的比值应大致在220元/吨~250元/吨（略有差异也正常，考虑"吨""升"之间的换算），但实际情况却略有差异。除珠江啤酒持续超过220元/吨外，其余上市公司比值各年大多低于该数值。

最夸张的是*ST西发，其消费税常年为0。不过情有可原，这是因为*ST西发（西藏发展）在年报中明确披露，"根据西藏自治区藏政发（94）22号文规定，本集团暂不征收消费税"。

但我们还是要多问一句，青岛啤酒等5家上市公司比值较低（好在偏离下限值在10%以内）的原因是什么呢？一般来说，对于任意一种商品，其消费税较理论值偏低可能有三种情况：

其一，外购产成品已缴纳过消费税。

由于某些应税消费品是用外购已缴纳消费税的应税消费品连续生产

出来的（如用购进的烟丝生产香烟），在对这些连续生产出来的应税消费品计算征税时，税法规定应按当期生产领用数量计算准予扣除外购的应税消费品已缴纳的消费税税款。

不过，此种情形下的扣除范围并不包括酒类。仅有的例外为葡萄酒：据《葡萄酒消费税管理办法（试行）》的规定，自2015年5月1日起，从葡萄酒生产企业购进、进口葡萄酒连续生产应税葡萄酒的，准予从葡萄酒消费税应纳税额中扣除所耗用应税葡萄酒已缴纳消费税税额。

其二，委托加工的应税消费品，由受托方在向委托方交货时代收代缴税款。其中，委托加工的应税消费品必须是由委托方提供原料和主要材料（受托方打着委托方名义购进原材料不列在内），受托方只收取加工费和代垫部分辅助材料加工的应税消费品。

其三，有出口经营权的生产性企业自营出口或生产企业委托外贸企业代理出口资产的应税消费品，依据其实际出口数量免征消费税，不予办理退还消费税。

以青岛啤酒为例，其年报中提到过成本包含外购成本。根据2014—2018年年报，各期外购成本（2016年年报称之为"外购产成品"）占公司啤酒销售营业成本的比例分别为20.05%、19.79%、10.12%、7.07%、7.32%。

2016—2018年的年报均称："报告期内，本公司产量不包含本公司自联营及合营啤酒生产企业外购产品的产量。"尽管这段话并没有在2014年、2015年年报中找到，我们有理由猜测外购产品并不缴纳消费税，并由此降低了消费税与销售量的比值。

再比如说重庆啤酒，其2018年年报显示，啤酒销售20.22亿元的总成本中，除原料成本、人工成本、制造费用以外的"其他成本"项就有9.02亿元，占比也高于同行。我们可能也会猜测"其他成本"含有外购产品。

（三）葡萄酒

葡萄酒消费税应纳税额的计算采用的是从价计征，即以应税消费品的销售额乘以适用税率；葡萄酒消费税适用"其他酒"，税率为10%。

表2-16是张裕A、*ST中葡、通葡股份等5家葡萄酒上市公司近6年的消费税情况（张裕A的白兰地酒适用税率也为10%）。

表2-16 2014—2019年5家葡萄酒上市公司消费税

单位：亿元

	年份	2014	2015	2016	2017	2018	2019
张裕A	消费税	1.71	1.60	1.61	1.78	1.57	1.59
	葡萄酒营业收入	32.01	36.60	37.01	38.29	40.00	38.34
	白兰地营业收入	8.13	8.83	9.06	9.90	9.99	10.72
	酒类总营业收入	40.15	45.43	46.06	48.19	49.99	49.05
	消费税/营业收入	4.27%	3.53%	3.50%	3.69%	3.14%	3.25%
	年份	2014	2015	2016	2017	2018	2019
*ST中葡	消费税	0.22	0.19	0.14	0.11	0.15	0.12
	葡萄酒营业收入	4.60	2.95	2.52	2.66	2.37	2.38
	消费税/营业收入	4.74%	6.40%	5.70%	4.21%	6.33%	4.91%
	年份	2014	2015	2016	2017	2018	2019
通葡股份	消费税	0.08	0.09	0.07	0.10	0.07	0.06
	葡萄酒营业收入	1.10	1.26	0.79	0.83	0.56	0.61
	电商收入	0.00	3.49	5.15	8.58	9.67	9.14
	总收入	1.10	4.75	5.94	9.41	10.24	9.74
	消费税/营业收入不小于	7.13%	1.83%	1.22%	1.06%	0.68%	0.66%
	消费税/营业收入不大于	7.13%	6.90%	9.25%	11.99%	12.33%	10.64%
	年份	2014	2015	2016	2017	2018	2019
莫高股份	消费税	0.06	0.07	0.07	0.06	0.07	0.05
	葡萄酒营业收入	2.07	2.07	1.81	1.88	1.86	1.21
	消费税/营业收入	2.79%	3.32%	3.69%	3.00%	3.78%	3.89%

续表

年份		2014	2015	2016	2017	2018	2019
ST 威龙	消费税	0.38	0.42	0.44	0.47	0.49	0.42
	葡萄酒营业收入	7.06	7.24	7.73	8.03	7.67	6.37
	消费税/营业收入	5.38%	5.84%	5.74%	5.86%	6.43%	6.58%

理论上来讲，葡萄酒企业各期消费税金额与销售金额的比值似乎应大致在10%左右，但很显然事实并非如此，除通葡股份有电商收入影响外，其余上市公司的比值均明显小于10%。

通葡股份比值之变化可能源于2015年的收购。据公告披露，通葡股份于2015年以现金对价的方式收购北京九润源电子商务有限公司51%股权，后者主营业务为在各大电子商务平台经营白酒品牌旗舰店，进行相关酒水类的网络零售。我们推测，公司部分葡萄酒收入可能计入了电商收入中。

那么葡萄酒上市公司比值明显小于10%的原因是什么呢？会不会是外购产成品、委托加工、出口等三方面原因呢？年报中并无这方面迹象。

另外，尽管从1995年6月1日起，政策还有这样一个规定，即"对销售啤酒、黄酒外的其他酒类产品而收取的包装物押金，无论是否返还以及会计上如何核算，均应并入当期销售额征税"，但实际上包装物押金亦难以产生过高影响。

事实上，真正的原因为：葡萄酒消费税是在生产环节征收的。这意味着，葡萄酒企业可以由旗下销售公司以明显低于对外销售的价格，低价从旗下生产公司购进葡萄酒，而消费税正是以后者价格乘以10%。

当然，这可能存在一种政策变更隐患，如下面即将提到的白酒消费税最低计税价格为销售企业对外销售价格的60%。不过，以目前国产葡萄酒盈利能力的窘境来看，政策变更的可能性仍偏低。

此外值得注意的是，中葡股份曾有过消费税退税，但该退税并不直接抵销消费税，而是计入营业外收入。中葡股份年报显示：

"根据《中华人民共和国税收征收管理法》及其实施细则，《中华人民共和国消费税暂行条例》及其实施细则以及其他相关规定，本公司之控股子公司新疆中信国安葡萄酒业有限公司向境内从事葡萄酒生产的单位销售葡萄酒实行消费税退税（先征后退）；此项消费税退税政策截止到2015年4月30日。"

（四）白酒

现行消费税的征税范围，只有卷烟和白酒采用从价定率和从量定额的复合计算方法。基本计算公式为：应纳税额＝应税消费品的销售数量×定额税率＋应税销售额×比例税率。其中，白酒的定额税率为1元/（公斤或升），比例税率为20%。

表2-17是贵州茅台、五粮液、洋河股份等18家白酒上市公司近6年的消费税情况。

表2-17　2014—2019年18家白酒上市公司消费税

	年份	2014	2015	2016	2017	2018	2019
贵州茅台	消费税（亿元）	19.23	24.86	50.95	63.79	86.02	99.62
	销量（千升或吨）	24168	27517	36944	60108	62238	64645
	理论上从价消费税（亿元）	18.99	24.58	50.58	63.19	85.39	98.97
	白酒营业收入（亿元）	315.73	326.54	388.41	581.69	735.65	853.45
	消费税/营业收入	6.01%	7.53%	13.02%	10.86%	11.61%	11.60%
	年份	2014	2015	2016	2017	2018	2019
五粮液	消费税（亿元）	10.59	12.62	13.40	26.44	46.52	55.75
	销量（千升或吨）	118867	137373	148707	180007	191596	165411
	理论上从价消费税（亿元）	9.40	11.25	11.91	24.64	44.60	54.09
	白酒营业收入（亿元）	200.26	203.46	227.05	280.92	377.52	463.02
	消费税/营业收入	4.69%	5.53%	5.25%	8.77%	11.81%	11.68%

财报背后的投资秘密："韭菜"的自我修养

续表

	年份	2014	2015	2016	2017	2018	2019
洋河股份	成本中消费税及附加（亿元）	14.55	15.85	15.13	10.25	0.05	0.00
	税金中消费税（亿元）	0.12	0.14	0.21	7.20	30.53	26.05
	消费税合计（亿元）	14.67	15.99	15.34	17.44	30.58	26.05
	白酒销量（千升或吨）	210765	209058	198199	215951	214051	186023
	葡萄酒收入（亿元）	3.29	3.33	2.83	2.85	2.74	1.94
	葡萄酒消费税不多于（亿元）	0.33	0.33	0.28	0.29	0.27	0.19
	理论从价消费税不少于（亿元）	12.24	13.57	13.07	15.00	28.17	24.00
	白酒营业收入（亿元）	140.39	153.16	164.99	191.83	229.13	219.67
	消费税/白酒收入不少于	8.72%	8.86%	7.92%	7.82%	12.29%	10.92%

	年份	2014	2015	2016	2017	2018	2019
泸州老窖	成本中加工缴纳税金（亿元）	2.89	3.42	0.84	无	无	无
	消费税（亿元）	2.50	4.08	6.60	10.49	12.55	16.14
	销量（千升或吨）	189280	190071	177857	154121	146426	142685
	理论上从价消费税（亿元）	3.50	5.61	5.66	8.95	11.08	14.72
	白酒营业收入（亿元）	50.07	65.71	80.74	101.15	128.60	156.16
	消费税/营业收入	6.99%	8.53%	7.01%	8.85%	8.62%	9.42%

	年份	2014	2015	2016	2017	2018	2019
山西汾酒	消费税（亿元）	4.92	5.72	7.15	10.13	15.83	18.75
	销量（千升或吨）	38651	35662	41706	52392	119735	125733
	理论上从价消费税（亿元）	4.54	5.37	6.73	9.61	14.63	17.49
	白酒营业收入（亿元）	38.77	40.82	43.57	59.82	93.61	117.45
	消费税/营业收入	11.70%	13.15%	15.45%	16.06%	15.63%	14.89%

	年份	2014	2015	2016	2017	2018	2019
古井贡酒	消费税（亿元）	5.54	6.51	7.63	9.05	10.19	13.11
	销量（千升或吨）	66608	71830	81634	84034	82819	90319
	理论上从价消费税（亿元）	4.88	5.79	6.81	8.21	9.36	12.20
	白酒营业收入（亿元）	45.26	51.19	58.76	68.22	85.20	101.64
	消费税/营业收入	10.78%	11.31%	11.59%	12.03%	10.99%	12.01%

续表

	年份	2014	2015	2016	2017	2018	2019
顺鑫农业	消费税（亿元）	7.69	8.71	10.58	10.90	13.38	14.36
	销量（千升或吨）	265032	291322	333421	429292	621000	717624
	理论上从价消费税（亿元）	5.04	5.80	7.25	6.61	7.17	7.18
	白酒营业收入（亿元）	41.20	46.48	52.04	64.51	92.78	102.89
	消费税/营业收入	12.22%	12.48%	13.92%	10.24%	7.73%	6.98%
	年份	2014	2015	2016	2017	2018	2019
今世缘	消费税（亿元）	1.94	2.04	1.87	3.27	5.29	7.50
	销量（千升或吨）	30234	29045	28509	26950	26812	31564
	理论上从价消费税（亿元）	1.64	1.75	1.58	3.00	5.03	7.19
	白酒营业收入（亿元）	23.82	24.04	25.27	29.19	36.99	48.37
	消费税/营业收入	6.88%	7.28%	6.27%	10.29%	13.59%	14.86%
	年份	2014	2015	2016	2017	2018	2019
口子窖	消费税（亿元）	2.92	3.35	3.66	4.86	5.50	5.80
	销量（千升或吨）	27637	27673	28308	32939	33430	34308
	理论上从价消费税（亿元）	2.65	3.08	3.38	4.53	5.16	5.46
	白酒营业收入（亿元）	22.26	25.40	27.81	35.49	42.22	46.17
	消费税/营业收入	11.89%	12.11%	12.15%	12.78%	12.22%	11.83%
	年份	2014	2015	2016	2017	2018	2019
水井坊	消费税（亿元）	0.40	0.86	1.19	2.36	3.48	4.59
	销量（千升或吨）	1655	2702	3671	10624	9273	13506
	理论上从价消费税（亿元）	0.38	0.83	1.15	2.25	3.38	4.46
	白酒营业收入（亿元）	3.60	8.11	11.76	20.44	28.14	35.38
	消费税/营业收入	10.62%	10.27%	9.77%	11.02%	12.02%	12.59%
	年份	2014	2015	2016	2017	2018	2019
迎驾贡酒	消费税（亿元）	3.95	3.91	3.90	4.01	4.50	4.86
	销量（千升或吨）	50902	49039	47216	43719	48271	47085
	理论上从价消费税（亿元）	3.44	3.42	3.43	3.57	4.02	4.39
	白酒营业收入（亿元）	26.60	26.74	27.98	29.01	32.23	35.05
	消费税/营业收入	12.95%	12.80%	12.26%	12.32%	12.46%	12.51%

续表

	年份	2014	2015	2016	2017	2018	2019
酒鬼酒	消费税（亿元）	0.46	0.74	0.73	1.06	1.46	1.90
	销量（千升或吨）	6559	7092	6267	5818	6877	7871
	理论上从价消费税（亿元）	0.40	0.67	0.67	1.00	1.39	1.82
	白酒营业收入（亿元）	3.86	5.93	6.50	8.76	11.85	15.07
	消费税/营业收入	10.34%	11.26%	10.28%	11.45%	11.70%	12.06%

	年份	2014	2015	2016	2017	2018	2019
老白干酒	消费税（亿元）	2.27	2.61	3.03	3.14	4.38	5.00
	销量（千升或吨）	30175	43788	58320	49723	64003	64934
	理论上从价消费税（亿元）	1.97	2.18	2.44	2.64	3.74	4.35
	白酒营业收入（亿元）	18.29	19.80	20.66	22.24	32.85	37.61
	消费税/营业收入	10.75%	10.99%	11.83%	11.89%	11.38%	11.56%

	年份	2014	2015	2016	2017	2018	2019
舍得酒业	消费税（亿元）	1.40	1.11	1.24	1.81	2.55	2.83
	销量（千升或吨）	41070	32561	26854	13815	11998	12659
	理论上从价消费税（亿元）	0.99	0.78	0.97	1.68	2.43	2.71
	白酒营业收入（亿元）	12.58	9.61	12.37	14.95	18.50	22.88
	消费税/营业收入	7.86%	8.13%	7.85%	11.21%	13.12%	11.83%

	年份	2014	2015	2016	2017	2018	2019
伊力特	消费税（亿元）	2.06	2.26	2.32	2.47	2.58	2.86
	销量（千升或吨）	34649	32311	30762	28242	28813	28112
	理论上从价消费税	1.71	1.93	2.01	2.19	2.29	2.58
	白酒营业收入（亿元）	15.68	15.79	16.00	18.19	20.42	22.76
	消费税/营业收入	10.90%	12.25%	12.58%	12.04%	11.24%	11.33%

	年份	2014	2015	2016	2017	2018	2019
金徽酒	消费税（亿元）	1.43	1.57	1.60	1.62	1.86	2.00
	销量（千升或吨）	15186	16721	16890	15391	15190	16356
	理论上从价消费税（亿元）	1.28	1.40	1.43	1.47	1.70	1.84
	白酒营业收入（亿元）	10.13	11.82	12.77	13.33	14.62	16.18
	消费税/营业收入	12.59%	11.88%	11.21%	11.04%	11.65%	11.38%

续表

	年份	2014	2015	2016	2017	2018	2019
金种子酒	消费税（亿元）	2.54	2.06	1.64	1.44	1.23	0.72
	销量（千升或吨）	未知	21591	16502	14243	10511	5949
	理论上从价消费税（亿元）	≤2.54	1.84	1.47	1.30	1.13	0.66
	白酒营业收入（亿元）	18.66	15.05	11.86	10.18	8.76	5.11
	消费税/营业收入	≤13.61%	12.26%	12.43%	12.74%	12.88%	12.86%

	年份	2014	2015	2016	2017	2018	2019
*ST皇台	消费税（亿元）	0.06	0.09	0.06	0.08	0.04	0.14
	白酒销量（千升或吨）	481	622	562	1076	380	722
	葡萄酒收入（亿元）	0.04	0.21	0.07	0.05	0.09	0.09
	葡萄酒消费税不多于（亿元）	0.00	0.02	0.01	0.01	0.01	0.01
	理论从价消费税不少于（亿元）	0.05	0.06	0.05	0.07	0.03	0.12
	白酒营业收入（亿元）	0.43	0.62	0.57	0.39	0.15	0.90
	消费税/营业收入不少于	12.57%	10.44%	8.53%	17.12%	18.78%	13.33%

注：洋河股份2017年年报披露，公司白酒消费税的缴纳方式从2017年9月1日起由受托方代扣代缴改为由白酒生产企业直接缴纳，消费税的核算方式由委托加工计入白酒生产成本，改为由白酒生产单位自行生产销售计入税金及附加。

显然，没有一家白酒企业的比值达到20%，这是因为：根据《白酒消费税最低计税价格核定管理办法（试行）》（〔2009〕380号文件发布），白酒生产企业销售给销售单位的白酒，生产企业消费税计税价格低于销售单位对外销售价格（不含增值税，下同）70%以下的，税务机关应核定消费税最低计税价格（70%或高于70%的则不核定）。

其中，销售单位是指销售公司、购销公司以及委托境内其他单位或个人包销本企业生产白酒的商业机构。销售公司、购销公司是指专门购进并销售白酒生产企业生产的白酒，并与该白酒生产企业存在关联性质；包销是指销售单位依据协定价格从白酒生产企业购进白酒，同时承担大部分包装材料等成本费用，并负责销售白酒。

具体核定方法为：消费税最低计税价格由税务机关根据生产规模、

白酒品牌、利润水平等情况在销售单位对外销售价格50%~70%范围内自行核定。其中，生产规模较大、利润水平较高的企业生产的需要核定消费税最低计税价格的白酒，税务机关核价幅度原则上应选择在销售单位对外销售价格60%~70%范围内。

虽然如此，理论上来说，即使计税价格仅按照50%核定，消费税金额也应该不低于销售收入的50%×20%=10%才是，但部分企业的消费税与销售收入的比值在2017年以前仍明显低于10%，这是为何？

事实上，此前就有若干家白酒上市公司被质疑偷税漏税，如大名鼎鼎的五粮液就至少在2009年、2012年被质疑过。但事实上，这些上市公司很可能只是采取了一种小技巧，即设立多级销售公司，并以最初一级销售单位的对外销售价格核算最低计税价格，而这一漏洞也在2017年被修复了。

根据国家税务总局税总函〔2017〕144号《国家税务总局关于进一步加强白酒消费税征收管理工作的通知》文件规定，对白酒生产企业设立多级销售单位销售的白酒，国税机关应按照最终一级销售单位对外销售价格核定生产企业消费税最低计税价格；此外，自2017年5月1日起，白酒消费税最低计税价格核定比例由50%~70%统一调整为60%。

因此，按照最低计税价格核定比例60%及消费税率20%计算，酒企上市公司自2018年（含2018年）起，消费税率应不低于60%×20%=12%。当然，略低一些也可以接受，白酒企业也可能生产少量白酒以外的其他酒类。

如五粮液年报称，公司复糟酒适用消费税税率为10%；山西汾酒2018年也披露了汾酒与配制酒（系其他酒类，见下一部分小标题）的各自销售量，配制酒销售体积数占比为7.12%。除此之外，洋河股份

与 *ST 皇台都明确披露公司也生产部分葡萄酒。

然而，2018 年、2019 年根据理论推算出的"从价消费税与酒类营业收入的比值"低于 10.8%（12% × 90% = 10.8%）的有两家公司，分别是泸州老窖（8.62%、9.42%）、顺鑫农业（7.73%、6.98%）。这两家的白酒数据的确让人心生疑惑。

事实上，早在 2012 年 11 月 27 日，泸州老窖就曾发布澄清公告，就少缴纳消费税的质疑报道作出回应，称主要原因为部分产品对应的消费税由第三方灌装生产企业缴纳，次要原因为少部分出口收入免征消费税。

以近两年数据来看，泸州老窖成本中加工缴纳税金为 0；近两年出口收入占比亦是极小，不足 1%。以上述应答解释其比值较小可能还稍显不够，但不管怎样，泸州老窖这一比值在 2019 年是上升的。那么，另一家顺鑫农业在 2018 年本就比值不高的情况下，还在 2019 年下降，就很引人注目了。

虽然顺鑫农业在 2014—2017 年的年报中均没有披露白酒营业成本明细，但是在 2018 年、2019 年年报中，顺鑫农业在营业成本中明确披露了 2017—2019 年的成本明细，业务类型分别有"原材料""包装材料""人工成本""折旧""其他"。

不过，最有可能包含受托方（指受上市公司委托生产白酒的第三方企业）代收代缴消费税的"其他"项在 2018 年、2019 年分别仅有 1.68 亿元、1.51 亿元。即使这部分均为消费税且加入表 2-17 消费税总额中，顺鑫农业的理论上从价消费税与白酒营业收入的比值也分别只有 9.54%、8.45%，仍明显低于 12%。

顺鑫农业在介绍消费税时称：粮食类白酒、薯类白酒的税率为 20%，其他白酒适用 10% 的税率和销售量每斤 0.5 元缴纳消费税。笔者不禁想要问顺鑫农业两个问题：第一，白酒有无出口，出口占比有多少？第二，税率10%的其他白酒占收入比重有多少？2018年及2019年比值如此之低的原因是什么？

顺鑫农业于2020年6月18日在深交所"互动易"平台就消费税持续走低一事回应称："近年来，公司深入推进白酒业务全国化战略，同时为贯彻北京市疏解首都非核心功能的定位，市场渠道已覆盖全国所有区域，在此背景下公司转移部分白酒产能至外埠生产，外埠生产的产品中有部分独立核算，税收在当地缴纳，未纳入公司财务报表，由此导致公司消费税税率下降。"该回应的可信度请投资者自行判断。

（五）其他酒类

"其他酒"中的一个很重要的类别为配制酒（露酒），是指以发酵酒、蒸馏酒或食用酒精为酒基，加入可食用或药食两用的辅料或食品添加剂，进行调配、混合或再加工制成的并改变了其原酒基风格的饮料酒。

配制酒消费税适用税率具体规定如下：①以蒸馏酒或食用酒精为酒基，具有国家相关部门批准的国食健字或卫食健字文号并且酒精度低于38度（含）的配制酒，按消费税税目税率表"其他酒"10%适用税率征收消费税；②以发酵酒为酒基，酒精度低于20度（含）的配制酒，按消费税税目税率表"其他酒"10%适用税率征收消费税；③其他配制酒，按消费税税目税率表"白酒"适用税率征收消费税。

表2-18是百润股份、青青稞酒、ST椰岛等3家其他酒上市公司近6年的消费税情况。

表2-18　2014—2019年3家其他酒上市公司消费税

	年份	2014	2015	2016	2017	2018	2019
百润股份	消费税（亿元）	0.41	0.95	0.35	0.37	0.38	0.52
	预调鸡尾酒（亿元）	9.82	22.13	8.13	10.29	10.45	12.79
	消费税/鸡尾酒收入	4.16%	4.28%	4.31%	3.55%	3.67%	4.07%
	年份	2014	2015	2016	2017	2018	2019
青青稞酒	消费税（亿元）	1.70	1.48	1.58	1.58	1.80	1.58
	销量（千升或吨）	19,221	18,050	18,065	18,089	18,446	17,812
	理论上从价消费税（亿元）	1.51	1.30	1.40	1.40	1.61	1.40
	白酒营业收入（亿元）	13.47	12.75	13.23	12.35	12.78	11.03
	消费税/营业收入	11.19%	10.20%	10.55%	11.35%	12.63%	12.71%
	年份	2014	2015	2016	2017	2018	2019
ST椰岛	消费税（亿元）	0.17	0.16	0.29	0.34	0.20	0.12
	酒类收入（亿元）	2.42	2.57	3.32	3.28	3.16	1.60
	消费税/酒类收入	7.21%	6.41%	8.68%	10.31%	6.22%	7.32%

先说青青稞酒。据年报，上市公司除生产青稞酒外，在美国加州纳帕谷拥有自有的葡萄酒酒庄，在美国本土及国内运作葡萄酒业务。而青稞酒按消费税税目税率表"白酒"适用税率征收消费税，因此比值在12%左右（实际上应该将其归类为白酒）。

百润股份于2015年6月18日实施完毕重大资产重组，发行股份购买巴克斯酒业100%股权。根据《中国饮料酒分类国家标准》（GB/T17204—2008），巴克斯酒业主要产品预调鸡尾酒属于配制酒中的其他类配制酒。

至于ST椰岛，根据年报，保健酒是上市公司的核心产业，主导产品为椰岛鹿龟酒、椰岛海王酒以及白酒，构建"一树三花"的品牌战略。

因此，百润股份与ST椰岛均适用于"其他酒"10%的税率，二者消费税与酒类收入的比值明显小于10%的原因与葡萄酒类似，均因两家公司的"其他酒"是在生产环节征收。此外,百润股份的比值在2017年下滑可能与其在2017年推出了"POPSS(帕泊斯)"气泡水有关。

(六) 再谈顺鑫农业

在将36家上市酒企捋一遍之后,我们自然而然地就盯上了泸州老窖、顺鑫农业这两家上市公司。而相比于比值较为恒定的泸州老窖,自2017年起,比值明显下滑的顺鑫农业更吸引我们的注意力。沿着消费税这条线索,我们将进一步挖掘顺鑫农业的财务情况。

事实上,顺鑫农业也是从2017年开始加大了白酒营销的力度。如2014—2019年,营业收入增速分别为4.50%、1.65%、16.18%、4.79%、2.90%、23.40%,但白酒收入增速分别为10.05%、12.81%、11.97%、23.95%、43.82%、10.91%。顺鑫农业白酒具体数据为:2014—2019年的白酒营业收入分别为41.2亿元、46.48亿元、52.04亿元、64.51亿元、92.78亿元、102.89亿元。

然而,增速更快的是预收款。据年报,顺鑫农业2015—2019年预收款分别为17.11亿元、21.41亿元、37.85亿元、56.54亿元、61.91亿元。而2017年年报问询函回复公告则披露,公司2017年预收款来自白酒业务的金额为32.45亿元,其他预收款为地产业务的预收房款。

这是一个相当高的预收金额。以白酒龙头贵州茅台、五粮液、洋河股份为例,贵州茅台2017年、2018年酒类收入分别为610.63亿元、771.99亿元,2017年期末预收款金额为144.29亿元;五粮液2017年、2018年酒类收入分别为280.92亿元、377.52亿元,2017年期末预收款金额为46.46亿元;洋河股份2017年、2018年白酒收入分别为191.83亿元、229.13亿元,2017年期末预收款金额为42亿元。

那么问题就来了,顺鑫农业的二锅头有什么魅力呢?为什么酒业务的客户愿意预付这么多款项？

此外，在关于 2017 年年报问询函的回复公告中，顺鑫农业还列举了 2016 年、2017 年应收票据的出票人、关联关系、应收票据金额等信息。其中，陕西顺牛酒类营销有限公司（下称"陕西顺牛"）分列 2016 年第二名、2017 年第三名，各期应收票据金额分别为 2590 万元、4435 万元。

据工商资料，陕西顺牛成立于 2015 年 3 月 30 日，法人为张伟，股东分别为张伟、刘立军，持股比例分别为 25%、75%。陕西顺牛虽未在工商资料 2016 年年报中披露当期的财务数据，但却有多达 23 条修改记录。

据披露，修改事项均以三位或四位数字的代码表示，我们无法确定其所代表的具体事项。但有意思的是，各项数据中，仅总资产、总负债及所有者权益具有钩稽关系，即总资产＝总负债＋所有者权益，而经我们测算，这 23 项数据中也确实仅有三项数据满足等式，即 385.846663 = 300.702801 + 85.143862。

那么，有这样一种猜测，即陕西顺牛 2016 年的总负债为 300.702801 万元或 85.143862 万元。这是否符合事实呢？我们并不清楚。但假如陕西顺牛总负债确为二者之一，那么其负债金额将明显小于顺鑫农业对其的应收票据 2590 万元，却是一件奇事了。

第四节

期间费用：重研发还是重销售？决定了公司未来的路

期间费用是企业当期发生的费用的重要组成部分，包括销售费用、管理费用、研发费用、财务费用。一般而言，我们会将四项分别除以营业收入得出各自比率，并与毛利率共计5个指标与同行相互比较。

例如，毛利率接近、规模相似的两家药企，若不考虑其他因素，一家销售费用占营业收入的比例明显高于另一家，而后者的研发费用占营业收入的比例以相同的幅度明显高于前者，投资者会更倾向于哪家呢？我们可能会认为后者更有竞争力，重研发而非重销售，可能给予毛利率更长久的保障。

一、销售费用

销售费用是指企业在销售商品和材料、提供劳务的过程中发生的各种费用，包括企业在销售商品过程中发生的保险费、包装费、展览费和广告费、商品维修费、装卸费等，以及为销售企业商品而专设的销售机构的职工薪酬、业务费、折旧费、固定资产修理费等费用。

（一）百度推广

如果某一家上市公司或并购标的公司有较高的广告费用支出，且其宣传在相当大程度上依赖于百度推广，那么我们就可以试着查询该公司百度推广费用的主体来源是谁。

具体操作为：先查找公司的主要对外网站，复制网站地址并在其后加上"@v"在百度中检索。举例来说，如果我们在百度中搜索中公教育（002607.SZ）的网站"www.offcn.com@v"，就可知其网站推广的主体名称为"北京中公教育科技股份有限公司"，检索结果如图2-4所示。

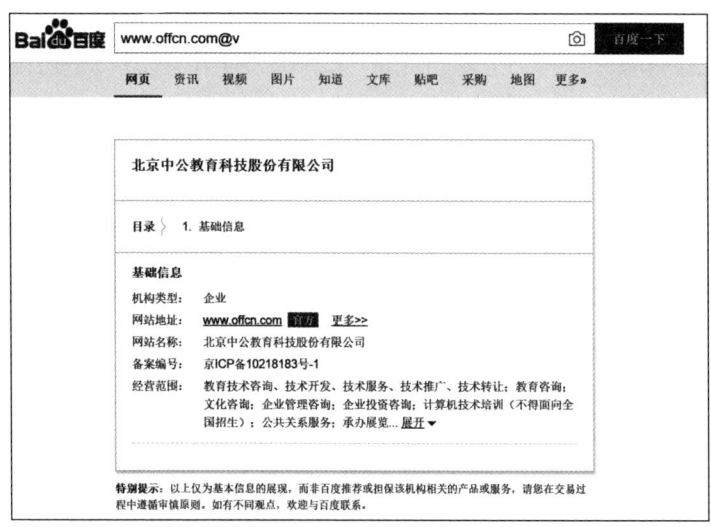

图2-4 百度检索结果

这说明，该网站的百度推广费用确实是由中公教育支付，这就让我们比较安心了。假如某个上市公司或标的公司的网站推广主体为其他非合并报表公司，那么我们会担忧该公司有可能将本属于自身的销售费用交由其他潜在关联方支出，以达到虚增业绩或完成业绩承诺的目的。

（二）人均薪酬

我们若观察海欣食品（002702.SZ）的盈利能力与收益质量，可发现上市公司的毛利率相对稳定，但净利率却因期间费用率的大幅上升而不尽如人意。造成期间费用率大幅上升的主要原因，则是销售费用/营业收入这一比率的大幅上升，见表2-19。

表2-19 2011—2017年海欣食品销售毛利率和净利率、期间费用率、销售费用率

（%）

年份	2011	2012	2013	2014	2015	2016	2017
销售毛利率	30.68	35.04	31.52	30.54	30.22	30.74	31.35
销售净利率	8.08	8.92	4.47	2.15	-4.85	1.41	-2.82
期间费用率	20.05	23.18	25.45	27.17	34.77	28.79	32.71
销售费用率	15.60	17.95	21.08	20.55	27.41	21.52	23.92

海欣食品的可比同行是安井食品（603345.SH），其毛利率相较海欣食品低3~5个百分点，但净利率却始终维持在5%以上。安井食品保持盈利能力的关键即在于，其对销售费用具有较好的控制能力，见表2-20。

表2-20 2011—2017年安井食品销售毛利率和净利率、期间费用率、销售费用率

（%）

年份	2011	2012	2013	2014	2015	2016	2017
销售毛利率	26.89	28.21	27.77	27.41	27.08	27.12	26.27
销售净利率	6.25	6.81	5.83	5.87	5.01	5.92	5.81
期间费用率	18.64	18.95	19.84	19.42	21.01	19.20	18.51
销售费用率	14.88	14.68	14.88	14.22	15.70	14.17	14.07

为何如此呢？我们推测，这可能与销售人员薪酬有主要关系。2016年、2017年，安井食品销售人员数量分别为3089人、3388人，销售费用中的职工薪酬等分别为1.45亿元、1.65亿元，故销售人员人均薪酬分别约为46888元、48635元；与此同时期，海欣食品销售人员数量分别为445人、484人，职工薪酬分别为7594万元、9326万元，故销售人员人均薪酬分别为170651元、192676元，分别是安井食品的3.64倍、3.96倍。

若以实际销售情况来看，安井食品2016年、2017年每名销售人员对应的收入分别为97万元、103万元；而海欣食品则分别为208万元、200万元，分别是安井食品的2.14倍、1.94倍。

海欣食品和安井食品或许采取了不同的销售策略，一者是高薪高人

均创收，一者是低薪低人均创收。然而，我们仍会疑惑海欣食品销售人员的效率与其高工资的匹配度。若按照安井食品的"收入—薪酬"比例来计算，在2017年营业收入不变的情况下，海欣食品销售费用中的职工薪酬或可从9326万元降至4578万元，约可节省4748万元，上市公司为负的净利润（-2728万元）亦可转正。

当然，这样的计算有些"纸上谈兵"，可能并未充分考虑海欣食品的实际情况。但是，在诸多成本项中，销售费用却是最具有改善空间的。

二、研发费用

研发费用原计入管理费用中，因会计准则修改，上市公司在利润表中新增"研发费用"项目，从"管理费用"项目中分拆"研发费用"项目。我们比较关注研发人员人均薪酬，以及研发人员数量占比、研发费用占比等情况，以推测上市公司对于研发的重视程度。

（一）研发投入资本化

中科曙光（603019.SH）招股书指出，浪潮信息（000977.SZ）与中科曙光的主营业务更为接近，均为主要生产和销售高性能计算机、通用服务器和存储产品的制造厂商。因此，在接下来的内容里，我们将浪潮信息作为中科曙光的可比同行业上市公司。

科技行业最重研发，中科曙光的研发情况如何呢？根据年报，中科曙光2015年、2016年、2017年研发人员数量分别为396人、548人、992人，占比分别为26.12%、29.22%、44.56%；研发投入的金额分别为2.78亿元、3.28亿元、4.3亿元，占营业收入比例分别为7.59%、7.53%、6.83%；研发投入资本化的金额分别为1.02亿元、1.43亿元、1.98亿元，占研发投入的比例分别为36.67%、43.42%、46.04%。

浪潮信息如何呢？根据年报，浪潮信息2015年、2016年、2017年研发人员数量分别为1307人、1734人、1483人，占比分别为40.30%、44.03%、40.07%；研发投入的金额分别为5.25亿元、7.61亿元、10.75亿元，占营业收入比例分别为5.18%、6.01%、4.22%；研发投入资本化的金额分别为1.31亿元、2.18亿元、2.5亿元，占研发投入的比例分别为24.98%、28.64%、23.25%。

可见，中科曙光的研发投入占营业收入的比例相对浪潮信息较高一些，但绝对数额自2016年已不足后者的一半。另外，中科曙光研发投入资本化比例明显较高，2017年已接近浪潮信息的2倍。然而，对研发投入给予较高的资本化比例会显得上市公司当期利润偏高。

不仅如此，中科曙光给予资本化的那部分研发投入在2017年、2018年上半年也未转入无形资产中相应的专利权科目，而是调增了开发支出科目。表2-21为中科曙光相关科目2014—2017年及2018年上半年的具体数据。

表2-21 2014—2017年及2018年上半年中科曙光研发相关投入及会计处理

单位：万元

时间	2014年	2015年	2016年	2017年	2018上半年
专利权期初	2400	2400	2400	18489	25014
内部研发	0	0	16089	0	0
专利权期末	2400	2400	18489	25014	25499
摊销期初	1800	2040	2280	2656	4813
摊销增加	240	240	376	2157	2252
摊销期末	2040	2280	2656	4813	6525
专利权账面	360	120	15833	20202	18974
开发支出	1877	12066	10237	30031	40152

作为对比，浪潮信息的开发支出金额自2017年起在下降，至2018年上半年，其开发支出已全部转入无形资产中的非专利技术科目。表2-22为浪潮信息相关科目2014—2017年及2018年上半年的具体数据。

表2-22　2014—2017年及2018年上半年浪潮信息研发相关投入及会计处理

单位：万元

时间	2014年	2015年	2016年	2017年	2018上半年
非专利技术期初	22726	23845	40474	39402	65661
内部研发	1119	16629	0	26260	28014
非专利技术期末	23845	40474	39402	65661	93675
摊销期初	2883	5579	9016	14069	21368
摊销增加	2696	3436	6126	7299	7226
摊销期末	5579	9016	14069	21368	28593
非专利技术账面	18266	31458	25332	44294	65082
开发支出	7102	3585	25376	24106	0

须知，开发支出这一科目无须摊销，但是无形资产却需要每年进行摊销。据年报披露，中科曙光的专利权摊销年限为5~10年，这也意味着，以2017年为例，若其3亿元的开发支出转入无形资产项，上市公司每年或将增加摊销3000万~6000万元，是中科曙光2017年扣非归属净利润的14.58%~29.15%。

（二）高新技术属性

考察研发投入以及研发费用中的人员、金额等明细是我们判断上市公司科技研发实力的良好途径。众所周知，成为高新技术企业可以享受税收优惠。如双一科技（300690.SZ）就在年报中提到："公司于2010年11月经山东省科学技术厅批准并公示认定为高新技术企业，享受15%的企业所得税优惠政策；2016年12月通过国家高新技术复审，本期已向主管税务机关备案，继续享受15%的企业所得税优惠政策。"

那么，高新技术企业的认定标准都有哪些呢？根据科技部、财政部、国家税务总局修订印发的《高新技术企业认定管理办法》，认定条件之一为，"企业从事研发和相关技术创新活动的科技人员占企业当年职工总数的比例不低于10%"。

条件之二为:"企业近三个会计年度的研究开发费用总额占同期销售收入总额的比例符合如下要求:最近一年销售收入小于 5000 万元(含)的企业,比例不低于 5%;最近一年销售收入在 5000 万元至 2 亿元(含)的企业,比例不低于 4%;最近一年销售收入在 2 亿元以上的企业,比例不低于 3%。"

据此,我们查阅了上市公司招股说明书以及 2017 年、2018 年年报,整理了双一科技 2014—2018 年的研发人员数量以及研发费用情况,并分别计算了上市公司的相关占比,见表 2-23。

表 2-23 2014—2018 年双一科技研发人员数量以及研发费用

年份	2014	2015	2016	2017	2018
研发人员数量(人)	—	108	142	147	154
员工数量(人)	1128	1027	1066	1172	1297
研发人员占比(%)	—	10.52	13.32	12.54	11.87
研发费用(万元)	1056	1508	1416	1910	1617
营业收入(亿元)	3.51	4.8	4.8	5.95	5.36
研发费用占比(%)	3.01	3.14	2.95	3.21	3.02

显而易见,双一科技的研发人员数量占比在 2015—2018 年均略高于 10%,但最高的 2016 年仅超过最低标准 3.32 个百分点;研发费用占营业收入的比例更是"严格踩线",2016 年单年甚至还不足 3%。

两个条件都颇有些"踩线"才满足高新技术企业认定标准,我们瞬间就对上市公司的研发实力产生浓厚的兴趣了。接下来该如何继续剖析呢?或许,对其考察的突破口可以是研发人员的薪酬。

在探讨研发人员薪酬之前,我们需要明确一个事实,即研发人员的薪酬既可能费用化也可能资本化。在计算研发人员人均薪酬时,我们必须考虑到资本化研发投入金额。

根据年报,双一科技研发费用资本化金额至少从 2015 年起就为 0

元,且研发费用在 2018 年单独列项(下文再讲我们为什么要提到单独列项这事)。这也意味着,双一科技研发人员薪酬在 2018 年均列入了研发费用中。

根据 2018 年年报,双一科技研发费用中的薪酬为 431 万元。结合 2018 年期初、期末研发人员的平均数量 150.5 人,我们可计算出研发人员人均年薪约为 28643 元,换算成月薪则为 2387 元。

然而,若从应付职工薪酬之短期薪酬来看,双一科技 2018 年当期增加的短期薪酬金额为 1.12 亿元,除以全体员工在 2018 年的平均数 1234.5 人,可知人均年薪为 90345 元,换算成月薪为 7529 元。

那么问题就来了,双一科技的研发人员人均薪酬为何明显低于全体员工人均薪酬?假如我们的计算方式无误的话,薪酬少计的可能性颇低,那么研发人员的真实数量就让人担忧了。

另外,关于"单独列项"一事,必须指出的是:在 2018 年以前(不含 2018 年),双一科技是将研发费用拆分为两部分的,一部分为营业成本中的研发费,另一部分为管理费用中的研发费(很可能有些上市公司也是这般会计处理的),见表 2-24。

表 2-24 2014—2017 年双一科技研发费用会计处理

单位:万元

年份	2014	2015	2016	2017
营业成本中研发费	893	1282	1147	1412
管理费用中研发费	163	226	269	498

到了 2018 年,上市公司统一将研发费用单独列项,双一科技亦将营业成本与管理费用中的研发费均记入科目"研发费用"中。因此按理说,这种行为在一定程度上应该是提高了上市公司毛利率的。

假如以 2014—2017 年的平均数来计算上市公司 2018 年的营业成本中的研发费用,即 1184 万元,这也将影响上市公司当期毛利率,提升约 2.21 个百分点。然而实际情况是，双一科技在 2018 年主营业务毛利率为 36.99%，较上年同期下降了 7.01 个百分点①。

三、财务费用之借款利息费用化比例

公司发生的借款费用，可直接归属于符合资本化条件的资产的购建或者生产的，可予以资本化，计入相关资产成本，这对上市公司当期财务费用有一定影响。②

事实上，早在在建工程科目中，我们就介绍过在建工程利息资本化的问题。因为上市公司会明确披露这方面内容，故而我们是比较容易判断公司在建工程利息资本化规模的。然而，符合资本化条件的资产不只有在建工程，因此有些上市公司的整体借款利息资本化规模就无法被我们轻易识别了。这次，我们就以龙元建设（600491.SH）为例，介绍一种识别方法。

在浏览龙元建设 2017 年年报之后，我们发现，上市公司财务费用中的利息支出金额与有息负债的体量并不是很匹配。以平均值来计算③，我们可知上市公司年均有息负债在 58.89 亿元左右，对照 2017 年利息支出 1.45 亿元，可知利率仅 2.46%。

然而，实际利息支出大概率应该更高。我们通常用这样一种方法，即根据现金流量表中的"分配股利、利润或偿付利息支付的现金"以及当期分配的股利金额，计算出上市公司当期实际支付的借款利息金额，而后去除财务费用中的利息支出，就可得到当期借款利息费用化的比例。

---

① 2017 年较 2016 年也下降 1.77 个百分点。
② 符合资本化条件的资产，是指需要经过相当长时间的购建或者生产活动才能达到预定可使用或者可销售状态的固定资产、投资性房地产和存货等资产。
③ 计算公式为 2016 年年报与 2017 年年报数据的均值与 2017 年一季度、二季度、三季度数据再取均值。

第二章 利润表

接下来我们给出龙元建设及4家同行业上市公司中国建筑（601668.SH）、宁波建工（601789.SH）、上海建工（600170.SH）、四川路桥（600039.SH）2015—2017年的借款利息费用化比例的计算过程与具体数据，见表2-25。其中，龙元建设的借款利息费用化比例数据以加粗字体标出。

表2-25 2015—2017年4家同行业上市公司借款利息费用化比例

单位：亿元

	公司	龙元建设	中国建筑	上海建工	四川路桥	宁波建工
2015年	分配股利或偿付利息支付的现金	2.55	217.05	23.28	14.06	2.96
	当期分配股利金额	0.28	51.60	9.14	1.51	0.59
	实际支付的借款利息金额	2.27	165.45	14.14	12.55	2.38
	财务费用中的利息支出	1.92	142.98	11.36	13.69	1.64
	借款利息费用化比例	**84.47%**	86.42%	80.33%	109.12%	68.78%
	公司	龙元建设	中国建筑	上海建工	四川路桥	宁波建工
2016年	分配股利或偿付利息支付的现金	2.54	269.64	28.65	14.81	2.38
	当期分配股利金额	0.25	60	8.91	1.51	0.59
	实际支付的借款利息金额	2.28	209.64	19.73	13.30	1.79
	财务费用中的利息支出	1.37	132.51	11.71	13.81	1.82
	借款利息费用化比例	**60.07%**	63.21%	59.36%	103.78%	101.43%
	公司	龙元建设	中国建筑	上海建工	四川路桥	宁波建工
2017年	分配股利或偿付利息支付的现金	3.69	292.27	33.02	16.87	2.85
	当期分配股利金额	0.44	64.49	9.73	1.51	0.68
	实际支付的借款利息金额	3.25	227.78	23.29	15.36	2.16
	财务费用中的利息支出	1.45	176.38	16.64	15.69	2.23
	借款利息费用化比例	**44.55%**	77.43%	71.43%	102.13%	103.33%

可见，龙元建设在5家上市公司中的排名，2015—2017年，从第3名降至第4名，再降至第5名。借款利息费用化比例的下降可能在一定

程度上减少了龙元建设的财务费用,增加了上市公司的当期营业利润。

四、财务费用之银行手续费

百货超市这类零售企业在投资中算偏冷门标的,而这次我们要提到的也是一个偏冷门的指标,即银行手续费。因消费者在百货超市购物时可能选择刷卡支付,那么商家就需要给银行等金融机构支付手续费。

据悉,手续费费率一般为百分之零点几,各种支付方式略有差异。至于手续费与营业收入的比例,究竟何种数值较为常见,以及何种变化趋势比较常见,我们将在下文一一提到。

(一)银行手续费的主流情况

笔者浏览了申万行业分类标准之一般零售的50家A股上市公司,最终决定选取5家上市公司作为代表,分别为王府井(600859.SH)、天虹股份(002419.SZ)、合肥百货(000417.SZ)、中百集团(000759.SZ)、武汉中商(000785.SZ)。

上述5家上市公司营业收入在约40亿元至约260亿元,但均与后文提到的鄂武商A(000501.SZ)没有过于悬殊的量级差距,且中百集团、武汉中商还与鄂武商A有相同的第一股东,即武汉商联(集团)股份有限公司。

因营业收入与金融手续费量级差距较大,故此我们将"营业收入""金融手续费"的单位分别定为"百亿元""亿元"。虽然图中会显得失真,但统一度量更为直观。图2-5是5家上市公司具体数据及图表(假定"其他"主要由"金融手续费"组成)。

年份	2012	2013	2014	2015	2016	2017	2018
营业收入（百亿元）	1.83	1.98	1.83	1.73	1.78	2.61	2.67
金融手续费及其他（亿元）	1.20	1.12	1.02	0.99	0.87	0.89	0.76
比率（%）	0.66	0.56	0.56	0.57	0.49	0.34	0.28

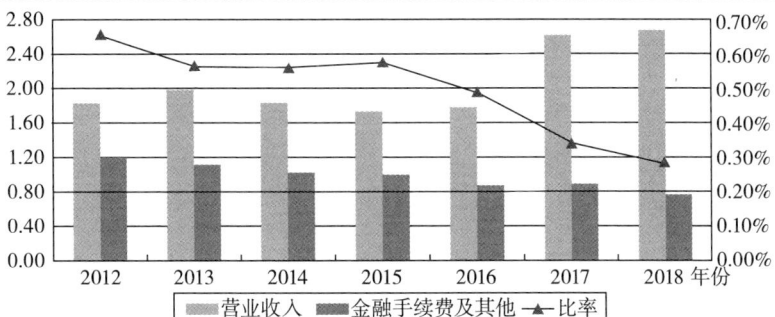

a.王府井（销售收入来源地区以华北及西南为主）

年份	2012	2013	2014	2015	2016	2017	2018
营业收入（百亿元）	1.44	1.60	1.70	1.74	1.73	1.85	1.91
手续费及其他（亿元）	0.67	0.66	0.70	0.73	0.67	0.65	0.60
比率（%）	0.47	0.41	0.41	0.42	0.39	0.35	0.31

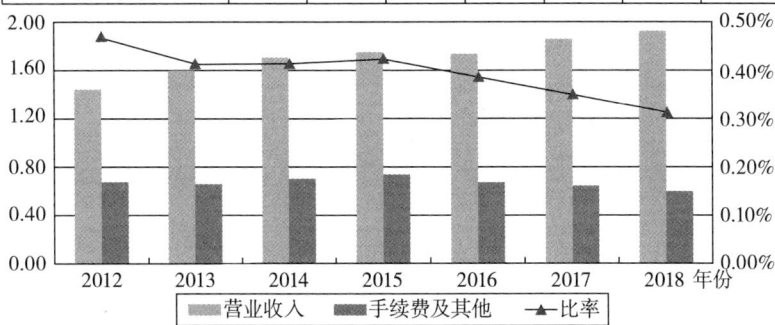

b.天虹股份（销售收入来源地区以华南为主）

财报背后的投资秘密:"韭菜"的自我修养

年份	2012	2013	2014	2015	2016	2017	2018
营业收入(百亿元)	0.91	0.99	1.00	0.98	0.97	1.04	1.07
手续费等(亿元)	0.27	0.27	0.28	0.28	0.28	0.28	0.26
比率(%)	0.30	0.28	0.28	0.29	0.29	0.25	0.25

c.合肥百货(销售收入来源地区基本集中在安徽,尤以合肥、蚌埠为主)

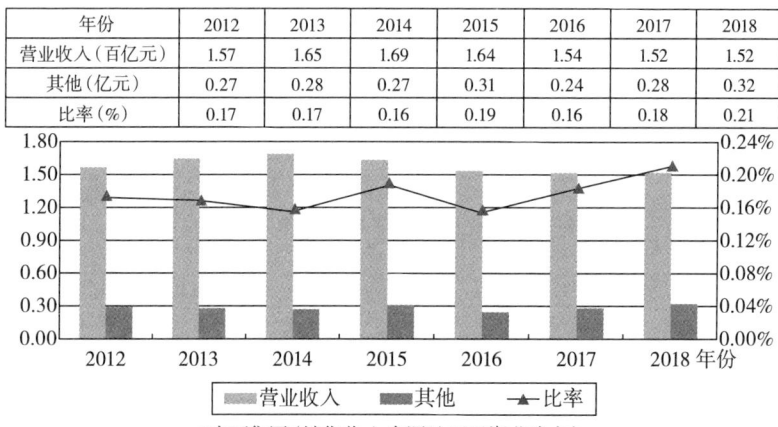

年份	2012	2013	2014	2015	2016	2017	2018
营业收入(百亿元)	1.57	1.65	1.69	1.64	1.54	1.52	1.52
其他(亿元)	0.27	0.28	0.27	0.31	0.24	0.28	0.32
比率(%)	0.17	0.17	0.16	0.19	0.16	0.18	0.21

d.中百集团(销售收入来源地区以湖北为主)

年份	2012	2013	2014	2015	2016	2017	2018
营业收入(百亿元)	0.42	0.43	0.45	0.44	0.40	0.40	0.40
银行手续费(亿元)	0.07	0.09	0.10	0.10	0.10	0.10	0.10
比率(%)	0.18	0.20	0.23	0.23	0.25	0.26	0.24

e.武汉中商(销售收入来源地区以湖北为主)

图2-5 2012—2018年5家上市公司营业收入与金融手续费

显而易见，在经过若干年的较平稳变动之后，5家上市公司的金融手续费较营业收入的比率均维持在0.25%左右，这是一个比较主流的数值。当然，既然有主流，那就必然有非主流，接下来我们看一个手续费为负的极特殊情况。

（二）特殊情况之友阿股份

友阿股份（002277.SZ），销售收入的地区来源主要为长沙市，占比自2012年的87.04%降至69.42%；其余为长沙市以外地区。图2-6是友阿股份2012—2018年营业收入、手续费及其他的具体数据及图表。

年份	2012	2013	2014	2015	2016	2017	2018
营业收入（百亿元）	0.58	0.61	0.60	0.62	0.63	0.73	0.72
手续费及其他（亿元）	-0.05	-0.09	-0.10	-0.12	-0.16	-0.16	-0.18
比率（%）	-0.09	-0.14	-0.17	-0.20	-0.25	-0.22	-0.25

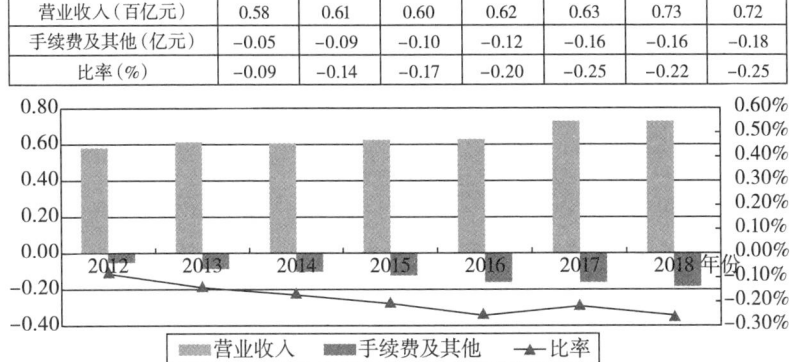

图2-6 2012—2018年友阿股份营业收入与金融手续费

为何友阿股份的手续费及其他（仍假定以手续费为主）为负？事实上，在2012年（不含）之前，友阿股份的手续费及其他为正值，如2009—2011年，分别为132万元、109万元、67万元。

我们推测，造成这种变化的原因可能与上市公司2010年新设立控股子公司"长沙市芙蓉区友阿小额贷款有限公司"有关。该子公司经营范围为"发放小额贷款及提供财务咨询"，可能会导致"手续费收入"生成。

（三）未知情况之鄂武商 A

不过，在浏览 50 家零售公司时，笔者还发现了一个比较费解的上市公司，即鄂武商 A，其销售收入的地区来源主要为湖北省。图 2－7 是鄂武商 A 2012—2018 年营业收入、金融机构手续费的具体数据及图表。

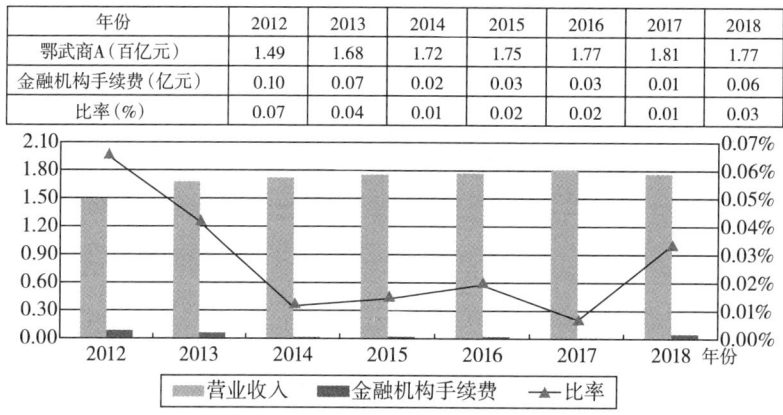

图 2－7　2012—2018 年鄂武商 A 营业收入与金融手续费

可见，与武汉中商、中百集团相比，鄂武商 A 的金融机构手续费较营业收入的比率明显为低，而现金流量表也不太支持友阿股份模式。当然，这可能解释为：鄂武商 A 的收入以百货为主、超市为辅，而中百集团以仓储超市为主，武汉中商则是百货、超市平分秋色。但这种解释是否符合实情，我们也持较强怀疑态度。

第五节

营业外收入与其他收益：此种收益莫依赖

营业外收入是指企业发生的营业利润以外的收益，企业无须付出代价，不可能也不需要与有关费用配比。营业外收入主要包括：非流动资产毁损报废利得、债务重组利得、与企业日常活动无关的政府补助、盘盈利得、捐赠利得等。

2017年，根据《关于印发修订〈企业会计准则第16号——政府补助〉的通知》（财会〔2017〕15号）要求，公司应在利润表中的"营业利润"项目之上单独列报"其他收益"项目，与企业日常活动相关的政府补助由在"营业外收入"中列报改为在"其他收益"中列报。

接下来，我们用两个案例分别介绍营业外收入及其他收益这两个科目。

一、政府补助与违约金

圣莱达（002473.SZ）原始披露的2015年年报显示，上市公司当期营业利润为-1836万元，营业外收入为2244万元，因此净利润得以为正，即344万元。由于2014年净利润为-1010万元，故而此番净利润为正，帮助上市公司避免了"戴帽"的命运。

(一) 前情回顾

须知,自上市以来,2010—2014年圣莱达营业外收入分别为672万元、500万元、673万元、234万元、125万元,因此,营业外收入在2015年突增至2000多万元,令人十分好奇(尤其是还解决了ST危机)。

根据2015年年报,上市公司营业外收入主要由两部分组成:其一为政府补助,系极速咖啡机补贴收入1000万元;其二为违约金收入,系上市公司全资子公司宁波圣莱达文化投资有限公司(下称"圣莱达文化")版权赔款收入1000万元。财报对于后者违约金的描述为:

"2015年,圣莱达文化与华视友邦影视传媒(北京)有限公司(下称'华视友邦')签订了《影片〈饕餮刑警〉版权转让协议书》,约定由华视友邦向圣莱达文化独家转让影片《饕餮刑警》完全版权(版权转让费为3000万元),并于2015年12月10日前取得《电影公映许可证》,圣莱达文化将负责在2015年12月20日于全国范围影院公映该片。

"但华视友邦未按约定取得《电影公映许可证》,已构成违约,故圣莱达文化要求其返还3000万元并支付违约金1000万元。2015年12月29日,圣莱达文化与华视友邦就著作权转让合同纠纷一案向北京市朝阳区人民法院提起诉讼;当事双方于当日达成调解协议。"

证监会不是吃素的,在2015年年报问询函中,要求圣莱达详细说明将主要的政府补贴款"咖啡机研发投入补助资金"与宁波圣莱达文化投资有限公司版权赔款计入当期损益的原因与合理性。不过,上市公司回答得还算滴水不漏。

有意思的是,到了2016年半年报,圣莱达第一大应收账款方从期初的"华视友邦4000万元应收版权诉讼判决款"变更为期末的"华民贸易有限公司（下称'华民贸易'）4000万元其他性质款项"。证监会又在2016年半年报问询函中，要求圣莱达说明该笔款项形成的时点、原因。上市公司则回复称，其为委托采购款。

（二）警惕与破绽

这时，作为投资者的我们就应该警惕起来了，这个华民贸易究竟为何方神圣？据工商资料，华民贸易的法人及执行董事名为"李起明"；而上市公司实控人覃辉自2015年11月24日起100%控股的深圳星美圣典文化传媒集团有限公司，其全资子公司星美影业有限公司在2013年12月27日—2015年10月21日的法人亦名为"李起明"。

这种重名现象不由得让我们深思。事实上，在此后的2017年4月14日，圣莱达发布补充披露2016年度关联交易的公告，承认自身与华民贸易的交易为关联交易；4天后即18日，上市公司收到证监会调查通知书；一年后的2018年5月10日，公司又收到行政处罚决定书。

该决定书认定：圣莱达2015年度年报合计虚增收入和利润2000万元，虚增净利润1500万元。主要通过以下两种方式完成：

"其一，时任董事长胡宜东预计圣莱达2015年度净利润将为负值，为防止公司股票被深交所特别处理，胡宜东寻求增加营业外收入，使公司扭亏为盈，就找到华视友邦法人陈某，请华视友邦配合圣莱达签订一份影视版权转让协议。以此虚增2015年度收入和利润1000万元，虚增净利润750万元。

"其二，胡宜东请求宁波市江北区慈城镇人民政府（下称'慈城镇政府'）帮助，形成以获得政府补助的形式虚增利润的方案；慈城镇政府不用实际出资，由宁波金阳光先以税收保证金的名义向慈城镇政府转账1000万元，然后再由慈城镇政府以财政补助的名义将钱打给圣莱达。以此虚构财政补助，虚增2015年度收入和利润1000万元，虚增净利润

750万元。"

实际上，圣莱达通过"政府补助虚增利润"这一点是很难找到破绽的，但有些人可能要问另一个问题，即上市公司第一大股东宁波金阳光电热科技有限公司（即上述"宁波金阳光"）何不直接捐赠而要找政府中转一手？

原来，这与会计准则有关：企业接受的捐赠和债务豁免，按照会计准则规定符合确认条件的，通常应当确认为当期收益；但是，企业接受控股股东（或控制股东的子公司）或非控股股东（或非控股股东的子公司）直接或间接代为偿债、债务豁免或捐赠，经济实质表明属于控股股东或非控股股东对企业的资本性投入，应当将相关利得计入所有者权益（资本公积）。

这就意味着，如果宁波金阳光直接捐赠给圣莱达，并不会对上市公司当期损益造成影响，也就无法达到净利润转正的目的了。

二、软件增值税退税

在用友网络（600588.SH）近几年的年报中，上市公司的利润表都会披露一项收益，名为"增值税退税返还"。该科目在2016年（含）之前计入营业外收入，在2016年之后则计入其他收益。这是个什么概念呢？用友网络在年报中称："依据财政部、国家税务总局于2011年10月13日下发的《关于软件产品增值税政策的通知》（财税〔2011〕100号），自2011年1月1日起，本公司及本公司北京分公司销售其自行开发生产的计算机软件产品，可按法定税率征收增值税后，对其增值税实际税负超过3%的部分实行即征即退政策。"

又因为"财政部及国家税务总局于2018年4月4日联合发布财税〔2018〕32号文及财税〔2018〕33号文，自2018年5月1日起，纳税人发生增值税应税销售行为或者进口货物,原适用17%和11%税率的,税率分别调整为16%、10%",因此用友网络软件业务的适用税率自2018年5月起从17%调整至16%,返税占营收的比率应从14%降至13%(未考虑进项税抵扣)。

(一)用友网络:标准案例

我们来检验一下用友网络。根据财报,2016—2018年软件产品的营业收入分别为23.65亿元、25.64亿元、26.9亿元,当期增值税退税返还金额分别为2.9亿元、3.34亿元、3.28亿元,计算可知,增值税退税返还占软件产品营业收入的比率分别为12.25%、13.01%、12.18%。

可见,这个比率是略低于14%(2016年、2017年)或13%(2018年)的,虽然差距不大,但我们还是要刨根问底地追问一句为什么。原来,上市公司年报中描述增值税部分还有如下一段话:

"当分公司或子公司在被认定为商业企业小规模纳税人期间,其增值税由买方按销售额3%计算连同销售金额一并支付有关的分公司或子公司,在此简易方法下,那些因购进货物所支付的增值税不能作销项抵扣,分公司及子公司直接上缴销项所获取的增值税予税务机关。"

可见,这部分差距很可能是由于用友网络的小部分软件产品是由小规模纳税人的分公司或子公司销售所致。接下来,我们将相关知识应用在久其软件和博思软件上试试看。

(二)久其软件:分公司适用增值税低税率

根据财报,久其软件(002279.SZ)2016—2018年软件产品的营业收入分别为3.11亿元、3.11亿元、4.27亿元,当期增值税退税返还金额分别为1935万元、2104万元、2421万元,增值税退税返还占软件产品营业收入的比率分别为6.22%、6.78%、5.67%。

显然,这个比率较低。不过,久其软件披露,上市公司的安徽分公司、武汉分公司适用6%增值税税率。因此，如果其软件产品有相当一部分收入来自两家分公司的销售，以及部分软件产品系境外收入，那么增值税返还金额占比就有可能被大幅拉低。

（三）博思软件：或与代销有关

接下来我们再看博思软件（300525.SZ），该公司上市于2016年7月，是一家提供财政信息化管理及互联网相关软件产品及服务的软件企业，且业务均在境内展开。

根据2018年年报，在其他收益中，博思软件披露"软件增值税退税"金额为685万元。按照软件开发与销售的营收金额1.87亿元计算，其增值税退税返还占软件产品营业收入的比率仅为3.66%。为何这般低呢？

事实上，博思软件的软件增值税退税占软件开发与销售金额的比率也是自2017年、2018年才开始大幅下降的。根据招股说明书及年报，上市公司过往比率能维持在10%左右，详见表2-26。

表2-26 2013—2018年博思软件增值税退税相关情况

年份	2013	2014	2015	2016	2017	2018
软件销售增值税即征即退（万元）	422	451	430	668	647	685
软件开发与销售金额（万元）	4064	5126	4746	5942	9267	18700
退税金额占销售金额比率（%）	10.39	8.80	9.06	11.24	6.98	3.66

另据2018年年报，在其他收益中，博思软件披露"小规模纳税人免征增值税"金额为1917元。据悉，小规模纳税人增值税专用发票（一般是税务局代开）税率为3%；若据上述数据计算，这或许意味着上市公司旗下小规模企业免征增值税的相应收入为63867元（不足10万元）。

显然，博思软件增值税退税返还占软件产品营业收入的比率较低，很可能与小规模企业关系不大。我们推测,这可能是因为上市公司销售的软件中,与别人共享知识产权的软件或代销的软件渐渐提高了占比。

笔者曾于2019年9月发布上述内容,不知是否为一个巧合,博思软件的2019年年报就不再披露其他收益的详细情况了。但我们发现,现金流量表可能仍旧暴露了软件销售增值税即征即退款金额。

2019年合并现金流量表显示,上市公司2018年收到的税费返还为685万元,这一数据与2018年其他收益中的即征即退款一致,因此我们可以认定博思软件2019年收到的税费返还697万元基本就是当期即征即退款。

由此,我们可以计算出博思软件2019年退税金额占软件开发销售金额的比率为2.81%。不过,若考虑到软件行业增值税税率自2019年4月1日起由16%降至13%,那么2019年的表现也许和前一年差不太多($2.81\% \div 10\% \times 100\% \approx 28\% \approx 3.66\% \div 13\% \times 100\%$)。

第三章
其他

第一节

财报其他事项：财务报告以外的细节

本章我们谈论与上市公司三张表弱相关或不相关的细节，但这些细节对于上市公司而言可能是重要的。

一、强枝弱干要当心

辅仁药业（600781.SH）看似很突然地"暴雷"了。它最重大的"雷"来自上市公司 2019 年 7 月 19 日发布的公告，称"公司因资金安排原因，未按有关规定完成现金分红款项划转，无法按照原定计划发放现金红利"。

此番辅仁药业"暴雷"出在货币资金科目。以往我们在讨论康得新、康美药业时，曾提过货币资金造假的几个重要识别方法，不过对于辅仁药业并不适用。这是为什么呢？

笔者认为，辅仁药业与"双康"存在一些结构上的区别：如在观察 A 股有披露母公司流动资产情况且该资产项不为零的 3538 家上市公司时，我们发现，辅仁药业母公司流动资产占合并报表流动资产的比例仅为8.99%，排名3414位。①

这意味着什么？这或许说明，辅仁药业存在"弱干强枝"现象，一旦子公司出现问题且脱离掌控，上市公司将突然"暴雷"。

因此，对这样的上市公司仅仅通过"货币资金隐患识别方法"来判断其货币资金情况，就会显得不足，比如说在2019年一季度，辅仁药业合并报表、母公司的货币资金分别为18.16亿元、11万元。这提醒我们，母公司报表同样重要。

在观察辅仁药业子公司时我们发现，根据公告及工商资料：2017年12月26日，持续2年之久的一场收购终于达成，以辅仁药业集团有限公司（上市公司控股股东）为首的十几名交易对方将开封制药（集团）有限公司（下称"开药集团"）100%股权转让给上市公司。

这个开药集团就是上市公司近年来体量暴涨的关键，如后者营业收入从2016年的4.96亿元增至2017年、2018年的58亿元、63.17亿元，净利润从2223万元增至7.75亿元、8.93亿元，所有者权益从4.33亿元增至46.61亿元、54.67亿元。

我们发现的确凿"暴雷"前兆应该是出自2019年7月8日的一则消息。根据信用中国网站，新郑市人民法院于当日公布了开药集团的失信情况，开药集团竟然连一笔仅40万元的欠款都"全部未履行"，且具体情形为"有履行能力而拒不履行生效法律文书确定义务"。

二、上市公司出售资产与承接方的"关系"

白居易曾有诗云："试玉要烧三日满，辨材须待七年期。"当我们看到上市公司以很小的溢价甚至折价卖出子公司股权或资产后，有时可以

---

① 康美药业与康得新的排名分别为309名、2431名，比例分别为105.58%、51.23%。

第三章 其他

多等待一段时间,如一年左右,再去判断该交易到底有没有关联交易嫌疑。

2017年4月26日,瑞茂通(600180.SH)发布公告称,上市公司全资子公司拟将所持有的烟台平瑞商贸有限公司(下称"烟台平瑞")100%股权转让给合肥寰泰商贸有限公司(下称"合肥寰泰")。

公告显示:截至2016年12月31日,烟台平瑞总资产为5.71亿元,总负债为184万元,净资产为5.69亿元人民币;此次转让价款为5.69亿元,溢价率几乎为0。不过,该公告并未披露烟台平瑞的盈利状况。

从2014年12月起成立,烟台平瑞由上市公司培育了2年多时间,精力想必是花费不少的,上市公司缘何平价转让呢?答案未知,但公告称:交易对手方与上市公司之间不存在产权、业务、资产、债权债务、人员等方面的其他关系;此次交易不构成关联交易。

但我们还是会好奇,合肥寰泰究竟是何许公司?据工商资料,该公司成立于2017年1月11日,仅在收购公告披露日的三个半月之前;股东为王嵩磊和樊首一,持股比例分别为80%、20%。看起来,合肥寰泰与瑞茂通似乎确实没什么关系。事实果真如此吗?

工商资料后又显示,在不到半年之后,即2017年10月16日,王嵩磊和樊首一将合肥寰泰全部股权转让给深圳君创联合商贸有限公司(下称"深圳君创"),而深圳君创的唯一股东是河南臻益远实业有限公司,且后者的股东在2015年12月2日由河南融世企业管理咨询有限公司(下称"河南融世")变更为陈星明与郑州兴谦商贸有限公司。

河南融世是郑州中瑞实业集团有限公司(下称"郑州中瑞")的全资子公司,而根据瑞茂通公开发行2016年公司债券(第一期)募集说明书,郑州中瑞监事之一名为陈星明。无论两个"陈星明"是否为同一人,似乎都改变不了这样一个事实:郑州中瑞为上市公司控股股东郑州瑞茂通的控股股东。

综上所述，瑞茂通是把旗下孙公司烟台平瑞转让给了一个看似不相关的企业合肥寰泰，但约半年之后，交易对方合肥寰泰的股东又变更为上市公司疑似关联方。如此复杂的操作，上市公司控股股东目的何为呢？

三、董事会"内斗"嫌疑

有时，我们还需要注意公告所披露的董事会议案投票情况，尤其是具有分歧的投票，这可能暗示了上市公司高层间的关系不睦，可能意味着公司的未来发展暗存隐患。

2018年7月19日，大亚圣象（000910.SZ）召开董事会会议并通过三项议案；7月24日，大亚圣象收到深交所关注函，交易所要求上市公司核实并详细说明公司相关董事、高级管理人员的离职是否对公司生产经营、公司治理、内部运作产生了重大影响，以及解除陈建军董事职务的理由是否充分。

大亚圣象称："目前，公司实控人为具有直系亲属关系的戴品哎、陈巧玲、陈建军及陈晓龙，其中，陈建军和陈晓龙系兄弟关系，且均为公司董事；为完善公司治理结构，防止公司出现家族企业的通病，控股股东大亚集团向公司董事会提交了《关于更换公司董事的函》。"

但吊诡的是，在三项议案中，董事陈建军均投反对票。且第二项议案的内容为："解除陈建军第七届董事会董事及审计委员会委员职务；推荐吴文新为公司第七届董事会董事，任期至第七届董事会届满。"因此，市场上有传言，上市公司或有内斗之忧。

四、不可抗力风险

长江电力（600900.SH）是典型的价值投资标的，水电特有的低成本以及长江三峡等地特有的地理环境，都造就了上市公司的高毛利率。据财报，2016—2018 年，长江电力毛利率分别为 60.85%、61.35%、62.89%。此外，很多人认为大坝、机组等水电资产的实际使用年限要远远长于折旧年限。这个考量自然没错，但前提是未来不会发生不可抗力风险。

2016 年，长江电力以发行股份并支付现金的方式购买三峡金沙江川云水电开发有限公司（下称"川云公司"）100% 股权，此举也是长江电力当年净利润翻倍的主要原因。

如公告所言：2013 年下半年以来，由三峡集团控股的川云公司负责开发建设的金沙江下游溪洛渡、向家坝两座大型水电站相继投产发电，电站效益开始全面显现，并与长江电力下属三峡电站、葛洲坝电站形成了梯级联合优化调度，综合效益进一步显现。

收益确实不错，上市公司在 2016—2018 年的财报中均交付了令投资者比较满意的答卷，但我们还要考虑风险。在提及此次收购的风险时，上市公司称，除交易风险外，川云公司还有标的资产相关的风险以及其他风险。

标的资产相关的风险主要为四种，分别为：评估增值的风险、整合风险、财务风险、经营风险（①金沙江流域来水风险；②上网电价调整风险；③税收优惠政策变更风险；④土地房产权属风险；⑤项目未竣工决算的风险；⑥电力市场风险；⑦政策性风险）。

而其他风险有股市风险以及不可抗力引起的风险，后者指"在电厂生产经营过程中，可能面临地震、台风、水灾、滑坡、战争、国家政策调整以及其他不能预见并且对其发生和后果不能防止或避免的不可抗力因素的影响"。

不过，上市公司并没有详细介绍地震等灾害可能造成的影响。据悉，长江电力以往的三峡电站、葛洲坝电站均位于湖北省宜昌市境内，前者在夷陵区三斗坪镇，后者在长江西陵峡出口、南津关以下2.3公里处。

根据湖北省地震局官网："湖北省自公元前143年有地震记载以来，4.7级以上的破坏性地震33次，其中M≥6级3次，M=5.0~5.9级19次，M=4.7~4.9级11次；全省最大地震是公元788年的竹山6级、1856年的咸丰大路坝6级以及1932年麻城的6.0级地震；自2000年以来，最大地震为2013年12月16日巴东M 5.1级。"

上面提到的三个6级以上地震距离电站均较远，据估算，即使临近的巴东5.1级地震也距离三峡水电站超过50公里，显然构不成较大威胁。然而，溪洛渡水电站与向家坝水电站却在大关—马边地震带周边，这个地震带的地震活动相对于湖北省内可能要活跃得多。

根据宋治平等人编写的《全球地震目录》一书以及中国地震台网数据，截至2019年5月，大关—马边地震带5级以上地震有记录的共有19次，分布于1844—2019年。具体数据如表3-1所示。

表3-1 1844—2019年大关—马边地震带19次5级以上地震

年份	月	日	时	分	秒	纬度	经度	深度	震级	标度	地名
1844	8					28.1	103.9		5	Ms	云南大关北
1875						27.3	103.7		5	Ms	云南昭通
1898	8					27.3	103.7		5	Ms	云南昭通
1909	5	14	16			27.2	103.6		5.5	Ms	云南鲁甸
1917	7	30	23	54	5	28	104		7.3	Mw	云南大关北
1919	7					27.3	103.7		5	Ms	云南昭通
1935	2					27	104		5.5	Ms	云南昭通东南
1948	10	10	2	6	1	27.6	103.8		5.75	Ms	云南大关
1948	12	14	9	34	27	28	103.5		5.25	Ms	云南永善西南
1959	3	11	2	59	59	28.2	104		5	Ms	云南盐津
1959	8	12	18	58	2	27.7	103.7		5	Ms	云南大关

第三章 其他

续表

年份	月	日	时	分	秒	纬度	经度	深度	震级	标度	地名
1974	5	10	19	25	16.74	28.184	103.995	9	7.1	Ms	云南大关北
2012	9	7	11	19	40	27.5	104	14	5.7	M	云南昭通彝良县
2012	9	7	12	16	29	27.6	104	10	5.6	M	云南昭通彝良县
2014	4	5	6	40	31	28.13	103.59	13	5.3	M	云南昭通永善县
2014	**8**	**3**	**16**	**30**	**10**	**27.1**	**103.34**	**12**	**6.5**	**M**	**云南昭通鲁甸县**
2014	8	17	6	7	58	28.1	103.5	7	5	M	云南昭通永善县
2018	12	16	12	46	7	28.24	104.95	12	5.7	M	四川宜宾兴文县
2019	1	3	8	48	6	28.2	104.86	15	5.3	M	四川宜宾珙县

其中，7级以上地震发生2次，在表3-1中以灰色明示，均在云南省大关县以北，1974年的7.1级地震距离溪洛渡水电站较近（据估算，可能不足40公里）；6~7级地震发生1次，在表3-1中以黑体字体明示，2014年发生于云南鲁甸县。

值得注意的是，鲁甸县这次地震对A股另一家水电公司广安爱众（600979.SH）当期净利润造成了较大影响：该公司在2014年有资产报废、毁损损失3.63亿元计入营业外支出。

据广安爱众公告披露，该公司控股子公司云南昭通爱众发电有限公司（下称"昭通爱众"）于2014年10月14日，结合红石岩水电站现场勘验并附加明确损毁证据，向中国太平洋财产保险股份有限公司云南分公司书面提出先予支付保险赔偿金3.64亿元的请求，但后者却于27日出具《理赔联系函》明确不予预付。

因此昭通爱众请求裁决，即被申请人支付申请人保险赔偿金4.93亿元。但实际情况却是，广安爱众2016年年报披露称，"仲裁获得云南昭通保险赔款共计8303万元；并获得减免地震灾后重建借款利息2269万元"。

虽然保险不见得能兜底风险，但我们还是要再提一下保险费。

2016—2018年，广安爱众的固定资产分别为47.95亿元、50.11亿元、52.05亿元；长江电力则分别为2618亿元、2497亿元、2379亿元。二者固定资产净值率相差不大，后者是前者的约50倍。

而同时期，广安爱众管理费用中的保险费分别为306万元、339万元、201万元；长江电力管理费用中的保险费分别为1915万元、1509万元、1168万元。二者保险费均在2018年下滑，较2016年均不足三分之二；后者是前者的约5.5倍。

固定资产是广安爱众的50倍，长江电力管理费用中的保险费却只是前者的5.5倍。长江电力支出的保险费用是否足够？或者说，长江电力是否还有大量的保险费用支出算在了主营业务成本之中？我们在计算上市公司投资价值时，有必要将此不可抗力风险考虑在内。

五、多次延期回复监管问询

2018年5月10日，深交所创业板公司管理部下发重组问询函，并要求德威新材（300325.SZ）于5月18日前将有关说明材料报送；德威新材称需延期回复，并于当月23日披露。

2018年11月22日，创业板公司管理部向德威新材发送关注函，并要求上市公司于11月30日前将相关说明材料报送；德威新材分别于11月30日、12月7日要求延期回复，并最终于12月12日披露。

2018年12月13日，即关注函回复的次日，交易所就回复内容再度下发问询函，并要求上市公司于12月20日前将有关说明材料报送；德威新材分别于20日、28日要求延期回复，并于2019年1月4日完成回复工作。

2018年12月17日，创业板公司管理部又向德威新材发送了关注函，要求上市公司就所披露的《关于交易对方瞿建华、姚丽琴、江阴华能企业管理有限公司延期购买公司股份的公告》作出 3 项说明。

不过,上市公司在 12 月 25 日称,"鉴于有关方完成对关注函中涉及问题的核查尚需一定时间,公司将延期回复关注函的相关内容",并最终在 2019 年 1 月 4 日完成回复工作。

诚然,一年内收到 4 次关注函与问询函并不一定意味着一家上市公司必然有什么问题,尽管有时可能与监管层的先知先觉有一定关系;当然,延期回复监管层的关注函或问询函也没什么大不了,但连续 4 次延期回复可能也暗示了上市公司的"办事效率"。

第二节

宁缺毋滥的5种极简"武器"与现金流量表的应用

一、宁缺毋滥的5种"武器"

上市公司何其多也,我们无法有效覆盖全部舞弊模式。那么问题来了,如果我嫌麻烦或无法尽数掌握"通过报表及公开信息来判断一家上市公司的财务优劣"这类识别技巧,是否有速效判断方法呢?

我们认为,尽管上市公司的"雷"可谓千奇百怪,其"暴雷"迹象不可一概而论,但是优质的上市公司一般不会有如下5个特征。虽然这种判断方式可能会把一些所谓的成长股"错杀",但安稳的投资本就是"宁缺毋滥"的。

第一个特征:扣非净利润连续3年为负。因A股有连续3年亏损则退市(非创业板还有连续两年"戴帽")的规定,故此有一些上市公司采用增加非经常性损益的方式提振净利润。所以,我们在看净利润时,要对其"卸妆",扣除非经常性损益后归属母公司的净利润才是上市公司的"素颜"。

第二个特征:经营性现金流与投资性现金流之和连续3年为负或商誉占净资产的比例超过20%。这是从现金流的角度来考虑上市公司的经营情况，经营性现金流与投资性现金流之和连续3年为负（这里假定投资性现金流大量流出与购买理财产品无关），可能意味着上市公司资金链存在危机；商誉占净资产的比例超过20%，可能意味着上市公司并购较为激进。

第三个特征：上市5年分红融资比不足30%、上市10年分红融资比不足50%。贵州茅台、五粮液、洋河股份、海天味业、双汇发展这些"白马股"，无论中小投资者怎样"吐槽"，我们都不能忽视一个事实，即这些上市公司的分红融资比是非常高的。用句大白话来说，人家是在实打实地反哺资本市场，而不是"瓷公鸡铁仙鹤"。而像康美药业、康得新这样的公司，利润做得再好，分红融资比都不会高的。

第四个特征：控股股东高比例质押。如果上市公司大股东大量质押上市公司股票，我们会有哪些担忧呢？其一，大股东自身存在流动性危机，不得不质押续命；其二，大股东需利用质押出来的钱帮助上市公司造假，以提供必要的造假成本；等等。因此，大股东质押率超过七成很可能是非常危险的一个红线，而我们在择股时须更加审慎，尽量不选取大股东质押率超过三成的上市公司。

第五个特征：号称有"黑科技"。所谓"黑科技"，要么是一种极具突破性的新技术，要么是一种过往工艺的极大改善。前者的代表是重庆啤酒的乙肝疫苗；后者的代表是银广夏的暴利萃取技术，被媒体称呼为"不可能的产量、不可能的价格、不可能的产品"。科研是最讲究厚积薄发的，只有头部科技公司才有可能在投入大量研发经费的情况下研发出"黑科技"，因此，我们必须对A股存在所谓的"黑科技"的公司持审慎态度。

二、现金流的应用

上述5个特征中最重要的当属第二个特征。在前文我们比较少谈及上市公司的现金流量表,这是因为国内上市公司在编制现金流量表时,认真程度可能本就逊于资产表和利润表,也就导致我们很难直接通过现金流量表的细节来识别财务舞弊。

不过,分析现金流净额还是有可取之处的,我们就以泰禾集团(000732.SZ)为例好了。根据申万行业分类标准,截至2019年1月26日,A股房地产开发行业共有119家上市公司,以经营活动产生的现金流来看,2014—2017年净额均为负的上市公司,只有共计11家,占比不足1/10。

若累计2014—2017年的经营活动产生的现金流量净额,那么泰禾集团以-416.7亿元位居流出榜首,而其截至2019年1月25日的市值还不足200亿元。

接下来再看投资活动产生的现金流:2014—2017年净额均为负的上市公司稍多一些,共计39家,占比约为1/3;不过,泰禾集团仍以4年(指2014—2017年,下同)累计-438.24亿元位列119家上市公司的第五名。

最后我们再来看筹资活动产生的现金流:2014—2017年净额均为正的上市公司共计有21家,占比约为1/6;而泰禾集团也是位列其中,并以4年累计925.59亿元位列全119家上市公司的第二名,仅次于华夏幸福(600340.SH)。

那么,2014—2017年现金流"经营性净流量和投资性净流量为负数、筹资性净流量为正数"三个条件都满足的上市公司都有谁呢?我们发现,除泰禾集团之外,就只有金宇车城(000803.SZ)了。

不过，这家上市公司在2017年已经转型进入电气机械及器材制造行业了；即使在转型之前，其销售收入也以丝绸销售为主，地产业务销售占比不足一半。因此，金宇车城的可比性不强。

一般来说，如果一个企业的现金流持续表现为"经营性净流量和投资性净流量为负数、筹资性净流量为正数"，这或许说明该企业"依靠筹资维持经营和扩大投资"。若企业处于初创期，一旦渡过难关，可能有快速发展；若非初创期，则较为危险，应高度注意。

须知，泰禾集团成立于1992年，后于2010年借壳上市，称其处于初创期未免有失偏颇。如以一家成熟企业来看待泰禾集团，其现金流情况持续4年如此，到底算不算好呢？[①]

后记：2020年7月6日，泰禾集团发布公告，称"公司未能完成本次17泰禾MTN001本息的按时兑付；公司存在大额已到期未归还借款，根据公司2019年审计报告所述，截至2020年6月12日，公司已到期未归还借款金额为235.58亿元，公司因子公司未履行还款义务而被列为被执行人，相关事项可能导致公司持续经营能力存在重大不确定性"。

---

① 本节完成于2019年1月28日。

第三节

实地调查：化繁为简的"三板斧"

笔者常感慨，调查记者越来越成为一种稀缺职务了。在成为一名上市公司调查记者时，笔者已无实地调查方面的前辈带挈，只能与同事相互扶持、共同在摸索中进步。尽管投资者不必非要实地调查，但如有机会实地走访一番（哪怕只是电话访问），或许能有意外收获。

究竟如何调查才能获得疑似有舞弊行为的公司所不愿为外界所知的真相呢？我也曾想过要不要从兵法中寻找灵感，但其实并没有什么用处。经过数年实地调查后，我的经验与极其有限的古文知识告诉我，《邹忌讽齐王纳谏》这篇中学课文或暗合上市公司调查三种手段之精髓。

在原文中，邹忌暮寝而思之，曰："吾妻之美我者，私我也；妾之美我者，畏我也；客之美我者，欲有求于我也。"意思就是说，妻、妾、客等三者，之所以心中有真话却嘴上说假话，是因为他们分别偏爱、惧怕、有求于邹忌。

与之类似的是，如果我们希望嘴上可能说着谎话的上市公司或客户吐露真实的心声、不愿接受采访的机构出来发声，那么我们就必须让对方偏爱、惧怕、有求于我们。

第三章 其他

在这三种方式中,"惧怕"仅限于记者身份可以使用,而普通投资者既没有记者证,更不能违法冒充公检法人员(记者也不可以冒充公检法人员),因而我们可采用的办法就只剩下让对方"偏爱"与"有求于"我们了。

先说"偏爱"。笔者曾考察A公司的主营业务,该公司声称自己曾承包某城市的沿江景观绿化工程。笔者找出了该城市当地管理委员会规划科的电话,先以游客身份大力称赞该沿江景观绿化工程实乃城市一道亮丽的风景,而后又称自己的身份其实是一家地产商,苦于寻找绿化工程承包商而不可得,因此求教该绿化工程究竟是哪家所建。

由于该地管理委员会规划科办公人员已在我先前的大力赞美中"偏爱"了我,故而在我向其寻求帮助时,对方毫不犹豫地提供了绿化工程的施工方名单,并在我的再三确认下明确告知,施工方名单(包括转包方名单)中果然没有A公司。

当我们需要从非民企处获得答案时,让对方"偏爱"我们是一个很好的策略。

再谈谈"有求于"。过去几年,部分环保工程类公司曾流行一种BT模式,即Building–Transfer(建设—移交),是政府利用非政府资金进行基础非经营性设施建设项目的一种融资模式。

然而实际上,A股市场很多上市公司并非与政府合作,却是直接与普通民企合作,但对外宣称的仍然是建设—移交模式。正因如此,由于合作环节少了政府部分,建设、移交过程中可操作的余地却也相应扩大了很多。

笔者曾多次前往实地调查一些所谓的建设—移交项目,由于这类工程对融资需求颇大,故而笔者采用的身份为四处寻找项目发放贷款的金融人士(对方自然就有求于我们了),最终发现这类项目或存在至少两种类型"陷阱"。

第一种类型相对不那么隐蔽，因为"建设""移交"这两样动作有可能本就是不存在的：上市公司反而在某种意义上充当一个"放贷"的角色，所谓的盈利模式其实是收取贷款利息。

如笔者在向某上市公司客户的高管询问"项目是否为上市公司建设移交给你们的"时，该客户高管表示，"形式上是上市公司建设后移交给我们，但实质上是他们以某贷款利率把钱借给我们，让我们自己建的"。这段话如若属实，上市公司的盈利模式就相当值得存疑了。

第二种类型就比较隐蔽了，因为上市公司的确在为客户实施建设，而合同里面也明确指出会在完工后移交客户。但是，这些客户资金来源成谜，且自身独立性（是否不受到上市公司影响）也是令人存疑的，比如接下来我要说的这家 B 公司及其多名客户。

一方面，一则法律文书公开显示："责令该客户履行生效法律文书确定的给付申请执行人 100 多万元的义务，但被执行人未履行法律文书确定的义务；经我院调查，被执行人（即该客户）暂无财产可供执行。"笔者在与 B 公司该客户的一名高管对话时，高管亦称公司的新建项目和老旧资产基本上处于在押状态（这意味着上市公司的应收账款很难收回）。

另一方面，关于 BT 双方的一个事实是，如果上市公司为客户做 BT 项目，那么资金是从客户流向上市公司的，客户就应该派遣财务人员监督上市公司完成项目的账务情况（以确保建设质量）。然而，在与 B 公司的另一家客户的一名高管对话时，该高管竟称，"本公司在资金层面已被上市公司的关联方控制了；如果这个项目本公司给不起钱，该项目或由上市公司关联方接手，并由上市公司自行运营"。这段话语着实令人惊诧。

以上内容就是笔者多次"深入虎穴"探查出来的一些内情,如果高管所言属实,那么这将是比第一种类型还要隐蔽、还难以被投资者察觉的一种"狡诈"的偷换 BT 概念的舞弊方式。后来,这家上市公司果然无法继续维持盈利高速增长,市值也严重缩水。

当我们需要从民企处获得答案时,让对方"有求于"我们是一个更易奏效的策略。

当然,无论我们最终采用何种方式去做实地调查或电话访问,案头工作都是极为重要的,准备不足只会让对方轻易问住并识破伪装。这也是笔者将此部分内容放在全书最后的原因。最后再强调一遍,绝对不要冒充公检法人员!

后　记

　　终于写完正文 3 章 21 个小节并易稿三次，我也终于可以暂时松一口气了。实际上，若无 2020 年初的新冠疫情，导致本人不得不困囿于全国封城，能否下定决心静下心来整理过往文稿并编纂成集也是未知之事。

　　其实，这方面打算我早已有之，主要源自两方面原因：一方面，市面上按照不同科目分别归纳疑点并详细解读的作品较少；另一方面，网络上有关上市公司的质疑文章越来越多，但部分内容可能并未考虑实际情况，而有些想当然，这可能会误导投资者。

　　子曰："温故而知新。"在实际撰写过程中，我也有很多意外之喜。通过整理过往文章稿件，我发现了一些错漏之处，均已在本书中加以修改，力求逻辑无误（尽管仍不能保证完全正确）。不得不说，这一过程对于我自身的认知能力也是有极大提高的。

　　笔者虽未及而立之年，然入市已超十年矣，见证了很多怀揣致富梦想之人在股市折戟巨亏。"暴雷"，其实是不分"垃圾股"或所谓"白马股"的；若要避开这些"雷"，我们能做的，似乎只有通过财务分析躲开那些值得怀疑的上市公司了。我们应该把抱怨市场的时间多用在提高自身知识水平上；不买差公司，你就是在净化 A 股市场的空气。

本书之完成，固然与笔者自身学习及从业财经媒体调查有关，但更得益于这条路上的良师益友。在此，笔者要感谢《证券市场周刊》《新京报》的各位领导及同事，尤其是周刊副主编袁京力先生、前调查记者王亮先生，此二位是我的引路人。

笔者还要感谢银广夏揭黑第一人蒲少平先生、中信证券研究部财务与估值组林小驰先生、尺度科技创始人李德林先生、上海交大上海高级金融学院会计学教授陈欣先生、大学同学陈笑寒先生、大学同学吕品先生，同时感谢雪球平台及我们的中和明略研究团队，愿我们都能再接再厉，共筑投资辉煌之路！

拙于表达的孙旭龙

2020 年 5 月 25 日于哈尔滨